# Enemigos demoníacos

Richard Gallagher

# Enemigos demoníacos

Mis veinticinco años como psiquiatra
investigador de posesiones, ataques diabólicos
y lo paranormal

EDICIONES OBELISCO

Si este libro le ha interesado y desea que le mantengamos informado de nuestras publicaciones, escríbanos indicándonos qué temas son de su interés (Astrología, Autoayuda, Ciencias Ocultas, Artes Marciales, Naturismo, Espiritualidad, Tradición...) y gustosamente le complaceremos.

Puede consultar nuestro catálogo en www.edicionesobelisco.com

**Colección Estudios y Documentos**
ENEMIGOS DEMONÍACOS!
*Richard Gallagher*

1.ª edición: noviembre de 2022

Título original: *Demonic Foes*
*My Twenty-Five Years as a Psychiatrist Investigating Possessions, Diabolic Attacks, and the Paranormal*
Traducción: *J. Carlos Ruiz, TsEdi, Teleservicios Editoriales, S. L.*
Corrección: *TsEdi, Teleservicios Editoriales, S. L.*
Diseño de cubierta: *Enrique Iborra*



Edita: Ediciones Obelisco, S. L.
Collita, 23-25. Pol. Ind. Molí de la Bastida
08191 Rubí - Barcelona - España
Tel. 93 309 85 25
E-mail: info@edicionesobelisco.com

ISBN: 978-84-9111-913-5
Depósito Legal: B-18.536-2022

Impreso en los talleres gráficos de Romanyà/Valls S. A.
Verdaguer, 1 - 08786 Capellades - Barcelona

*Printed in Spain*

Deseo expresar mi considerable gratitud a los individuos descritos en este libro, que me han permitido compartir sus emocionantes historias, aunque sea anónimamente.

Quiero dar las gracias a mi hijo Peter, y a muchos colegas y amigos, demasiado numerosos para mencionarlos, por su amor y apoyo durante todo el tiempo que esta obra ocupó gran parte de mi atención.

# PRÓLOGO

Como antiguo presidente académico suyo durante muchos años, doy fe de que el doctor Richard Gallagher es un psiquiatra con múltiples talentos y un profesional altamente respetado, y también es un buen profesor. Hace años se embarcó en un serio estudio erudito sobre el tema fascinante, además de controvertido, de la supuesta posesión demoníaca.

Al contrario de una creencia muy difundida, ese tipo de fenómenos no sólo siguen siendo objeto de información en el mundo actual, sino que aún desafían las explicaciones fáciles, como cuando se desea que los trastornos médicos o psiquiátricos sean concebidos de forma sencilla. El doctor Gallagher dedica su agudo intelecto y su intachable integridad a la investigación de ese tipo de «estados de posesión», y sin duda ha encontrado directamente más de estos casos intrigantes y difíciles de explicar que ningún otro médico.

Por eso su libro bien puede ser único en la historia: el tratamiento serio de un tema muy debatido por parte de un médico académico cargado de credenciales –un catedrático de psiquiatría–, que puede ofrecer informes de casos personales, con todo detalle, de ejemplos de nuestros días.

DOCTOR EN MEDICINA JOSEPH T. ENGLISH
*Distinguido profesor de psiquiatría y ciencias conductuales de la cátedra Sidney E. Frank, Facultad de Medicina de Nueva York; antiguo presidente de la Asociación Psiquiátrica Americana*

# INTRODUCCIÓN

*El mayor truco del demonio es convencernos de que no existe* (la plus belle des ruses du Diable est de vous persuader qu'il n'existe pas!)

— BAUDELAIRE, LE JOUEUR GÉNÉREUX

*Lo que se dice en la oscuridad, habladlo a la luz del día;*
*y lo que oyes que susurran, grítalo desde los tejados.*

— MATT. 10:27 (traducción del autor de este libro)

Por mi experiencia, la idea de la posesión demoníaca es tan controvertida, y a menudo tan mal entendida, que desde el principio de este libro quiero establecer algo de plausibilidad académica para esta noción, además de mis credenciales. Las reacciones típicas ante el tema reflejan la polarización de nuestra nación. A pesar de la extendida creencia en los espíritus malignos en los Estados Unidos y en todo el mundo, algunas personas consideran el tema inverosímil, incluso estúpido. No obstante, otros ven el demonio por todas partes. Y así, aquí detallo mi historia personal y destaco la credibilidad de las posesiones ofreciendo simultáneamente algunas sencillas reflexiones acerca de varias exageraciones y abusos.

La reacción médica y religiosa inicial en muchos sitios al borrador de este libro –desde académicos y médicos bien informados hasta exorcistas expertos– ha sido gratificantemente positiva. Los lectores tal vez se sorprendan al saber que muchos colegas médicos míos –de todo el mundo– están de acuerdo con mis hallazgos, aunque puede que no quieran hablar tan abiertamente, con algunas notables excepciones. Por ejemplo, un psiquiatra de la facultad de Harvard ha declarado que este libro es «especialmente convincente..., sin duda de un experto mundial cuyo rigor académico es impecable y cuya integridad personal está por encima de todo reproche». Un conocido profesor de neurología consideró que era el manuscrito «más impresionante... por un testigo que es totalmente de fiar y una de las personas más inteligentes que he conocido». Un destacado exorcista estadounidense lo describe como «extremadamente práctico, ya que el libro proviene de un médico experto en temas útiles para el país y trata el tema de los ataques diabólicos. Siempre que necesito ayuda, recurro a él. Se lo respeta mucho en este campo».

*Enemigos demoníacos* relata casos claros de posesión demoníaca y otros ataques diabólicos que he tratado directamente en los veinticinco últimos años. No me ofrecí voluntario para ocuparme de estos casos; por el contrario, respondí a solicitudes de líderes religiosos que me preguntaron mi opinión personal. Y yo superé mis dudas sobre el acto de escribir este libro sólo después de asegurarme el permiso de los hombres y mujeres afectados a los que decidí ayudar.

En 2016 publiqué un ensayo solicitado por *The Washington Post*. El editor me pidió que ofreciera a los lectores mi perspectiva profesional, como psiquiatra, de las posesiones demoníacas. El artículo atrajo a más de un millón de visitas en Internet. Miles de comentarios pedían más pruebas, que en aquel momento me negué a divulgar. Un perfil mío de la CNN en Internet –con una entrevista televisiva adjunta– suscitó una respuesta similar. Al mismo tiempo, colegas de profesión y montones de exorcistas me pedían habitualmente que informase, como profesor y médico, sobre mis hallazgos y métodos. Por último, eruditos de «teorías no patológicas», de posesiones, han solicitado la publicación de informes verdaderos bien documentados.

Y así, aunque con un poco de prolongada indecisión, decidí escribir *Enemigos demoníacos*.

A menudo me han preguntado que quién mejor que un profesor de psiquiatría puede diferenciar los casos reales de los numerosos desgraciados y muchos más ejemplos de personas que sólo *imaginan* que están bajo un ataque demoníaco. No es inusual que personas con enfermedades mentales y otros problemas médicos confundan sus estados mentales y crean que están inducidos por espíritus malignos. Como veremos, esto es especialmente cierto en pacientes que sufren psicosis y graves trastornos de la personalidad y disociativos, así como en personas propensas a sugestionarse. Me di cuenta de que me encontraba en una posición única para arrojar luz sobre estos temas tan complejos.

Me he encontrado con escépticos y detractores, por supuesto. He hecho levantar algunas cejas, especialmente en comentarios de Internet. Cubiertos por el anonimato, estos expertos de sillón no muestran timidez a la hora de expresar sus opiniones, normalmente mal informadas. Un partidario más enérgico comentó que yo había «perturbado el hormiguero» al exponerme tanto en público.

De igual modo, la mayoría de profesionales de la salud, independientemente de lo brillantes que sean y las buenas intenciones que tengan, no están familiarizados con este tema. Dado que son más conscientes que el público lego en lo relativo a cómo pueden distorsionarse los recuerdos, tienden a suponer que todas las historias deben ser ilusiones o recolecciones imprecisas. Ha habido muchos «recuerdos recuperados» dudosos de ataques diabólicos o abusos satánicos. Tratamos con profundidad toda la controversia, pero las principales historias de este libro no son de ese tipo. Yo he sido testigo de primera mano de las historias que presento en las páginas siguientes, o bien los hallazgos fueron verificados independientemente por muchos observadores bastante creíbles.

Algunos individuos de inclinación más espiritual también tienen sus reservas. Muchos académicos religiosos se sienten inclinados por una «desmitologización» ingenua o anhelante al afirmar que las historias de actividad demoníaca no son sino mitos o ideas culturales desfasadas, y nada más. Descartan las referencias múltiples a espíritus malignos de textos clásicos y a documentos probatorios de muchos siglos como anacrónicos o simplemente simbólicos. Ese tipo de conclusiones habría asombrado a las figuras seminales de la mayoría de tradiciones de fe, que no tenían dudas sobre la realidad de los ataques demoníacos. Temiendo hacer el ridículo o siendo conscientes de los excesos, muchos clérigos actualmente no se sienten seguros en absoluto al exponer el tema; otros, que tal vez deseen parecer demasiado sensatos, subestiman la impresionante base de pruebas.

Por último, están los más doctrinarios, que se dedican a desprestigiar y exigen inevitablemente cada vez más «pruebas», hasta el extremo de convertir sus exigencias en imposibles. Suelen parecer un poco ridículos en su simplicidad de solicitar testimonios verosímiles para toda demostración.

Bien, aquí están las pruebas detalladas, expresadas abiertamente. En lo que respecta al turbio mundo de los demonios, la luz del sol es el gran desinfectante.

• • •

Distintos sujetos piden clases diferentes de pruebas. En el caso de las posesiones, la gente a menudo quiere grabaciones en vídeo o en audio. Sin embargo, los vídeos son la violación de la privacidad de una persona, y es un error suponer que un espíritu maligno se dignará a desfilar ante una cámara. Después de esconderse o disfrazarse durante milenios, ¿por qué los espíritus de repente se pondrían de acuerdo ante un director de cine aficionado? Las cintas de audio, de las cuales ha habido muchas, nunca parecen persuadir al escéptico comprometido. Y de nuevo, esa clase de demandas son ingenuas al esperar una conducta obediente por parte de los espíritus malvados.

Si buscas en este libro pruebas de laboratorio, ensayos controlados o neuroimágenes de los estados de posesión, te sentirás decepcionado. Los seres espirituales no aparecen con los rayos X.

Todos utilizamos diferentes métodos de investigación en muchas áreas de nuestras vidas. Como médico experto, valoro la ciencia, y los protocolos científicos modernos son indispensables. Acepto los descubrimientos de la ciencia moderna convencional; la práctica de la medicina depende de ellos. Pero el «naturalismo metodológico», como los filósofos de la ciencia caracterizan esos principios de investigación, no puede responder todas las preguntas de interés humano. Por definición, esta concepción comprensible de métodos científicos excluye de la consideración el mundo espiritual, y cualquier creencia teísta, si vamos al caso.

Pero las pruebas históricas son también una forma valiosa e importante de «saber». Los escépticos se sienten desprevenidos cuando menciono que, aunque no se encuentran habitualmente casos de posesiones, las pruebas acumulativas a lo largo de la historia han sido masivas. La creencia en los espíritus y su posible influencia en los humanos, en la mayor parte de eras históricas, han sido prácticamente omnipresentes. Los antropólogos han registrado referencias a posesiones a lo largo de los milenios en la mayoría de culturas conocidas. Muchos de los pertenecientes a este campo consideran ignorantes a quienes no están familiarizados con la naturaleza de esos informes, o, como lo expresó un investigador, el equivalente actual a los «terraplanistas». La mayoría de antropólogos se toman estas experiencias muy en serio, con independencia de su rareza, aunque personalmente se consideren agnósticos.

Sin embargo, a lo largo de la historia también han sido muy comunes los informes exagerados de crímenes satánicos y caóticos. Conozco bien las histerias periódicas, incluidas las cazas de brujas de los siglos XVI y XVII, como en Salem, cuyos objetivos solían citarse como que estaban poseídas. Como psiquiatra, he vivido los fiascos más recientes, durante las décadas de 1980 y 1990, de los «recuerdos reprimidos» y el «pánico satánico». Como médico asistente que trabajaba en aquella época en una unidad psiquiátrica de pacientes que sufrían diversos trastornos de personalidad, tuve que combatir a diario con ese tipo de tonterías. No queremos que se repitan episodios tan vergonzosos.

Pero si se nos van de las manos todas las pruebas históricas o si presumimos de que podemos expresar las entidades espirituales como ensayos experimentales antes de creer alguno de estos relatos, nunca captaremos el tema.

El presidente John Adams llamaba a los hechos «cosas testarudas». El objetivo de este libro es presentar las persistentes, pero inequívocas, pruebas fácticas de posesiones y ataques demoníacos en un contexto contemporáneo; los lectores de mente abierta podrán entonces interpretar esas pruebas por sí mismos.

Muchos secularistas occidentales no pueden concebir la existencia de los demonios. Pero la creencia en un mundo espiritual –y de ataques de entidades diabólicas– es más habitual de lo que se ha supuesto ampliamente. La gran mayoría cree en un mundo espiritual y en estados de posesiones demoníacas. En este país, una encuesta realizada al principio del milenio dio como resultado que el 70 % de ciudadanos cree en los espíritus diabólicos, y un poco más del 50 % de estadounidenses creen en la posibilidad de ataques demoníacos sobre humanos. ¿Quiénes son los que se apartan de lo habitual en este caso?

Abundan teorías muy diversas, por supuesto. Además de la visión tradicional sobre los ataques diabólicos, las posesiones a menudo se han atribuido a distintos estados de enfermedad, especialmente en nuestros días. Para intentar explicar por lo menos algunas de las características inusuales de las posesiones, otros comentaristas proponen capacidades «psíquicas» humanas latentes, impulsando teorías que nunca se han verificado en el terreno científico creíble. Se está extendiendo una amplia creencia en nociones pseudocientíficas sobre eventos «paranormales», e incluso los expertos en religión a veces han caído en teorías «parapsicológicas».

Con el paso del tiempo, observadores menos escépticos han reconocido la realidad evidente de los ataques espirituales, pero han atribuido las posesiones y otros asaltos del mismo tipo a espíritus diferentes de los demonios. Ciertas tradiciones culturales maldicen a las almas de muertos maliciosos, antepasados, *poltergeists*, deidades vengativas, duendes o trasgos. A pesar de las diversas teorías sobre espíritus, hay puntos comunes chocantes acerca de los diversos tipos de posesiones sobre los que se ha informado en culturas muy distintas a lo largo de la historia. Sea cual fuere la explicación, el elemento común sigue siendo que tiene lugar un *ataque* espiritual de alguna clase; si un ataque de esa clase no se puede achacar a un espíritu *maligno*, las palabras pierden su significado.[1]

---

1. La primera cita es del doctor Mark Albanese, profesor ayudante de Psiquiatría en la Escuela de Medicina de Harvard y director de una entidad de salud mental y medicina de la adicción, Cambridge Health Alliance. La segunda es del doctor Joseph Masdeu, profesor de Neurología de la Facultad de Medicina de Weill Cornell, director anterior de la Academia Americana de Neurología, y actualmente ocupa la Cátedra Distinguida de la Familia Graham en el Departamento de Neurología de la Facultad Metodista de Houston. Los comentarios del exorcista son del padre Gary Thomas, de la diócesis de San José; la última parte de la cita es tal como la ofrece la CNN en Internet en el perfil del autor (John Blake,

Al mismo tiempo, soy consciente de la necesidad de advertir al excesivamente crédulo contra las exageraciones y las supersticiones perjudiciales, o sólo ideas erróneas muy comunes. Este campo es propenso a la charlatanería, la hipérbole y la estupidez humana. Individuos con ánimo de lucro pueden actuar siguiendo sus percepciones erróneas de que los individuos están sufriendo ataques demoníacos, cuando para un profesional el afectado evidentemente tiene un problema psiquiátrico o médico. Incluso peores son los tristes episodios de abuso físico con esfuerzos mal recomendados para «liberar» a las víctimas. Estos abusos no son nuevos. Los esfuerzos históricos y actuales para expulsar los demonios por medios agresivos o poderosos, como por ejemplo mediante palizas y tortura, siguen siendo tan ineficaces como ignorantes, y a veces sádicos. Los problemas causados por las entidades espirituales requieren ayuda espiritual, que huye de toda violencia.

Otra nota de aviso frecuentemente ignorada es la necesidad de reconocer la *rareza* de las posesiones. La mayoría de los médicos nunca verá un caso; incluso la inmensa mayoría de los clérigos es poco probable que se encuentren con una auténtica posesión. Muchos creyentes se sorprenden cuando digo que de los 25 000 pacientes formales[2] que he tratado en profundidad en el transcurso de mi carrera durante mi trabajo diario profesional normal, *ninguno* estaba poseído. Los casos que he concluido que estaban poseídos me los enviaba algún cura o me encontraban sólo después de oír sobre mi experiencia y me buscaban ellos mismos. ¡Ningún paciente normal ha entrado en mi consultorio y después se ha sentido sorprendido por un diagnóstico de «posesión» que le haya dejado boquiabierto!

Los enfoques más sólidos para el diagnóstico requieren una experiencia considerable, no simple intuición o conjeturas. Muchas personas también se sorprenden al saber que los criterios para detectar la posesión espiritual son bastante estrictos y basados en el reconocimien-

---

«When Exorcists Need Help, They Call Him», CNN Health, 4 de agosto de 2017, www.cnn.com/2017/08/04/health/exorcism-doctor/index.html).

2. Richard Gallagher, «As a Psychiatrist I Diagnose Mental Illness. Also, I Help Spot Demonic Possession», *Washington Post*, 1 de julio de 2016, www.washingtonpost.com/posteverything/wp/2016/07/01/as-a-psychiatrist-i-diagnose-mental-illness-and-sometimes-demonic-possession

to de un verdadero «síndrome», cuyas características son tan exactas como cualquier otro diagnóstico mental. Que nuestra cultura actualmente se haya apoderado de teorías descabelladas sobre lo paranormal, así como de insinuaciones exageradas de ataques demoníacos, sólo agrava la confusión de las personas que buscan ayuda.

• • •

*Enemigos demoníacos* es mi intento por entrar en un lugar de encuentro entre la cultura pop –que presenta de forma sensacionalista lo paranormal y lo sobrenatural–, con sus profundos juicios espirituales, y los estudios psiquiátricos y científicos serios. Es necesario un enfoque interdisciplinar.[3]

La mejor manera de ilustrar esto, en mi opinión, es narrar mi propio viaje personal de transformación de escéptico a creyente, y de aquí a experto. Para basar la discusión en la realidad, examino a lo largo del camino algunos de mis casos más complejos y emocionantes, exponiendo mis propios métodos de investigación, mientras explico cómo cada caso se relaciona y conforma la cultura moderna, la historia, la religión y las teorías psiquiátricas. De los numerosos casos que he visto, destaco los siguientes:

> Una mujer joven, autodescrita como satanista, que levitó durante media hora en el transcurso de su exorcismo delante de ocho testigos: un caso de «una vez en un siglo», en palabras de sus dos expertos exorcistas.
>
> Un ama de casa cuyo oído se bloqueaba cada vez que alguna persona mencionaba algo relacionado con la religión, y pronunciaba tremendas blasfemias durante los recurrentes estados de posesión, similares a trances.
>
> Una mujer profesional que sufría moratones inexplicables, hablaba varios idiomas que le eran completamente desconocidos y,

---

3. Blake, «When Exorcists Need Help».

> en sus estados de posesión, periódicamente corría desbocada, con el riesgo de hacerse daño a ella misma y a su reputación.

> Una pequeña mujer que en su estado de posesión tiró a un diácono luterano de 90 kilos por toda la habitación.

En ese tipo de casos, he trabajado duramente para desarrollar un sistema de investigación basado en mi formación psiquiátrica y experiencia. Para empezar, yo nunca «diagnostico» oficialmente a nadie como «poseído». Lo hago así por varias razones. En primer lugar, no es un diagnóstico clínico que pueda incluirse en una categoría diagnóstica psiquiátrica convencional y científicamente responsable. Dado que la posesión es un problema espiritual –no psiquiátrico–, no existe ningún laboratorio o institución que registre esa información usando categorías establecidas médicamente. En su lugar hago una pregunta básica: ¿tienen los síntomas del paciente una explicación natural o científica?

Puedo empezar a contestar esta pregunta como debe ser, mediante un examen físico y rondas convencionales de pruebas médicas; por ejemplo, un análisis de sangre para buscar anormalidades químicas. Especialmente me aseguro de que el paciente no sufra un extraño trastorno convulsivo u otro daño cerebral no descubierto. Para descartarlo, tal vez planifique un escáner cerebral o un electroencefalograma si resulta adecuado. Si la prueba adecuada es negativa, confío en toda una valoración narrativa y en un estudio de los síntomas que siempre realizo. También normalmente entrevisto a amigos y familias para confirmar todos los detalles que expone el paciente.

Para las personas sin experiencia, se puede creer que muchas posesiones se engloban en las categorías psiquiátricas de diversas psicosis y varios trastornos de personalidad y disociativos, o bien parecen ocurrir a individuos propensos a ser sugestionados. Sin embargo, para los psiquiatras con mucha experiencia y para otros profesionales de la salud, la posesión difiere de ese tipo de trastornos de forma significativa. Yo explico detalladamente estos síntomas y signos a lo largo de este libro, junto con los criterios médicos y espirituales implicados.

En los casos raros en que no puedo determinar una explicación natural o científica del estado de una persona, remito al individuo al sacerdote, rabino, pastor, imán u otro consejero espiritual que me envió a mí a esa persona. Los hombres y mujeres de fe toman la determinación *oficial* final y deciden ofrecer ayuda espiritual si el paciente lo necesita.

Me tomo muy en serio mi responsabilidad como médico, por lo que les recuerdo a los que están enfermos mentalmente y sólo *piensan* que les atacan espíritus malignos que busquen ayuda psiquiátrica. El campo del exorcismo está repleto de ejemplos de grupos de liberación sin cuidado y de legos aficionados que pueden usar formas de «liberación» dudosas, y a veces totalmente peligrosas, en personas que luchan con la depresión u otra enfermedad mental.

Un intento importante de moderar los diagnósticos erróneos y los excesos procedió de la fundación, a principios de la década de 1990, de la Asociación Internacional de Exorcistas. Yo conocía personalmente a la mayoría de los fundadores y trabajé durante algún tiempo como consejero científico de la asociación. En los Estados Unidos, Obispos Católicos ha designado alrededor de cien exorcistas para combatir los problemas demoníacos graves. Ellos esperan evaluaciones psiquiátricas rutinarias. Otras instituciones han realizado esfuerzos similares, si bien menos importantes. Sin embargo, ninguno de estos desarrollos sensatos debe cegarnos respecto a los continuos abusos aislados entre «equipos» mal dirigidos de personas excesivamente entusiastas, sobre todo entre fundamentalistas de todas las religiones, tanto en los países del mundo desarrollado como en los que están en vías de desarrollo.

• • •

El hecho de ganarme la confianza de numerosos individuos poseídos, además de mi posición privilegiada como psiquiatra, les permitía abrirse ante mí no sólo en lo relativo a las características extrañas de sus presentaciones, sino también respecto a sus antecedentes y a muchos aspectos íntimos de sus vidas personales. Todos estos factores son vitales a la hora de juzgar si una persona está sufriendo un verdadero ataque demoníaco. Los pacientes, ante su profundo y diverso sufrimiento, contarán a un médico, y sobre todo a un psiquiatra, cosas que no revelarían a nadie más. Esos detalles normalmente incluyen conductas vergonzosas, como recurrir brevemente prácticas ocultas o incluso satánicas, que pueden hacer que se muestren reticentes a contar sus indiscreciones a un cura, por no hablar de a cónyuges y amigos íntimos. En algunas culturas, las personas poseídas se encierran y se aíslan; a unos cuantos, en algunas partes del mundo, incluso se les castiga físicamente o se les mata. A consecuencia de esto, estos individuos suelen ocultar su historia. En los Estados Unidos, normalmente temen la internación. Yo trabajo duramente para distinguir con cuidado, como médico con formación científica, lo que la «ciencia» y los buenos testimonios históricos pueden y no pueden demostrar sobre los episodios de posesión. Y me tomo muy en serio la confianza que esas personas depositan en mí.

Todas las exigencias comprensibles de pruebas no deben cegarnos ante la inescapable realidad de que hay individuos torturados en el núcleo de esas evaluaciones. No buscan ilustrar una teoría ni demostrar su credibilidad. Tienen un dolor enorme y buscan alivio. A menudo he mirado a los ojos de quienes sufren y se sienten dirigidos por el terror que yo veo. Pocos de ellos entienden completamente lo que sucede o por qué se encuentran en un estado constante de tormento. Pero creen que todo su cuerpo, su mente y su alma están siendo atacados. ¿Debería simplemente ignorar su angustia?

Sin embargo, sorprendentemente, en la mayoría de casos, su propia conducta y su actitud son también esenciales para su liberación. Como enseña la Iglesia católica (junto con creencias similares en otras congregaciones y en numerosas religiones), el Rito del Exorcismo Mayor no es una fórmula mágica que, sin esfuerzo de los propios individuos afectados, expulsa automáticamente a los demonios y que libera a las víctimas que sufren. Los exorcistas no son magos, y a menudo hay una larga, dura y terrible lucha para librarse de lo que les aflige, como si fuera un caso psiquiátrico normal con una típica enfermedad mental severa.

Los exorcismos no son balas mágicas. A fin de cuentas, por eso describo mi experiencia profesional para escribir *Enemigos demoníacos*. Quiero iluminar al público en lo relativo a la admisión y la realidad de estos evidentes fenómenos extraños, y qué debe hacerse para obtener ayuda. Quiero ver cómo las personas atormentadas se liberan de todo lo que les oprime y destruye sus vidas.[4] He dedicado mi vida a combatir los estragos de la enfermedad mental y he puesto el mismo grado de pasión en el trabajo con personas que tal vez sufran de posesión demoníaca o de ataques menores, independientemente de lo controvertidas que las conclusiones puedan parecer a algunos de mis colegas.

Aunque sé que no puedo persuadir a los escépticos y a los críticos duros, espero que *Enemigos demoníacos* llegue a la enorme masa de gente que está abierta a las ideas sobre vivir en un mundo que en parte es visible y en parte es invisible, y que estos dos ámbitos pueden influirse el uno al otro de formas inimaginables. Un sector de ese mundo invisible parece ser de forma misteriosa, pero destacablemente, hostil para los seres humanos, y busca su destrucción física y espiritual. En raras ocasiones, como algún tipo de terrorista cósmico, ese segmento muestra sus verdaderos colores. El público, en las últimas décadas, ha visto con horror que ciertos humanos viles pueden efectuar actos inefables de terrorismo; tal vez la idea de que las entidades espirituales de una brutalidad similar pueden también comprometerse en actos de salvajismo motivados espiritualmente haya llegado a ser más creíble.

Doy las gracias a las numerosas personas que me permitieron compartir sus emocionantes historias. Expreso mi gratitud especialmente a la reconocida satanista presentada en este libro, que no sólo me permitió narrar sus chocantes historias, sino que nos animó a mí y a mis colegas a contarlas. Reconozco bien la naturaleza extravagante, casi fantasmagórica, de su extraña historia. Sin embargo, no es totalmente original en ninguno de sus detalles individuales, y ofrezco paralelismos de incluso las más extrañas características de su situación, extraídos de otros casos históricos.

---

4. Jennifer Robison, «The Devil and the Demographic Details», Gallup, 25 febrero de 2003, www.news.gallup.com/poll/7858/devil-demographic-details.aspx. El informe descubrió que el 70 % de los estadounidenses cree en el diablo y el infierno. Una encuesta Pew del 2007 descubrió que «más de uno de cada diez estadounidenses (11 %) dice que han experimentado o han sido testigos de un exorcismo». Russell Heimlich, «Witnesses to Exorcisms», Pew Research Center, Fact Tank, 12 de noviembre de 2007, www.pewresearch.org/fact-tank/2007/11/12/witnesses-to-exorcisms/

Ni ella ni ninguna de sus víctimas fueron pacientes míos; no escribiría sobre ellos si lo fueran. Casi todos estos casos, que eran de una «naturaleza extraordinaria» (el término tradicional), me los enviaron instruidos y sabios clérigos conocedores de muchas fes u otros profesionales de la salud mental con credenciales que han solicitado mi opinión. En los últimos años, algunas víctimas atacadas me han encontrado por sí mismas después de leer mi experiencia en Internet, por entrevistas que he ofrecido o por artículos que he escrito.

En la difusión de asuntos delicados, siempre hay que encontrar un equilibrio entre la discreción y los beneficios de la divulgación. Siguiendo la práctica de ética convencional en informes médicos, en las páginas de este libro he respetado los deseos de las propias víctimas, resumidos en la frase de una de ellas, de «correr la voz». Sin embargo, he ocultado o cambiado identificadores irrelevantes –nombres, lugares, razas, descripciones físicas– que no tienen importancia para las bases factuales de estas descripciones de casos. Me he comprometido con la privacidad en la comunicación. Los medios de comunicación me han pedido frecuentemente que invite a esa clase de individuos para que hablen en público, pero yo nunca pediré a nadie que haga eso, aunque bastantes han expresado su deseo de descubrirse.

Por otra parte, la necesidad de iluminar a los lectores sobre detalles relevantes resulta esencial, por lo que no he cambiado ningún detalle específico de los informes de los casos. Sólo vale la pena leer un recuento exacto de todos los ejemplos. En las páginas que siguen, no me permito ninguna licencia literaria ni exagero ningún hecho; tampoco resto importancia a la asombrosa naturaleza de parte del material, independientemente de lo imposible que pueda parecer a los lectores.

No nombro a ningún exorcista que haya querido guardar su privacidad o que no me haya dado permiso explícito para revelar su identidad, aunque algunos de mis contactos con esa función hasta ahora hayan resumido sus historias. Los que han hecho tal cosa no son difíciles de encontrar. Con un aumento de los casos y la necesidad percibida de una educación pública frente a la confusión y la hipérbole generalizadas, muchos exorcistas o sus asistentes laicos actualmente desean describir la naturaleza de su labor de forma más abierta. Sin embargo, con excesiva frecuencia, sus sobrios testimonios son breves y los ignora una audiencia más amplia.

Una reticencia correcta a dar testimonio por parte de algunos testigos de posesiones puede reflejar discreción y prudencia apropiadas. Pero, una vez que la protección está asegurada, una adhesión demasiado rígida al secretismo puede ser contraproducente. Un ocultamiento demasiado estricto de los hechos, si resultan perturbadores, ha mantenido este ámbito en una especie de niebla cultural. Algunos observadores con conocimiento del tema siguen temiendo revelar algo sustancial, lo que permite que los ignorantes o los críticos dominen la discusión.

Envío un agradecimiento especial a un médico especial, mi antiguo presidente académico y anterior presidente de la Asociación Psiquiátrica Americana. El doctor Joe English me dijo en cierta ocasión que había encontrado un extraño, pero inequívoco, caso de posesión al comienzo de su propia carrera. Él conocía mi objetivo profesional de educar al público sobre las numerosas falacias que había en torno a este complejo asunto desde hacía mucho tiempo, y de asegurarme de que los pacientes psiquiátricos recibieran cuidados adecuados, no rituales erróneos. En su conocimiento limitado, tanto los materialistas dogmáticos como los excesivamente entusiasmados, pero con poca formación religiosa, pueden hacer mucho daño dificultando o retrasando la ayuda específica que necesitan, ya sea espiritual o, mucho más a menudo, de naturaleza médica o psiquiátrica.

Siempre he creído que un médico no debería rechazar implicarse en estos casos. Como he dicho, yo simplemente he respondido a las llamadas de socorro. Para cualquier persona de ciencia o de fe, sería imposible dar la espalda a las almas torturadas. *Enemigos demoníacos*, con la autorización de algunas de esas almas, más mis agradecimientos, representa sus relatos como míos, y está dedicado a todos ellos. Celebro su voluntad de compartir sus historias cuando tantos recomiendan precaución o disminuyen y ridiculizan la realidad y significado del profundo sufrimiento de estas víctimas.

• • •

Por último, en este libro doy testimonio de las realidades espirituales subyacentes que dan sentido a los sufrimientos de estas víctimas. Los exorcismos no son el aspecto más significativo de la práctica de religiones saludables. En el mejor de los casos, las tradiciones espirituales consolidadas ponen su énfasis en el amor, el servicio y la compasión hacia otros seres humanos, y también en el amor divino. «Dios no necesita nuestro amor», comentó recientemente un buen pensador, «pero él seguramente lo desea tanto como que nos amemos los unos a los otros».

La confusión sobre realidades espirituales en el mundo es perpetua. Demasiados modernos ven una división entre «fe» y «razón», y ese equívoco da lugar a una confusión sobre el tema de este libro. Sin embargo, esta dicotomía no es la visión tradicional. Tenemos cerebros que buscan una razón. Los científicos sociales insisten en que la forma en que nos educan y otros factores sociales influyen en gran medida en el desarrollo de nuestras ideas religiosas y espirituales, pero estos factores no son determinantes. Como adultos, resulta inmaduro no ponerlos nunca en duda o, a la inversa, nunca intentar aprender más acerca de su razonabilidad y las bases de sus hechos.

Y ciertamente no se puede –no se debería– profesar una fe «irracional» o no puesta en duda sin estar abierto a evaluar las pruebas que la historia nos ofrece. *Enemigos demoníacos* presenta ejemplos de un conjunto más amplio de ese tipo de pruebas que suelen malinterpretarse o ignorarse.

Como en la mayoría de las cosas de valor real en la vida, hay que ser persistente y auténtico en la búsqueda de la verdad, sin dejarse condicionar por la educación o las ideas culturales preconcebidas o por lo que la opinión conformista dicta que uno debe creer. En una época en que muchas personas han perdido todo el sentido de lo sagrado y lo sobrenatural, y cuando la autoridad institucional se mira con sospecha, esa necesidad es un reto personal más que nunca antes. Yo creo que el valor de identificar y de atender a la realidad de este solemne tema merece la pena, y que sus consecuencias garantizan la reflexión.

# PRIMERA PARTE

# DE ESCÉPTICO A OBSERVADOR

*Hay más cosas en el cielo y la Tierra, Horacio,*
*que las que se sueñan en tu filosofía.*

—Shakespeare, hamlet

# CAPÍTULO 1

# VIAJE INICIAL

## *El estudiante interesado*

Al crecer como uno de los niños pertenecientes a la generación del *baby boom*, en los suburbios de la ciudad de Nueva York, absorbí un profundo escepticismo yanqui. No pensé mucho en la idea de un diablo, y menos aún en la extraña idea de la posesión demoníaca. Los relatos sobre los ataques diabólicos y lo paranormal, creíamos todos, eran temas para los periódicos sensacionalistas, como los de los extraterrestres y el yeti; y Halloween era el momento de reírnos de todo lo relativo a las brujas, los *goblins*, la magia negra y el ojo del diablo. Recuerdo a la madre de un vecino reírse nerviosamente de su hijo, que iba vestido con un disfraz de colores negro y rojo, como un «guapo diablito».

Mi generación se educó durante un período histórico de una estable fe en el racionalismo. Como parte de la clase media de los Estados Unidos, yo y otros de mi generación dábamos por sentado el carácter especial de nuestro tiempo y de nuestro país: nuestra fe en nuestra democracia, en su progreso material, en los grandes logros de la ciencia moderna y en el derrocamiento de las formas de pensar cargadas de superstición. En el colegio aprendí el orgullo y el patriotismo estadounidenses y, como reflexioné posteriormente, un fácil rechazo a los hábitos y las creencias populares del «Mundo Antiguo».

Más adelante, cuando seguí con la historia y los estudios religiosos seriamente, como especialista en estas carreras en la Universidad de Princeton, empecé a mostrar un gran interés por esas ideas extrañas y heterodoxas. Me quedé asombrado por cómo conceptos convincentes sobre espíritus malignos y los subsiguientes eventos sobrenaturales habían preocupado a los antiguos y al mundo medieval, y cómo incluso personas con amplia formación mostraban una vívida creencia en espíritus y estados de trance de comunicación con dioses y con almas muertas. Aunque estaba empezando a disfrutar una incipiente satisfacción con ese tipo de ideas, en ese momento estaba más preocupado por desarrollar mi creciente interés en la mente humana. Me sumergí en mis estudios en idiomas, literatura y filosofía, y experimenté una temprana exposición a las ideas del psicoanálisis, al que esperaba dedicarme a fondo.

Después de graduarme en la universidad, viví un año en Francia, donde impartí clases en un instituto de enseñanza media y jugué en un equipo de baloncesto semiprofesional. Nuestro equipo lo hizo bien y, como un pez grande en un estanque más pequeño que en los EEUU, marqué una media de treinta puntos por partido. Me encantaban los fanáticos seguidores locales, que siempre valían quince puntos adicionales contra todos los equipos visitantes.

Cuando no estaba en la cancha, me comportaba como cualquier otro hombre soltero y sin ataduras viviendo una aventura en otro país: probé un vino excelente, tomé una deliciosa comida francesa y bebí demasiado Cointreau, que se hacía en el cercano Angers. Los mundos de lo que llamaban paranormal y diabólico, que me habían interesado en casa, eran las cosas más ajenas a mis pensamientos.

Pero esto duró hasta que mi hermano John conoció a una bruja local.

John había estado viviendo y jugando en otro equipo, en una región conocida por su interés activo en el atletismo. Un día me dijo que había estado hablando con una anciana que afirmaba, con sus propias palabras, que era una «bruja buena». Durante su conversación, mi hermano mencionó que él había sufrido de verrugas en sus manos desde que era adolescente. Ella le dijo que podía curarle.

A pesar de mi escepticismo y mis burlas, mi hermano no podía olvidar la idea.

La mujer le recomendó lo que ella llamó un tipo de curación popular. Le dijo a John que efectuara un ritual a media noche en un puente de las afueras de la ciudad. Tenía que recitar un breve hechizo y después tirar al río tres judías por encima del hombro; ella insistió en que «tenía que creer».

Cuando John despertó al día siguiente, después de cumplir sus instrucciones, seguía habiendo verrugas en sus manos. Esa tarde volvió a ver a la mujer, quien le dijo que el ritual no había funcionado porque él no había «creído *de verdad*». Mi hermano prometió que lo volvería a intentar, esta vez en serio.

A la mañana siguiente, mi hermano vino a verme lleno de excitación. Sus verrugas habían desaparecido. Como un típico hermano menor, le dije que se le debía de estar ablandando la cabeza. Lo descarté como un caso en que la mente vence a la materia, hablando con aires de superioridad y poniendo de ejemplo casos de curaciones de dolencias menores que tenían lugar por el poder de la sugestión.

«Bueno, no me importa», dijo John. «Ha ocurrido algo después de todos estos años de cremas inútiles y cosas congeladas».

Aunque seguí mostrándome escéptico, el incidente hizo profundizar mi interés por varias teorías sobre prácticas de curación tradicionales, y me sentí fascinado ante la medicina psicosomática, los caprichos de nuestro complejo sistema inmunitario y el enorme poder de nuestro cerebro sobre el estado de nuestra fisiología. Dado que mi plan era acudir a la Escuela de Medicina cuando volviera a casa, tomé mentalmente nota del incidente. Por aquel tiempo ya había leído sobre las teorías postuladas por Sigmund Freud y sus colegas, que documentaban la prevalencia de lo que por entonces llamaban los efectos corporales de los estados mentales «histéricos».[5]

Freud y otros de los primeros psicoanalistas insistían en que unas emociones y unos impulsos no reconocidos podían generar directamente problemas médicos evidentes, a veces tan dramáticos como una parálisis. Posteriormente, a estos estados se les llamó «trastornos de conversión», condiciones mentales en las que los pacientes experimentan síntomas neurológicos específicos sin causa orgánica o explicación

5. El artículo en cuestión es «A Seventeenth-Century Demonological Neurosis», en la edición estándar de las obras psicológicas completas de Sigmund Freud, Vol. XIX; ed. y trad. James Strachey (Londres: Hogarth, 1923); 72-103. Las siguientes referencias y citas de Freud se remiten a esta edición y aparecen en el texto.

física coherente. Siendo después residente médico en Yale, llegué a ver de primera mano ejemplos excelentes de estos fenómenos. Por ejemplo, examiné a una joven hospitalizada que sufría de una misteriosa parálisis en las piernas que no tenía explicación física o anatómica posible. Durante una exploración, admitió que su deseo más profundo era «pegar con dureza al hijo de puta de mi padre».

Freud tuvo influencias de Jean-Martin Charcot, un motivador y famoso médico parisino de finales del siglo XIX. Anticlerical declarado, Charcot se mostraba hostil hacia la religión, y Freud aplicó su propia teoría a fenómenos religiosos, incluidas las posesiones demoníacas. Freud defendía que la «posesión demoníaca» de un artista del siglo XVII era un ejemplo de patología mental tomada por error por un ataque diabólico.

Resulta que jugué un partido de baloncesto cerca de la pequeña ciudad de Loudun, de la que supe que había sido el lugar del tristemente célebre caso –del siglo XVII– de unas supuestas posesiones en un convento de allí. En la década de 1630, varias monjas ursulinas afirmaron que los demonios las atacaban. Durante sus presuntas posesiones, las monjas gritaban y daban vueltas de formas extrañas y, supuestamente, hablaban varios idiomas extranjeros que no conocían. El caso tuvo una gran repercusión y aún genera debate en Francia. En aquella época se realizaron algunos exorcismos en público, que atrajeron una multitud de curiosos espectadores. Aldous Huxley escribió detalladamente sobre estos eventos en su libro de 1952, *Los demomios de Loudum.*[6] Una versión cinematográfica exagerada, titulada *Los demonios*, tuvo como protagonista a Vanessa Redgrave y fue premiada en 1971. La violencia gráfica y los desnudos de la película causaron una tormenta de protestas en aquella época, aunque dudo de que muchos espectadores se tomaran en serio el asunto. Yo, desde luego, no lo hice. Huxley me convenció de que, con toda su confusión y sensacionalismo, el caso de Loudun fue un probable ejemplo de histeria colectiva. Él llegó a la conclusión de que el episodio tuvo un cariz político y que fue el producto de graves problemas emocionales de unas cuantas monjas católicas de clausura, reprimidas sexualmente.

---

6. Huxley, Aldoux, *The Devils of Loudun* (Londres: Chatto Windus, 1952).

Sin embargo, lo que para mí hizo el caso aún más intrigante fue la participación de dos infames sacerdotes, Urban Grandier, sacerdote de la ciudad, adinerado y con excelentes relaciones, y Jean-Joseph Surin, un jesuita. Grandier, famoso por su cinismo y su mirada inquisidora, fue acusado por sus rivales políticos de seducir a las monjas y de lanzarles maleficios. Incluso presentaron como prueba un documento en latín que se suponía que era el pacto de Grandier con Satán. Bajo terribles torturas, Grandier mantuvo su inocencia. Sus inquisidores le quemaron atado a un poste.

Para expiar los supuestos sacrilegios de las monjas –y de Grandier–, Surin incitó a un demonio a atacarle y, posteriormente, escribió un fascinante y detallado informe de sus supuestas duras experiencias de años de duración con el espíritu. Que Surin estuviera realmente poseído o sólo loco sigue siendo objeto de debate histórico.

El destacado neurólogo francés Jean Lhermitte llegó a la conclusión, mucho después, de que las supuestas posesiones representaban patologías psicológicas. Su libro de 1956, *Vrais et faux possédés* («Posesiones verdaderas y falsas»)[7] sin duda influyó en la opinión de Huxley.

Sin embargo, un erudito religioso señaló que para extraer la misma y simple conclusión de Lhermitte, habría que dar de lado a una buena cantidad de registros contemporáneos. Muchos informes afirmaron tener pruebas creíbles de las monjas hablando espontáneamente idiomas extranjeros. También habría que rechazar como inexactas múltiples descripciones existentes de los salvajes, y anatómicamente inexplicables, giros y las imposibles contorsiones de las monjas. Años después, un profesor francés local me preguntó: «¿Ha visto alguna vez un grupo de monjas enloquecidas, que da la casualidad, al mismo tiempo, de que son muy buenas gimnastas?». Este hombre sabio concluyó que, aunque era probable que no todas las monjas estuvieran poseídas, seguramente había habido algún fenómeno demoníaco evidente en el pue-

---

7. LHERMITTE, Jean, *Diabolic Possesion, True and False* (Londres: Burns & Oatesi, 1963. Edición original (francés): *Vrais et faux possédes* (París: Fayard, 1956); primera edición en EE.UU: *True and False Possesion* (Nueva York: Hawthorn, 1963).

blo. Creía que tal vez las monjas sufrieran de ataques menores, de lo que se conoce como «opresiones» o «vejaciones» diabólicas.

• • •

Puse en modo de espera gran parte de este interés durante mis ocupados años en la Escuela de Medicina y, después de una residencia en medicina interna, llegó la época de mi formación psiquiátrica en Yale. Durante mi formación médica me hice experto en los numerosos e inexplicables giros y senderos de la psique humana. En efecto, las exploraciones verdaderamente científicas abren nuevas puertas, nuevas preguntas y nuevas posibilidades. Esto es especialmente cierto en lo relativo a los misterios de la conciencia, la mente humana y el espíritu. Llegué a la conclusión de que había otras maneras de saber cosas que no dependían de si ese conocimiento podía cuantificarse mediante un experimento de laboratorio o una rígida prueba científica. Llegué a pensar que las pruebas de los extraños fenómenos psíquicos que la historia nos muestra una y otra vez –especialmente las experiencias espirituales de todas las culturas difíciles de explicar, pero bien documentadas– también merecían un examen rigurosamente «científico».

Aparte de con unos pocos confidentes, raramente he compartido este interés con colegas, y sigo sin hacerlo, a no ser que me pregunten por ello. Echando la vista atrás, supongo que pensaba que la mayoría era indiferente a este tema; de otros suponía que incluso se mostrarían críticos con mi fascinación y mirarían con recelo a un colega psiquiatra que en una fase tan temprana de su carrera se tomaba en serio este campo. Al mismo tiempo, debo reconocer que no he experimentado de verdad, entonces o ahora, ninguna abierta hostilidad a mis estudios en esta área.

En la época en que me gradué como médico residente y postdoctorado en el programa psiquiátrico de Yale, iba surgiendo dentro de la corriente principal una literatura un tanto inaccesible sobre la posesión moderna. Varios investigadores, inspirados por el éxito comercial de la novela de 1971 de William Peter Blatty, *El exorcista*,[8] y la película que

---

8. Blatty, William, *The Exorcist* (Nueva York: Harper and Row, 1971).

la siguió, exploraron datos anteriormente desconocidos sobre los acontecimientos que habían inspirado la historia ficticia.

Me quedé fascinado al conocer los detalles reales de esta historia hecha sensacionalista y, aunque yo ya estaba convencido de que Blatty había tomado prestados hechos de varios casos históricos de exorcismo, incluido el de Loudun, me asombró que la película hubiera llevado a la ficción principalmente el caso de una posesión supuestamente real y de nuestro tiempo.

Se dijo que la historia ficticia de Blatty se había desarrollado basándose en la posesión real de un joven de Maryland, que dio comienzo en 1949. Las fuentes originales llamaban al chico Roland Doe como pseudónimo, pero en el momento de la curiosidad investigadora se le cambió el nombre y se le llamó Robbie Mannheim. Criado en una familia luterana, Robbie fue dirigido por su pastor, el reverendo Luther Miles Schulze. Pasaba temporadas en hospitales, pero los médicos no podían explicar las características del caso, y el tratamiento psiquiátrico no hizo efecto. Robbie estuvo poseído durante mucho tiempo.

Como puede verse en la película, los problemas empezaron con fenómenos del estilo de un *poltergeist*: ruidos y «rascados» inexplicables, una cama que vibra, objetos que vuelan, una silla destartalada. Muchos afirmaron que hasta cuarenta y ocho personas habían sido testigos de estos extraños acontecimientos, incluido el reverendo, quien pudo ver los hechos cuando Robbie estuvo con él en su casa para una observación ampliada. El estado de Robbie llegó a evolucionar hasta el extremo de tener unos síntomas normalmente más relacionados con una posesión: estados de trance involuntarios; expresiones mordaces de odio contra la religión, pronunciadas con una voz diabólica; y otras habilidades paranormales, incluido hablar en latín, un lenguaje que el joven Robbie no conocía. En un momento dado, de acuerdo con los testigos, la habitación de Robbie se quedó congelada, algo sin precedentes durante los exorcismos, como supe más tarde.

Una amplia variedad de clérigos efectuó múltiples rituales de exorcismos, primero según procedimientos luteranos, después episcopalianos y finalmente católicos. Varios jesuitas, del hospital de San Luis, llegaron a realizar con éxito la serie de exorcismos años después. Los sacerdotes contaron que una voz atronadora acompañó al verdadero momento de la liberación de Robbie. Los jesuitas compararon el ruido con un «trueno». Después de su exorcismo exitoso, Robbie se casó, tuvo hijos y llevó una vida normal.

Antes de su muerte, en 2017, Blatty reconoció que su historia ficticia se basó principalmente en la posesión de Mannheim, pero también era una amalgama. Por ejemplo, Blatty diseñó la personalidad del sacerdote-psiquiatra, en su libro y en la película, basándose en el padre Surin, quien se había ofrecido al demonio de igual modo como rescate a cambio de la víctima original.

Al mismo tiempo, Blatty había integrado los dos sacerdotes en su novela –el padre Damien Karras y el padre Lankester Merrin– para representar dos puntos de vista distintos. Con su cara llena de arrugas y su cabello blanco, el padre Merrin representaba a la Iglesia católica de la vieja escuela y su creencia literal en espíritus malignos. No surgen dudas de esa creencia, aunque realizase el exorcismo que acabaría con su vida. El padre Karras, por el contrario, comienza la historia con la convicción de que la joven Regan MacNeil demuestra síntomas de un trastorno psiquiátrico desconocido, a pesar de que las pruebas apuntan a la posesión. Sólo después de efectuar todas las pruebas físicas y psicológicas posibles, el padre Karras cambia de opinión y reconoce por fin que ocurre algo inexplicable y demoníaco.

La transformación personal del padre Karras me pareció especialmente fascinante. Es probable que sólo más adelante fuera consciente de lo importante que fue para mis intereses académicos y para la dirección que iban a tomar: un psiquiatra experto que investiga el tema desde un punto de vista analítico y científico, y después –pero sólo después– llega a creer firmemente en la realidad de la posesión demoníaca.

Del mismo modo que el padre Karras, desde entonces me he movido en dos mundos: el mundo de la investigación psiquiátrica científica y el mundo del exorcismo. Y he pasado gran parte de mi tiempo, a lo largo de los años, profundizando mi conocimiento de los dos, lo que para algunos parece incompatible y que en mi opinión no lo es.

Después de mis cuatro años de médico residente, acepté un puesto académico como profesor de Psiquiatría para la integración en Cornell-Hospital de Nueva York-Westchester. Formé parte de un equipo que trataba a sujetos mediante una unidad especializada en pacientes diagnosticados con grave trastorno límite de personalidad. Estos pacientes son altamente inestables, sufren problemas y con frecuencia son objeto de abusos. Trabajar con ese tipo de pacientes tan exigentes fue una experiencia estimulante al terminar mi residencia.

El tratamiento «milieu», o entorno de programa, lo habían establecido y dirigido los principios clínicos articulados por el director de nuestro hospital, el doctor Otto Kernberg, uno de los psicoanalistas más destacados a nivel mundial.[9] En Cornell también me involucré en la investigación, ayudando a desarrollar métodos de entrevista y escalas de valoración con más rigor para evaluar grados de experiencias traumáticas en el entorno de nuestros pacientes internos. Nuestros resultados, como uno de varios grupos de investigación que publican hallazgos tempranos que confirman los altos niveles de abuso en sus historias de casos, llegaron a publicarse en una monografía en la revista *The Journal of Personality Disorders*,[10] de la que fui el autor principal. Descubrí que tanto el ambiente clínico como el trabajo académico de Westchester eran muy interesantes, pero que también requerían mucho tiempo de dedicación. Una vez más, tuve que expulsar de mi mente cualquier interés en las posesiones y otros temas similares, a los que llegué a considerar «fenomenología religiosa», que aún considero un pasatiempo secundario.

Antes de abandonar New Haven, pensé seriamente aunque de forma breve, después de mi formación, en un trabajo formal de graduado en Yale sobre el estudio académico de la historia de la religión. Sin embargo, después de trabajar en Yale durante un tiempo, empecé a pensar que había dado la espalda a esa opción, tal vez para siempre. Decidí inscribirme en el Centro Universitario de Columbia para la

---

9. Muchos libros explican las teorías y las recomendaciones de tratamiento del doctor Otto Kernberg, por ejemplo, Otto F. Kernberg, *Severe Personality Disorders: Psychoterapeutic Strategies* (New Haven: Yale Univ. Press, 1984); y Yeomans, Franz E.; Clarkin, John F; y Kernberg, Otto F., *A Primer of Transference-Focused Psychotherapy for the Bordeline Patient* (Northvale, NJ: Jason Aronson Press, 2002).
10. Gallagher, Richard Eugene; FLYE, Barbara L.; HURT, Stephen Wayne; STONE, Michael H.; y HULL, James W., «Retrospective Assessment of Traumatic Experiences (RATE)», *Journal of Personality Disorders* 6, nº 2 (1992): 99-108.

Formación y la Investigación Psicoanalíticas, y realicé el entrenamiento psicoanalítico requerido con el doctor Kernberg. Pronto me pidieron en el Colegio Médico de Cornell que impartiera un curso sobre la vida y la obra de Freud. De forma lenta pero segura, me estaba convirtiendo en un experto en psicofarmacología, y empecé a pensar en solicitar becas de investigación. Estaba tomando forma una carrera convencional como psiquiatra académico.

Pero una mañana, a comienzos de la década de 1990, un visitante inesperado –un anciano sacerdote católico– llamó a la puerta de mi consultorio y me preguntó si podía ayudarle a evaluar a una mujer. El cura me dijo que era uno de los pocos exorcistas oficiales de los Estados Unidos.

## CAPÍTULO 2

# UN SACERDOTE LLEGA LLAMANDO

### *Observando opresiones externas*

El sacerdote iba vestido con un traje clerical, recubierto de negro desde la cabeza hasta los dedos de los pies. Con una postura un tanto encorvada y en malas condiciones físicas, jadeaba en su breve paseo por el campus. Tenía el aspecto de un arrugado erudito, tal vez porque sus pantalones necesitaban un planchado desesperadamente.

El padre Jacques –así lo llamaré– trabajaba como capellán en un hospital psiquiátrico estatal y como asistente a tiempo parcial en una parroquia lejos de allí.

«Discúlpeme, doctor», me dijo. «Necesito ayuda en una situación extraña. Quiero que evalúe usted el estado mental de una mujer». Añadió: «No soy ningún experto en su campo», aunque parecía saber bastante sobre pacientes con trastornos mentales.

Entonces me dijo que una mujer que había viajado 3500 kilómetros para conocerle demostraba signos de lo que llamó opresión demoníaca, un estado que definió como un ataque diabólico, aparte de una posesión total. El padre Jacques me dijo que aunque este espíritu seguía atacando a la mujer, no había tomado el control de su cuerpo –la definición de una posesión demoníaca–. Sin embargo, para descartar cosas, admitió que quería la opinión de un psiquiatra, después de que un hematólogo al que había consultado hubiese encargado varias analíticas de sangre y llegara a la conclusión de que ninguna enfermedad médica podía explicar sus extraños síntomas.

En mi carrera me había encontrado con muchos pacientes psicóticos que imaginaban que les atacaban demonios. Se lo dije al padre Jacques y admití que, aunque yo era de mente abierta, me mostraba escéptico ante las posesiones demoníacas.

«Por eso es usted el hombre perfecto para la tarea», dijo riendo. Hasta ahora no estoy del todo seguro de por qué el padre Jacques me eligió a mí. Tal vez uno de los religiosos eruditos con los que yo había conversado le había mencionado mi nombre. Los sacerdotes del lugar sabían que yo era católico.

A pesar de mi ambivalencia, confesé como curiosidad que podría aprender algo del tipo de caso que había empezado a fascinarme como médico, al menos a nivel teórico. Me sorprendía que ese hombre elocuente quisiera presentarme un problema moderno, de la vida real, que podría demostrar ser de naturaleza demoníaca. Pero también me preguntaba si deseaba implicarme con él profesionalmente sin saber lo crédulo o supersticioso que él pudiera ser.

• • •

Unos días después, el padre Jacques llevó a mi consultorio a una agradable mujer mexicana. La llamaré Maria. Mujer devota, dedicaba su vida a sus hijos y a labores de caridad. Maria no mostraba síntomas psiquiátricos ni ningún tratamiento psiquiátrico anterior. Felizmente casada, disfrutaba de su vida. Se sentía bien, excepto por una extraña queja. Me dijo que la golpeaban espíritus invisibles. «Me suele ocurrir cuando estoy en la cama», admitió, un poco avergonzada. «No puedo verlos».

Su marido, Alejandro, confirmó su historia contándome cómo permanecía impotente mientras Maria recibía estos golpes recurrentes.

«Por todo su cuerpo aparecen esos moratones que no salen de ningún sitio», dijo el marido. Puesto que la pareja era católica, Maria y Alejandro creían que la atacaba el diablo, posiblemente por su celo religioso y «buenos trabajos». O quizás, añadió Maria, un «brujo, un hombre desagradable» o hechicero le había lanzado una maldición, aunque ni ella ni Alejandro podían explicar por qué la habría elegido precisamente a ella. Mi labor consistía en evaluar si podía haber alguna enfermedad, mental o física, diagnosticable detrás de los moratones de Maria, algunos de los cuales seguían siendo visibles en sus brazos. ¿Podía ser que ella y Alejandro tuvieran alucinaciones? Existe una condición psicótica compartida llamada locura conjunta, pero ninguno parecía paranoide o demente de ninguna forma. ¿Podía ser que Alejandro golpeara a Maria y que inventaran esta historia para esconder su abuso? Pero él parecía un hombre tranquilo, claramente enamorado de su esposa. ¿Y por qué habrían viajado tanto e implicado al padre Jacques y a mí en su estratagema?

No pude descubrir ninguna patología convencional que explicara estos extraños síntomas. Aunque yo no creía en la hipótesis de la pareja de un posible maleficio, estaba sorprendido por la dulce naturaleza de esta mujer y de la sinceridad y buen sentido de la pareja. Quería tener cuidado con el caso, de todas formas. Encargué un montón de pruebas, incluyendo un examen médico, que le repitieran el análisis de sangre (especialmente anormalidades en la coagulación), un electroencefalograma y un escáner por tomografía computerizada. Todo fue negativo. El único mal físico eran los moratones en su cuerpo. El examen de su estado mental –una serie de preguntas sobre sus capacidades cognitivas y su estado emocional– también fue normal.

Aunque sus moratones mostraban una semejanza superficial con unos cuantos trastornos, como por ejemplo la púrpura psicogénico, su historial era muy diferente de cualquier patología orgánica convencional. La púrpura psicogénica, también conocida como síndrome de Gardner-Diamond, consiste en una inflamación temporal de la piel, seguida de múltiples equimosis, o moratones. Se creía que el estrés y el trauma psicológicos contribuían a este raro trastorno. Pero Maria no informó sobre manifestaciones tempranas de ese tipo de inflamación de la piel. Ella también estaba mentalmente sana y no presentaba un estrés significativo, aparte de las palizas físicas, que describió como golpes rotundos a su cuerpo. En nuestras conversaciones, la historia de Maria seguía siendo coherente.

Llegó un momento en que dije al padre Jacques que no había podido encontrar ningún trastorno psiquiátrico o médico diagnosticable. «Lo sospechaba», dijo él.

Un tiempo después, el padre Jacques me dijo que, mediante una serie de rezos de su parroquia y gracias a los mayores esfuerzos espirituales de la propia Maria, los ataques fueron disminuyendo gradualmente y, con el paso del tiempo, desaparecieron por completo.

• • •

A lo largo de los años, he conocido a muchas personas que también afirmaban haber sido golpeadas por espíritus. Algunos incluso dijeron que los estrangulaban y los arañaban, una afirmación respaldada por los fotógrafos. Ellos solían ofrecer una explicación personal propia, a veces verosímil y otras nada en absoluto. Después de consultar a otros médicos o a su sacerdote, la mayoría de ellos llegaban a creer que habían sido objeto de ataque de espíritus malvados. Ninguno, de acuerdo con mi opinión profesional, presentaba pruebas de psicosis ni de alguien abiertamente propenso a la sugestión mental.

«Siempre hay *una* causa», me decía continuamente el padre Jacques. «Estas cosas no ocurren de la nada. Y sus víctimas no son enfermos mentales».

Poco después del caso de Maria, el padre Jacques me invitó a conocer a una joven africana que estaba poseída. Era el primer caso de posesión demoníaca que veía. Nos vimos en el sótano de una casa de párroco muy decorada, donde le observé a él y a otro cura efectuar un «exorcismo mayor», como se conocen los rezos autorizados del Ritual Romano formal. Después del rito, yo estaba convencido de que aquella mujer se había liberado realmente de un estado de posesión que había durado bastante.

Creo que el padre Jacques quería mostrarme distintos casos de posesiones y opresiones en sus numerosas manifestaciones durante mi formación adicional en este campo nuevo y extraño. Yo ya había encontrado un material espantoso en mi trabajo con los pacientes de Cornell que habían sufrido abusos, y con sociópatas, en el Instituto Psiquiátrico de Yale. Sin embargo, me preguntaba cómo reaccionaría yo, sentado en una habitación, con una persona poseída por completo, como esperaba que llegaría a suceder.

Mientras acumulaba experiencia con las opresiones, me di cuenta de que al principio me consultaban para comentar lo que se clasifica como opresiones *externas*, que incluyen síntomas corporales. Ese tipo de casos a menudo confundía a los consejeros espirituales, quienes experimentan problemas para distinguir ese tipo de signos *físicos* de una enfermedad orgánica, especialmente si hay otros rasgos presentes, como suele suceder. La mayoría de sacerdotes, ministros u otros clérigos que buscaban al padre Jacques no eran capaces de saber con seguridad si ese tipo de síntomas simplemente denotaban una enfermedad extraña a su vista no entrenada.

Las causas de estos ataques demostraban otro indicador importante de su validez. Al diagnosticar opresiones externas, yo tenía en cuenta que debía considerar la *totalidad* de los diversos componentes de un ataque demoníaco que demostraban ser más persuasivos, o «patonómicos», como decimos en medicina. Para no cometer un error, estos ataques no deberían diagnosticarse a la ligera; requerían un criterio más preciso que los presentes en las prácticas médicas. Sólo cuando los diversos rasgos de una posesión u opresión son lo suficientemente típicos y singulares como para caracterizar un ataque diabólico tradicional, se logra la verdadera convicción de que se ha llegado a una conclusión exacta. Esta confianza diagnóstica se obtiene más fácilmente cuando los particulares toman parte en lo «paranormal».

A diferencia de la mayoría (no todas) de las posesiones, las personas oprimidas conservan la conciencia en todo momento y no pierden todo el control de sus acciones. Normalmente no tienen el mismo nivel de aversión hacia lo sagrado, como se ve universalmente en los poseídos, porque en una posesión un demonio real está dirigiendo, no sólo acosando, a la víctima. El espíritu malvado odia las cosas y creencias sagradas; la víctima no. Pero ese discernimiento alcanza el nivel de «certidumbre moral» requerido por la Iglesia, especialmente cuando la víctima también se presenta con un claro fundamento histórico respecto al ataque.

Las posesiones y las opresiones pueden, desde mi punto de vista, distinguirse claramente de los trastornos mentales y físicos por parte de un experto. Pero se necesita mucha experiencia. Es especialmente importante que los consejeros espirituales, que a menudo saben poco sobre psiquiatría o trastornos médicos, trabajen estrechamente con profesionales médicos o de la salud mental cuando traten con situaciones de opresión. Resulta de ayuda tener un conocimiento minucioso de las enfermedades médicas/psiquiátricas y de rasgos típicamente opresivos, además de una valoración de las causas posibles.

Un buen ejemplo de lo engañosas que pueden ser estas investigaciones sobre las causas de las opresiones ocurrió en otro caso que vi no mucho después del de Maria. A este hombre, al que llamaré Stan, me lo envió un sacerdote a quien el padre Jacques había dado mi nombre.

Stan era un hombre alto y de edad mediana, del noroeste del Pacífico. Altamente inteligente, tenía un puesto de trabajo técnico. Lo encontré razonablemente tranquilo y estoico, pero su mujer me dijo que ella estaba aterrorizada por lo que estaba sucediendo.

Igual que Maria, Stan también sentía que lo golpeaban, con sus propias palabras, «unas fuerzas espirituales». Se quejaba de que lo arañaban con cierta frecuencia, y que ocasionalmente era estrangulado por, de nuevo con sus palabras, «algún tipo de asaltantes extraños e invisibles». Los arañazos que me mostró estaban mayormente en su cuello y su cara. También me trajo fotografías de cortes antiguos que le cruzaban sus piernas y su torso. Algunos pacientes psiquiátricos se cortaban por diversas razones, a menudo masoquistas, pero Stan y su mujer negaron con firmeza que se dedicara a automutilarse. Antes de quedar conmigo, ya le habían evaluado varios médicos. Aunque todos quedaban desconcertados con su historia, ninguno creía que tuviera problemas emocionales, psicóticos o que estuviera mintiendo. También todas las pruebas médicas de este caso eran negativas. Para verificar la historia de Stan, hablé con su médico de cabecera y sus especialistas. Ninguno tenía idea de lo que le ocurría a este hombre tan sano en todos los demás sentidos. Después de hacerle más preguntas, Stan admitió haber explorado diversas tradiciones espirituales a lo largo de su vida. Durante años, había puesto en duda las creencias cristianas con las que le criaron, y en su vida adulta había examinado brevemente las religiones orientales. Durante un tiempo, también «investigó seriamente» el islam bajo la dirección de un compañero de trabajo musulmán. Me impresionó por ser un verdadero buscador de la verdad espiritual. Pero, por la época en que vino a consultarme, hacía tiempo que había vuelto a sus raíces cristianas. Stan negó que en algún período de su vida hubiese buscado alguna «práctica» oculta, que a menudo es un factor revelador que influye en un proceso diabólico.

Yo estaba confuso. Gracias al padre Jacques supe que los ataques realmente opresivos no surgen de la nada. Aunque presioné a Stan, negó firmemente haber omitido ningún factor serio, potencialmente relevante y más sospechoso en su historia personal.

Después de quedar con Stan, el padre Jacques me telefoneó. No creo que sea una «opresión», me dijo, «pero tampoco nos ha dado aún una causa verosímil. ¿Estaría usted dispuesto a verle unas cuantas veces más para tener una mejor impresión de este tipo?».

Me gustó la precaución del padre Jacques.

Dado que Stan había venido hasta ahora gastando bastante en sus viajes, me mostré de acuerdo en alargar nuestras sesiones. Como siempre sucedía con estas sesiones, dejé claro a Stan que yo era un ayudante del sacerdote, y de ninguna manera su médico. Puesto que yo era psiquiatra y Stan buscaba una aclaración espiritual, insistí en que el padre Jacques haría el diagnóstico *espiritual* oficial final.

Descubrí que Stan era un hombre brillante, con muchas lecturas y conocedor de la historia de las religiones. Incluso había aprendido algo de hebreo para captar mejor los matices del Antiguo Testamento, o Tanakh. Sin embargo, durante varias sesiones me convencí de que estaba ocultando algo.

Entonces, en nuestra quinta reunión por fin soltó la lengua. «Sé que usted me ha estado presionando sobre una explicación de por qué suceden estos síntomas peculiares. Por favor, discúlpeme, no quería abusar de su generosidad, pero tengo que confesar algo».

Dudó. Durante todas nuestras reuniones, Stan siempre había demostrado seriedad, pero también amabilidad. Su recelo en este momento captó mi atención. Yo sabía que lo que estaba a punto de decirme le había estado pesando, quizás durante años.

Sólo pude pensar en decirle: «Vamos».

Entonces me contó que de joven había practicado brevemente el satanismo, «de una variedad poco intensa», añadió defensivamente.

Stan admitió que había pasado unas cuantas semanas adorando a Satán, e incluso «prometió su alma» a esa figura a cambio de recibir favores y experiencias. Había sido un impulso ingenuo, y sin duda un error transitorio, pero las entidades a las que había recurrido parecían haber aceptado su palabra y estaban cobrando lo prometido.

«De verdad pensé que no era nada», dijo Stan. «Mi "coqueteo", como yo lo llamé, fue extremadamente breve, sólo unas semanas aproximadamente, como mucho».

Su mujer asintió.

«También fumaba mucha marihuana en aquella época, lo que no he hecho en años recientes en absoluto, pero tal vez la hierba afectara a mi juicio. Usted sabe por ahora, doctor Gallagher, que soy un sincero buscador de la verdad, pero también, supongo, me describiría a mí mismo como alguien que siempre ha tenido hambre de "experiencia espiritual". Ésa es la mejor forma que tengo de describirlo».

Eso tenía mucho sentido para mí. Como un tipo de buscador de la «New Age», Stan estuvo buscando constantemente una experiencia concreta que satisficiera su hambre espiritual. Muchos occidentales se vuelven hacia las religiones orientales por lo que ellos perciben que es una conexión más «directa» con un ámbito espiritual. Lamentablemente, algunos de ellos coquetean con el ocultismo e incluso con seres diabólicos.

Por entonces, yo aprendí en profundidad cómo varios elementos de la historia personal de una víctima se implicaron en la génesis de estos fenómenos extraños y opresivos.

En los problemas de Maria, por ejemplo, parecía claro que la estaban castigando, no porque se hubiese comprometido con lo oculto, sino porque, como persona devota y caritativa, se convirtió en un blanco para los enemigos demoníacos. Tal como yo había aprendido en aquel momento, los fenómenos opresivos de palizas y otras clases de ataques físicos se habían contado a lo largo de la historia en documentos asombrosamente notables. Y esos registros históricos a menudo documentan que la clase de ataques opresivos que Maria recibía afectan frecuentemente a individuos de bastante santidad en respuesta a su continua devoción a Dios y a su firme rechazo a Satán y su mundo.

En cambio, Stan se había vuelto al diabolismo total, lo cual instigaba su opresión externa. Le habían «atrapado» en una imprudente negociación con fuerzas más allá de su cálculo, y aunque intentara justificar su poco tiempo con ellas, estaba pagando un precio de castigo.

Yo no estaba seguro de si el *brujo* que Maria había mencionado tenía algo que ver con su estado. Contemplando su caso bajo una luz totalmente distinta a la de Stan, algunos expertos espirituales rechazan el uso de la palabra «opresión» para caracterizar su sufrimiento. En lugar de eso prefieren un término como un diabólico «ataque a lo sagrado». Pero dudo de que los demonios protesten sobre palabras mientras cometen sus diabluras.

Al seguir siendo un yanqui racionalista, además de un médico experto que no era probable que aceptase hipótesis ocultas sin tener muchas pruebas, la teoría de Maria sobre un hechicero que le lanzaba una maldición parecía demasiado vulgar, demasiado supersticioso para mí en aquella época. Pero casos posteriores, donde maldiciones, maleficios y cosas similares demostraron todos ser partes demasiado habituales de la historia, me dieron un descanso. Yo comprobaba de primera mano que los factores ocultos en el sufrimiento de una persona, o en su curación, no eran de ninguna manera los fenómenos estúpidos o benignos que mucha gente suponía. Me acordé del contacto de mi hermano John, en Francia, con la «bruja buena», quien había curado sus verrugas y empezaba a tomarse su experiencia más en serio.

Como ilustra la historia de Stan, una persona que empieza a seguir a Satán pero después intenta escapar puede ser especialmente vulnerable a los espíritus malvados, o un individuo que se aventura más seriamente en lo oculto y «abre una puerta», como se dice, pero después intenta reformar su vida y volver a prácticas religiosas serias. Igual que figuras del crimen organizado, una vez que una persona se compromete con el grupo y conoce a los jugadores, la organización difícilmente querrá dejar salir a esa persona sin cobrarse su venganza. Esa clase de gente «sabe demasiado».

• • •

Posteriormente conocí a otra persona que se había vuelto de forma ingenua, pero seriamente, a búsquedas ocultas. Un psicólogo que conocí había examinado a una mujer de unos cincuenta años de edad que parecía estar sufriendo síntomas opresivos serios. De acuerdo con el padre Jacques, la problemática mujer había tenido largas experiencias con lo oculto. Originaria de la India, ella había emigrado a los Estados Unidos, donde se convirtió en ciudadana y en una exitosa mujer de negocios. Pero entonces empezó a experimentar todo tipo de extrañas y dolorosas experiencias paranormales.

El hinduismo es la principal religión en la mayor parte de la India, y muchos hindúes creen tanto en deidades malignas como benignas. Esta mujer había sido estudiante de lo que se conoce como «despertares kundalini», que normalmente se describen como experiencias que van desde una «brisa fresca» o calor hasta espasmos en la base de la columna vertebral, visiones, estados alterados de conciencia y, según afirman los seguidores, una posible «iluminación».

Para entender y ayudar mejor en algunos de los casos que el padre Jacques me presentaba, necesitaba un conocimiento mayor de las creencias subyacentes de cada persona. Antes de mi consulta con esta mujer hindú, leí todo lo que pude sobre el fenómeno de los despertares kundalini. Ante mi sorpresa, había una gran cantidad de literatura de investigación sobre el tema, aunque polémica. La palabra sánscrita *kundalini* significa «serpiente enroscada», y el término hace referencia a lo que se llama energía divina (en sánscrito, *shakti*), que se cree que está situada en la base de la columna vertebral del ser humano. El concepto también se identifica con una «diosa serpiente», y estudiosos como Carl Jung y Joseph Campbell estuvieron intrigados por su simbolismo y su significado espiritual original.

Destacada entre las cuatro escuelas principales de yoga, la modalidad kundalini tiene centros por todo el mundo, incluidos varios en la ciudad de Nueva York. Muchos de estos centros insisten en sus prácticas físicas neutrales –de respiración, ejercicio y meditación–, a menudo sin ninguna mención de creencias hindúes subyacentes. Sea lo que fuere lo que cada uno hace con estas nociones, muchos seguidores de religiones occidentales con ideas tradicionales sobre los espíritus malignos han defendido que sus elementos «paranormales» indudables, como afirman quienes han experimentado estos despertares, tienen raíces diabólicas. Como era de esperar, algunos críticos ajenos a la religión han caracterizado a estos despertares como simples tonterías o equívocos, una idea fervientemente negada por los hindúes tradicionales. En cualquier caso, esta mujer se había convertido al catolicismo en años recientes, y se había convencido de que se había abierto a fuerzas demoníacas mediante su práctica kundalini y buscaba alivio de sus experiencias tan dolorosas. Ella quería liberación de lo que había llegado a creer que eran ataques de espíritus malignos.

El centro de sus quejas, que también incluía una serie de extrañas experiencias «internas», volvía a consistir en su mayoría en dolorosas experiencias físicas. Aunque ella experimentaba dolores muy reales, sus médicos nunca podían descubrir una razón médica para ellos. Además, también había informado de golpes invisibles ocasionales, y en varias ocasiones se sintió estrangulada por «espíritus», similar a lo que había sufrido Stan. Ella creía que la estaban castigando por sus pasadas interacciones con lo que ahora creía que habían sido espíritus malignos. Resulta interesante que afirmara que los dolores eran cada vez más torturantes cuando asistía a misa, y se convertían en insoportables cuando se aproximaba la Eucaristía. (En los años transcurridos desde entonces, he oído muchas quejas similares de hombres y mujeres oprimidos que experimentan un aumento de dolor mientras se encuentran en una iglesia, y especialmente al acercarse a las hostias de la Comunión).

Durante nuestro trabajo con esta mujer, el padre Jacques me presentó a otro cura al que habían consultado en el caso, el padre Malachi Martin. Éste era una figura destacada, pero polémica, en el mundo religioso, por sus opiniones radicales sobre el catolicismo al viejo estilo y las labores conspirativas internas del Vaticano. Los dos sacerdotes creían que esta mujer sufría ataques diabólicos, y su psicólogo ya había evaluado su estado psicológico como normal. El padre Jacques quería que yo escuchara sobre sus experiencias kundalini y que conociera al anciano padre Martin, como todavía se llamaba a sí mismo, aunque hubiese abandonado la orden de los jesuitas años atrás.

Para mejorar mi investigación, escuché la experiencia del padre Martin con otros individuos poseídos por el demonio. Él todavía tenía un fuerte acento irlandés y parecía todo un «personaje»; hombre alegre y encantador, no le quedaba mucho de vida (murió en 1999). Nuestra relación fue cordial, aunque debo confesar que tenía una reacción mixta ante él y su obra. Por entonces, su libro de 1976 sobre el tema de las posesiones, *Hostage to the Devil*,[11] hacía mucho tiempo que se había convertido en un éxito de ventas, incluso sobrepasando al de Blatty en popularidad dentro del género.

Pero le habían criticado por tomarse considerables licencias poéticas en sus informes sobre posesiones. ¿Un poco de paparruchas? Nunca estuve seguro. Una buena autoridad me ha dicho que en realidad Martin no había tenido mucha experiencia en el mundo del exorcismo; él se llamaba a sí mismo un «ayudante» en casos y evitaba pasar por los «canales adecuados». Algunos críticos pensaron que tal vez basaba sus informes en varios casos reales de los que había oído hablar, y después los elaboraba clasificándolos en cinco temas «estereotipados», y cada uno demostraba un punto ideológico general sobre el mundo moderno.

Algunos comentadores también han afirmado que exageraba el peaje propio del exorcista, insistiendo exageradamente en la idea del exorcismo como un duelo personal entre demonio y sacerdote, en lugar de un rezo para la intercesión de Dios. Quizás hizo esto por su efecto dramático.

También se dice que Martin ha afirmado que más de la mitad de los pacientes internos en hospitales psiquiátricos habían sido objeto de un ataque demoníaco, una declaración imprudente, si es que él defendió esa idea. Lamento no haberle obligado a decir si de verdad defendió esa postura, o si alguna vez había mencionado esa estadística, que el padre Jacques y yo considerábamos absurda. Sean cuales fueren las libertades que Martin se había tomado en sus informes, conocía muchos registros de la práctica histórica del exorcismo y la larga experiencia que los católicos tienen de posesiones y opresiones dramáticas, y así, también él, contribuyó de verdad a mi temprano conocimiento de este extraño campo.

Mi educación formal en los matices de estas materias había comenzado claramente. En calidad de uno de los exorcistas católicos con más

11. Martin, Malachi, *Hostage to the Devil: The Possesion and Exorcism of Five Living Americans* (Nueva York: Reader's Digest Press, 1976).

conocimientos de los Estados Unidos, al padre Jacques le consultaban para que viera un gran número de personas sospechosas de ser víctimas de ataques diabólicos en todo el país. Nuestra relación y su lugar destacado en este campo pronto me ofrecieron una gran exposición a un número inusualmente grande de casos sorprendentes, aunque la carga de trabajo a menudo demostraba ser un poco onerosa, mientras yo seguía cumpliendo mis labores clínica y académica.

Dado que nuestra colaboración, y con ella nuestra amistad, iba creciendo, normalmente acompañaba al padre Jacques en muchos de sus viajes. Durante nuestros largos viajes en coche, me contaba sobre su formación como sacerdote y hurgaba en su vasta colección de historias sobre posesiones y otros tipos de ataques demoníacos. Los obispos católicos de los Estados Unidos autorizaban habitualmente al padre Jacques para que realizase exorcismos, así que era claro que respetaban el juicio y la discreción de mi amigo. En los años posteriores, la Iglesia católica de EEUU ha formado más exorcistas, que es la razón por la que esta generación de exorcistas no encuentra en ningún lugar el número de casos que el padre Jacques, y eventualmente yo, veíamos normalmente.

En ese momento yo no había comprendido la importancia de Jacques en este ámbito y, por tanto, su participación en casos por todo el país. Yo tampoco me había dado cuenta de la frecuencia con que Jacques me llamaba para que le diera mi opinión. Así que pronto tuve que hacer algunos cambios drásticos.

Yo quería ayudar al padre Jacques y a las personas que él me enviaba. Eran individuos confusos, muchas veces torturados. Aunque tuvieran problemas psiquiátricos, como ocurría con algunos, no quería ignorar su dolor. Si no sucedía nada más, yo sabía que podía ayudarles a organizar la naturaleza más precisa de sus dificultades, fueran psiquiátricas/médicas o demoniacas, y asegurar la clase de ayuda que necesitaban tan desesperadamente.

También tuve que admitir que el tema me intrigaba. Sin duda, no era la clase de casos de los que había oído en la escuela de medicina. ¿Me iba a dedicar a este campo nuevo y extraño? Como norma, decidí que intentaría hacer lo mejor para ayudar siempre que me lo pidieran. Dado que no me había complicado la vida para investigar en este ámbito, confiaba en que los acontecimientos ayudarían a dictar mi nivel de participación, lo cual me permitió pensar en mi implicación de una manera providencial.

Pero yo no estaba preparado para el siguiente caso que el padre Jacques trajo a mi puerta.

# CAPÍTULO 3
# JULIA, LA REINA SATÁNICA

*Su posesión y sus destacables habilidades*

La noche anterior en que conocí a Julia, ocurrió algo inquietante. Mi familia ama a los animales, y en aquel momento un bulldog francés y dos gatos se movían por nuestra casa como parientes que llevaran viviendo allí mucho tiempo. Todos se llevaban bien. Los gatos se enroscaban por la noche el uno con el otro en la cama.

Pero una noche, aproximadamente a las tres, unos ruidos chirriantes nos sobresaltaron a mi mujer y a mí, y nos despertaron. Nuestros gatos, normalmente dóciles, se enfrentaron como si fueran campeones de boxeo, golpeándose y arañándose mutuamente, con la intención de hacerse mucho daño. Mi esposa sujetó a la hembra y yo al macho. Cuando los separamos en dos habitaciones diferentes, siguieron gruñendo y con el pelo erizado. Mi mujer y yo volvimos a la cama, desconcertados, pero no hicimos caso a la pelea y la achacamos a alguna comida en mal estado o a haber respirado demasiado la hierba gatera.

A la mañana siguiente, el padre Jacques llamó al timbre de nuestra casa. Se encontraba ante nuestra puerta principal con «Julia». Ésta iba vestida con unos pantalones negros y una blusa de color púrpura colgando suavemente alrededor de su ligera estructura corporal. Supuse que se encontraría en la treintena o a comienzos de la cuarentena. Su cabello corto estaba teñido de negro azabache y su lápiz de ojos se extendía hasta las sienes, el estilo que después supe que gustaba a sus compañeros de la secta.

De nuevo vestido, como siempre, con su ropa de clérigo, el padre Jacques tenía las manos en los bolsillos y evitaba el contacto visual.

«Ésta es Julia», dijo él. «Tiene que confesar algo». Con una sonrisita de superioridad, Julia me miró.

«¿Cómo se portaron sus gatos anoche?», preguntó ella.

La miré fijamente mientras me quedaba de piedra, tanto por sus modales como por sus increíbles palabras. Se dirigía a mí con una sonrisa engreída, evidentemente encantada con ella misma.

«¿Qué es lo que le hace tanta gracia?», le espeté.

Su sonrisa se hizo más amplia mientras se apoyaba en el marco de la puerta.

«Mire», por fin se decidió a decir. «Respeto al padre Jacques, y él me pidió que le viera a usted. Pero no tengamos una repetición de lo de esta noche, ¿comprende?».

Mis pensamientos acudieron rápidos y furiosos. *¿Qué diablos estoy diciendo? ¿Ha podido ella tener algo que ver con los gatos?*

Imperturbable, Julia se limitó a quedarse allí con aires de una invitada a la que se honra, sin disculparse.

Durante el resto del día, intenté poner en orden mis ideas. *En nombre de Dios, ¿en qué me he metido?* Ésta era la primera vez que dudé o incluso me arrepentí de mi relación con el padre Jacques. Para quedarme tranquilo, lo llamé, olvidando la cortesía común y preguntando: «¿En qué demonios pensaba trayéndola aquí?».

Él se disculpó sinceramente y me dijo que ella había llegado antes de lo que él esperaba. Había querido asegurarse de que yo estuviera para quedar con ella lo antes posible. Jacques estaba ansioso por saber mi opinión, aunque yo ya sabía que él estaba convencido de que ella estaba poseída.

«Golpeando mientras el hierro estaba caliente», dijo, porque no parecía confiar en que la motivación de ella para buscar ayuda durase mucho. Él me sorprendió más al admitir que en la casa de otro psicólogo que había entrevistado a Julia había ocurrido algo parecido. En lo sucesivo, la mujer de aquel hombre le prohibió tener ninguna relación con «esa horrible mujer», después de que su gato, enloquecido, destrozase el sillón de su sala de estar.

«Ahora cuénteme», dije. Me sentí molesto, provocado.

El padre Jacques continuó. «Puede ser provocativa, pero sí parece querer nuestra ayuda, al menos por ahora, creo. Su secta no quiere dejar que vaya y haga algo para detener nuestros continuos exorcismos».

Según el padre Jacques, Julia era un caso verdaderamente excepcional para una posesión seria. Como rara satanista y «alta sacerdotisa» de una secta satánica, siguió explicando, Julia había logrado ciertas «habilidades especiales». Puesto que la secta de ella lo había amenazado a él directamente, dijo, el padre Jacques estaba convencido de que sus historias eran verosímiles. Acordé verla en mi consultorio al día siguiente.

Durante los exorcismos de la mayoría de las posesiones completas, el espíritu maligno puede por sí mismo –o por verse obligado– manifestarse y mostrar sus destacables poderes sobrenaturales. Incluso fuera de los exorcismos, y de manera crítica para el proceso de diagnóstico, las víctimas, en sus trances de posesión periódicos, muestran con frecuencia al menos algunos de los signos clásicos de su estado. Los espíritus malditos pueden hablar idiomas extranjeros; enseñan su fuerza por encima de lo normal; o revelan «conocimiento oculto», es decir, una conciencia de los asuntos que no hay forma natural de conocer, similar a lo que los psíquicos afirman poder hacer.

Por supuesto, quien tiene esos poderes es el demonio, no la víctima. En una posesión, la demostración de estas habilidades paranormales es precisamente lo que demuestra que hay un espíritu extraño que tiene el control. A pesar de las protestas ocasionales de los llamados parapsicólogos y espiritualistas, los seres humanos no tienen esos poderes por sí solos.

Pero el padre Jacques me explicó que una poderosa satanista como Julia, que se ha comprometido explícitamente con Satán, a quien adora, puede recibir algunos «privilegios» de este tipo «para ella misma»; es decir, la afirmación de que Satán concede a sus devotos la capacidad para demostrar poderes psíquicos no sólo en un estado de posesión especial, sino también en su estado de conciencia normal. Bajo el poder de Satán, no efectúan esas proezas paranormales mediante ninguna capacidad intrínseca propia, pero pueden hacer uso de fuentes de poder demoníacas de forma extraña.

Los casos de individuos que tienen ese nivel de «favores» son, por mi experiencia, muy raros, incluso menos habituales que en una posesión más típica. Pero Julia, como iba a descubrir muy pronto, no era típica. Ella exhibía abiertamente estas características y se deleitaba con sus «favores».

• • •

Cuando Jacques y Julia llegaron al día siguiente, la hice entrar en mi despacho. En lugar de saludarme, se dirigió a mi largo alféizar, que estaba lleno de pequeñas cestas de mimbre con forsitias, y sin decir nada, empezó a regar mis plantas. De nuevo me sentí golpeado por su descaro, su casi completa ignorancia de formalidades o cortesías cotidianas.

«Estoy en la vida de las plantas. Amamos las plantas y los animales. Bueno, tal vez no a *todos* los animales, supongo». Se rio por su pequeño chiste. «Pero somos diferentes de los estúpidos cristianos, que odian la naturaleza. ¿No se ha dado usted cuenta?».

Durante los meses de nuestras conversaciones, Julia siempre insistió en que ella deseaba estar en sintonía con el «mundo natural», y que ésa era una de las razones por las que practicaba el satanismo. Interpretaba la religión tradicional como antinatural y represora. «Ésta es mi filosofía, doctor», me dijo. «Indulgencia en lugar de abstinencia. Existencia vital en lugar de quimeras espirituales. Venganza en lugar de ofrecer la otra mejilla». Parecía que estuviera describiendo una especie de consigna de su secta, y llegó a escribírmelas en una ocasión.

Le gustaba llamarme «doc», lo cual consideré un buen signo. Parecía confiar en los médicos más que en los sacerdotes. Al oír cómo hablaba con los sacerdotes, esperaba que me tratase del mismo modo. Pero creo que sabía que la reprendería ante alguna descortesía y, como pude comprobar, me respetó más y prestó más atención a mis opiniones como médico que a las admoniciones de los sacerdotes, independientemente de las buenas intenciones que tuvieran. Ella quería saber mi perspectiva sobre, como ella lo llamaba, este «negocio de la posesión».

«Sé que estoy poseída», dijo. «Desconecto y después no recuerdo lo que ha ocurrido. Me dicen que de mí sale una voz. No sé. No recuerdo nada. Es un demonio, estoy segura. No es Satán. Él no se preocupa de cosas tan pequeñas como ésa. Pero procede de él. Todo está bajo su control. Llevo mucho tiempo siguiendo al Maestro, y he hecho todo lo que quiere durante años».

Yo me quedé sorprendido por la calma y la racionalidad con que Julia hablaba sobre su estado. No era lo que yo esperaba. Se ponía de pie delante de la ventana de mi despacho, mirando los edificios cercanos y el área de bosques que nos rodeaba. Yo había elegido este despacho precisamente por la vista, y a veces contemplaba la escena, de la misma forma que Julia parecía disfrutarla. Si no hubiera sabido lo que llevaba en su espíritu, fácilmente podía haberla confundido con una de mis pacientes habituales. Me sorprendía con su inteligencia y el firme control de sus emociones. No me parecía la persona desequilibrada o limitada que había sospechado.

Decidí profundizar un poco más, esperando que me revelara algún detalle vital sobre su historia que me permitiera entender mejor su situación y su estado mental. «¿Por qué cree usted que la han poseído?», pregunté.

Ella afirmó no tener ni idea, lo cual encontré extraño. «Bueno, Satán se encarga de eso, así que debe tener sus razones. Pero no entiendo por qué. Y no, no me gusta. Siempre resulta poco sensato oponerse al diablo, pero decidí buscar ayuda. La secta odiaría eso, así que les dije que iba a infiltrarme en la Iglesia y poner en problemas a los curas. Supongo que me creyeron, pero soy desconfiada y temo que se vuelvan en mi contra. Aunque yo sólo siento que tengo que librarme de esta posesión. He oído que sólo pueden ayudarme sacerdotes o ministros. ¿Pueden los psiquiatras? No lo creo. No estoy loca, eso lo sé». Me impresionó su franqueza, incluido lo de los sacerdotes.

Por fin se sentó frente a mi escritorio, lo que facilitó nuestra conversación. Decidí dejarla hablar, cosa que parecía desear. Me di cuenta rápidamente de que le gustaba el hecho de que yo sólo escuchara. En eso no demostró ser inmune a algo que he observado en mis años de psiquiatra: si hablas poco, la gente a menudo te cuenta todo. Además, ella sabía que la estaba tomando en serio, sin cobrarle nada y no suponiendo de forma automática que estuviera trastornada mentalmente o que necesitase ser hospitalizada.

Ella comentó que el padre Jacques la había llevado antes a un par de psicólogos. Jacques le había dicho que desde su punto de vista ninguna explicación psicológica servía para explicar su extraño estado. Como creyentes, ambos estuvieron de acuerdo en que estaba poseída. Sin embargo, siguió diciendo que Jacques quería la opinión de un médico. Demostró su alegría al decirme que los primeros «loqueros» estaban un poco asustados de ella.

«Después me puso al teléfono con un padre jesuita, amigo suyo. Parecía conocer a mucha gente, peces gordos. Este sacerdote también era psiquiatra. Yo no podía aguantar a ese tipo. Era un verdadero listillo. Dijo que no me podía contar toda su opinión por teléfono, pero se salió de su función para decirme que mis ideas estaban "pasadas de moda". ¿Puede usted creer el descaro del tipo? Entonces me dio una opinión propia de un tonto, aunque no me había visto nunca y no conocía todos los hechos. Él y sus estúpidas cortinas rojas».

«¿Cómo sabe que tiene cortinas rojas?», pregunté. «Usted me dijo que sólo habló con él por teléfono».

Julia rio y quedó iluminada, visiblemente estimulada. Con un destello en sus ojos explicó que ella tenía ciertos «poderes». Uno de ellos, afirmó, era lo que los estudiantes de lo paranormal llaman «visión remota».

«También puedo sembrar el caos siempre que quiero».

Yo estaba recibiendo buena información. Mi característica incredulidad se desvanecía por minutos con cada nuevo fragmento de información que Julia me ofrecía.

«Pero yo no quiero hablar de eso ahora», dijo ella. «Lo veremos pronto». Me prometió contarme la verdad, pero no estaba preparada para contarme todo sobre su devoción por Satán, o cualquier cosa sobre la secta, su líder y los participantes. «De todos modos, para usted podría ser mejor no saber nada, hágame caso, doc».

En mis anteriores conversaciones con el padre Jacques, él me había dicho que estaba seguro de que Julia estaba implicada con un activo grupo de reconocidos adoradores del demonio. Yo también sabía que ella afirmaba ser una especie de bruja satánica, una afirmación que me seguía pareciendo sorprendente, a pesar de la continua sinceridad de ella. Sin embargo, estaba empezando a creer su historia, o más bien no descartaba su veracidad basándome en esta conversación. Por lo menos, ella no me dio la impresión de estarme engañando o simplemente intentando causar revuelo con historias sensacionalistas.

Julia me dijo que no era un «pájaro chiflado» que diese lástima, como el jesuita parecía creer. Él dijo al padre Jacques que probablemente debían observarme en un hospital». Por primera vez, Julia se sintió molesta. «Nunca en mi vida he necesitado ayuda psiquiátrica».

A pesar de su enfado creciente, ella dijo todo esto con tal convicción que de nuevo me sorprendió la coherencia de su vehemente razonamiento.

«Usted no hará eso, ¿verdad? ¿Internarme en un sanatorio contra mi voluntad? El padre me dijo que usted era más abierto de mente que la mayoría de loqueros y que tiene experiencia con personas como yo».

Le dije que yo no tenía la costumbre de internar a gente en el hospital, a menos que fueran un peligro para sí mismos o para otros. Julia se relajó visiblemente.

«Creo que confío en usted. Parece un tipo honesto, estoy segura. También confío en el padre Jacques. En realidad es muy dulce. Es una especie de pelele, pero con buenas intenciones. Sólo espero que sepa lo que está haciendo. No soy muy aficionada a los sacerdotes. Algunos me parecen lerdos. Otros son peores, créame».

Ya había oído bastante y decidí no insistir más. Quería asegurarme de que el padre Jacques le había dicho que yo no estaba siendo su médico, que yo era un asistente suyo a quien no pagaba, así que no había verdadera confidencialidad. Le pregunté si eso era un acuerdo aceptable para ella, y estuvo de acuerdo.

Me sentí impulsado a añadir que su charla conmigo era voluntaria y que yo no iba a hacer terapia tradicional ni a recetar ninguna medicación. En lugar de eso, iba a examinar sus creencias y la ambivalencia que ella mostraba a la hora de buscar exorcismos. Le dije que podía visitarme de vez en cuando, o no, como ella eligiera y como el padre Jacques sugiriese, aunque sólo mientras no intentara molestarme a mí o a mi familia. Tuve la tentación de añadir «de nuevo», pensando en el incidente con nuestros gatos. Si ella decidiera que quería un terapeuta normal, o si necesitaba medicación, intentaría ofrecerle algo.

Rio de nuevo. Repitió que ella no tenía necesidad de ninguna de esas cosas y que no estaba loca. Dijo que no quería más exorcismos, y se dio cuenta de que el padre Jacques quería de verdad que hablara conmigo de sus miedos sobre el hecho de ir avanzando.

Ella era más sensata y brillante de lo que yo había pensado que era posible de alguien que hubiese ingresado en una turbia secta. Su inteligencia –averigüé más tarde– fue la razón por la que después asumió un papel más elevado en el grupo, y la llamaban alta sacerdotisa, como si fuera de la realeza pagana.

Entonces ella se mordió el labio. Sentí confusión por su parte, una vulnerabilidad silenciosa oculta detrás de su visible descaro y su dureza externa. «¿Puede la gente recuperarse de este tipo de cosas?», preguntó.

«Sí, pueden, y tú puedes», dije, con una confianza ahora basada en mi experiencia con varios casos de posesión, aunque había que admitir que eran menos dramáticos. «Pero no hay una solución rápida. Tienes que trabajar en ello. Tienes que quererlo».

Después de que Julia se fuera, el padre Jacques reflexionó sobre su situación. Él creía que ella estaba poseída porque se había convertido en satanista y había decidido llevar un estilo de vida maligno, aunque no sabía por qué era específicamente ella quien estaba poseída. «Es siempre un misterio por qué una persona de uno u otro entorno queda poseída, pero no otra con intenciones similares. Creo que ella consintió servir a Satán de una forma más dramática y explícita. Me pregunto qué era lo que ella había prometido por sus privilegios especiales con Satán y su alta posición dentro de la secta».

El padre Jacques no sabía demasiado sobre este grupo, pero sí sabía que Julia en algunas ocasiones había vivido con varios miembros. Había experimentado diversos exorcismos con escasos resultados, pero Jacques se mostraba optimista. Sin embargo, dado su rechazo a romper definitivamente con la secta, me pregunté si «pollyannismo» era una mejor descripción de las expectativas de Jacques.

De nuevo me estaba dando cuenta de que él no me estaba pidiendo un diagnóstico. En lugar de eso, buscaba una mejor comprensión de la aparente ambivalencia de Julia sobre el hecho de continuar con los exorcismos. Él esperaba que yo pudiera ayudarle a que ella revelara sus motivos.

El padre Jacques confirmó que Julia anteriormente había estado con dos psicólogos. Como parte de mi tarea, les llamé por teléfono para confirmar las impresiones del padre Jacques. Yo conocía y confiaba en el trabajo del primero. Después de haber entrevistado a Julia unos meses antes, había llegado a la conclusión de que no era psicótica. El segundo psicólogo estuvo de acuerdo. «No parece tener alucinaciones en absoluto y no tiene razones para inventarse cosas», me dijo. «Aunque tal vez le guste asustar a la gente con sus historias, no creo que exagere. Ofrece muchos detalles específicos. Yo le preguntaría por sus motivos si ella mintiera en el momento en que pregunta por los exorcismos de su propia libre voluntad. Parece contraproducente que reciba ayuda de la Iglesia para reconocer que aún sigue en la secta».

Ningún hombre creía que Julia tuviera ninguna enfermedad psiquiátrica evidente, aunque pensaban, como yo, que había claros rasgos de un «trastorno de la personalidad», es decir, rasgos de carácter arraigados y desadaptativos; en su caso, de una naturaleza desagradable y a largo plazo. Ambos concluyeron que no había explicación clínica o convencional de los rasgos paranormales que parecían seguir a Julia, y que su historia parecía creíble en términos generales.

El padre Jacques no tenía dudas.

• • •

Poco después de la primera visita de Julia a mi consultorio, el padre Jacques, Julia y yo íbamos a toda velocidad por una carretera en el viejo Chevy del sacerdote buscando un lugar adecuado para el siguiente exorcismo, o al menos eso es lo que me dijo que estábamos haciendo. Más adelante me di cuenta de que él quería que los tres pasáramos algún tiempo juntos para que yo pudiera observar a Julia en un ambiente menos formal. Me senté en el asiento del copiloto y Julia iba detrás, sola con sus pensamientos. Yo quería hablar con ella, pero la forma errática de conducir del padre Jacques me distrajo.

«Yo seré el exorcista ayudante», dijo el padre Jacques mientras daba volantazos entre callejuelas y pisaba el freno.

«El exorcista principal es un personaje interesante. Lo conoceréis pronto».

Desde mi espalda oí una voz profunda y ronca: «Déjala sola, jodido mono sacerdote». Sobresaltado, me di la vuelta y vi a Julia mirándonos, con los puños apretados. «Ella es *nuestra*. Nunca la dejaremos marchar. Lo lamentarás, jodido mono sacerdote». La parte de «mono» es la que siempre he sentido que nos da una indicación exacta de cómo los espíritus malignos nos ven a nosotros, los humanos.

La voz salía de la boca de Julia, pero en realidad no era Julia. Su cara había tomado una mirada distante, incluso vacía. Estuvo en ese estado diez minutos.

De repente, la voz se detuvo y Julia reemergió de ese estado que había podido ver. Ella no tenía idea de lo que acababa de ocurrir. Le pregunté si recordaba haber dicho algo al sacerdote. No se acordaba de nada y nos preguntó qué había dicho, dónde estábamos y qué distancia habíamos recorrido.

Después de aquel viaje, dejé de tener dudas permanentes sobre su situación. Pero aún quería hacerle más preguntas, especialmente sobre el hecho de jactarse de ser una bruja satánica, una declaración que me seguía pareciendo fantástica.

Unos días después, ella y yo volvimos a vernos, en esta ocasión en el despacho del padre Jacques. Sin dudarlo, la interrogué sobre cómo se veía a sí misma y sobre su estatus en la secta. Me dijo que disfrutaba de sus poderes. Tenía un gran orgullo por ello. *Un tipo extraño de orgullo*, pensé, teniendo en cuenta su origen. Sonriendo, ella prometió que enseñaría pronto su demostración. La animé a continuar.

«Debe usted tener en cuenta que soy la sacerdotisa de la secta», me dijo. «Soy su reina, la reina de Satán. Sólo confío en él».

Ella continuó: «Por qué cree que la gente adora a Satán? La gente normalmente se limita a pensar que somos supersticiosos, locos que vemos visiones, y que nos inventamos las cosas. Bueno, yo no estoy loca, ni he visto, ni he necesitado nunca a un loquero. ¿Cree que nos hacemos satanistas porque somos estúpidos? Es porque recibimos mucho a cambio. Adoramos a Satán porque nos cuida y nos hace grandes favores».

Julia afirmó de forma realista que sus «habilidades» psíquicas eran los privilegios tradicionales de un adorador de alto estatus. «Son mi deber», dijo ella. No puso objeciones al término «bruja», pero pensaba que ella era de verdad de un estatus más elevado que la mayoría de las brujas. Se deleitó en su papel e insistió en que consideraba que sus habilidades paranormales eran típicas sólo de una «bruja poderosa, no de una común y corriente».

Su clara apreciación de sus «dones» me intrigó. En mis años como psiquiatra y psicoanalista nunca antes había encontrado una persona como Julia. Además de su evidente capacidad de ver a la gente a distancia, sus poderes incluían un conocimiento preciso de los demás sin tener contacto directo con ellos. Una vez me dijo cómo había muerto mi propia madre, con la causa exacta de cáncer de ovarios, cosa que no tenía forma de saber sin una fuente especial de conocimiento. También hacía lo mismo con otras personas. Parte de esta conciencia cae bajo la categoría de «conocimiento oculto». Igual que hablar idiomas extranjeros, es otro de los signos clásicos, como se ha comentado.

Posteriormente, llamé al padre Jacques con el objetivo de hablar sobre las fechas propuestas para el siguiente exorcismo de Julia. De repente, otra voz interrumpió nuestra conversación telefónica, siseando: «Te dijimos que LA DEJES SOLA, JODIDO CURA. Ella nos pertenece a NOSOTROS, no a ti. Lo LAMENTARÁS».

La voz era la misma inquietante y espeluznante que había escuchado en el Chevy del padre Jacques. Tan fuera de lugar como suena, sentí que se me erizaba el pelo del cuello y estuve a punto de colgar el teléfono al sobresaltarme.

Pregunté al padre Jacques si él también acababa de escuchar la voz. «He escuchado la voz de un demonio por teléfono como ésta en varios casos», dijo, «siempre en los más graves».

Pensé que de nuevo me sentía invadido, incluso más que en el incidente de nuestros gatos. Pueden entrometerse en mi propio teléfono, pensé. ¿Hasta qué punto pueden estas desagradables criaturas manipular nuestro entorno, incluso nuestras posesiones?

Posteriormente imaginé que las líneas de la batalla estaban trazadas más firmemente. Yo también estaba amenazado, por lo menos hasta cierto punto. Dado que intentaba ayudar a Julia, nuestros enemigos demoníacos ahora me consideraban parte del problema. ¿Qué más había en juego?

Yo siempre creo que el escepticismo debe comenzar dirigiendo todas nuestras investigaciones, pero es difícil y estúpido no creer a la vista de tantas pruebas abrumadoras. Después de observar a Julia en nuestro viaje, reflexionando sobre su conocimiento de los gatos, y ahora escuchando la perturbadora voz por teléfono, perdí todas las dudas persistentes sobre su nefasta situación. Aquí ocurría algo más allá de un trastorno médico y de un modo más allá de lo que yo había observado en casos previos. No podía diagnosticar ningún factor mental ni físico que pudiera explicar estos hechos. Había sido difícil durante mucho tiempo ver el estado de Julia como cualquier clase de perturbación psiquiátrica, especialmente cuando tenían lugar simultáneamente muchos casos de los llamados trastornos de personalidad múltiple, ahora etiquetados más apropiadamente como trastornos de identidad disociativos. Esto difícilmente era eso. Aunque ese tipo de pacientes «disociaban», este cambio y otras características paranormales que yo había experimentado de primera mano con Julia me convencieron de que este caso incluía fenómenos mucho más allá de cualquier presentación de paciente psiquiátrico. De nuevo me pregunté sobre lo que había dentro de mí.

Antes del siguiente ritual de exorcismo programado, tuve otra extensa charla con Julia cuando ella volvió a mi consultorio. Yo fui directo y le pregunté: «¿Por qué dudas de seguir con los exorcismos? Y en cambio tú eres la que los solicitó». Ella no dijo nada durante mucho tiempo. Intentaba imaginar su estado emocional. ¿Poco colaborador e irascible? ¿Manipulador e intrigante? ¿Asustada? Vi que todas estas opciones estaban sobre la mesa.

Por fin, mirando hacia abajo, dijo: «Estoy asustada. Estoy sufriendo. Necesito librarme de esto».

«Cuéntame sobre eso», dije.

Ella asintió y finalmente narró lo que ella llamaba una «larga historia». No había tenido una vida fácil. La habían bautizado como católica y había asistido a colegios católicos, pero nunca se había tomado en serio las creencias religiosas. Su vida familiar «no había sido tan buena», algo que esperaba oír. Pero era reticente a ofrecer muchos detalles sobre sus padres o a criticarlos.

Cuando era adolescente, un sacerdote mostró interés por ella. «Pronto descubrí en qué consistía», afirmó. Julia me dijo que él quería tener relaciones sexuales con ella. Lo extraño era que ella creía que no le había afectado mucho, aunque comentó que, por supuesto, eso la llevó a apartarse de la Iglesia. Ingenua sexualmente en aquel momento, ella tenía curiosidad por el sexo y, me dijo, sobre todo disfrutaba del contacto físico antes de llevar a cabo el sexo propiamente dicho. Lo rechazó como un «coqueteo», pero admitió que las molestias hicieron más que desilusionarla con la Iglesia. Pensó que al final contribuyó a su atracción un grupo local de satanistas de la zona sobre el que la habló un conocido un día que se estaba quejando de un sacerdote.

Yo conocía el peaje que conllevan ese tipo de abusos, especialmente de una autoridad que inspira confianza. Sentí minimizados su experiencia traumática y otros factores estresores de su juventud y su vida familiar. También pensé en que probablemente se me abría a mí más que a ninguna otra persona, lo que tomé como una señal de que tal vez estaba deseosa de recibir ayuda.

Pero tuve que recordarme que yo no estaba haciendo de terapeuta suyo, y por eso no quería que me abrumara con sus poderosos recuerdos. Había visto pacientes derrumbarse después de sesiones en las que contaban por primera vez ese tipo de temas tan traumáticos. Sin embargo, Julia seguía describiendo esos dolorosos recuerdos como verdades de hecho y no parecía estar abrumada. Gracias a mi formación, yo sabía que omitía muchos detalles, pero la dejé continuar sin presionarla. Era difícil estar seguro de una formulación fiable de su dinamismo. Yo tenía curiosidad, por ejemplo, por los comienzos de su vida familiar y cómo era su culto religioso. Pero, puesto que no iba a ser explícitamente su terapeuta, me planteé que ella fuese decidiendo a su propio ritmo. A su historia le faltaban detalles clave, pero pensé que, al acudir a esta extraña secta, tal vez buscara una familia sustituta.

«Me enamoré de su líder, un tipo poderoso de nombre Daniel», admitió. «Él fue el primer hombre realmente fuerte que había conocido o con quien yo había tenido relaciones. Muy guapo y dominador, con la piel un poco oscura, no como aquel pálido cura que parecía haber pasado su vida en una biblioteca. Daniel tenía un aire de peligro. Sé que algunas mujeres buscan el tipo del "chico malo". Supongo que él era uno de ellos».

Una búsqueda del placer –el objetivo de la existencia– estaba en el núcleo de cómo ella pensaba de sí misma. Esto, afirmaba, era el típico pensamiento del verdadero satanismo. Julia explicó cómo la secta llegó a nombrarla su reina. Ella se llamó Reina Lilith, por el nombre de una legendaria seductora de demonios. La secta también adoraba a Asmodeus, «el demonio de la lujuria», añadió ella. Sin embargo, como de verdad le gustaría que la llamasen era la Reina de los Deleites Voluptuosos. Tenía cartas firmadas que había enviado al padre Jacques con ese título, que después me enseñó a mí.

Evidentemente, el sexo era una gran parte de todo esto. El sexo parecía una parte de muchas sectas extrañas de algún modo, aspecto o forma. Las mujeres, especialmente las más jóvenes y deseadas, a menudo eran buscadas por sus «favores», hasta que dejaban de serlo. Los líderes masculinos a menudo restringían a las mujeres para sus propios objetivos placenteros y excluían a los seguidores menos masculinos de las delicias de ese tipo de beneficios.

Julia desarrolló un gusto por el sexo pervertido. «Yo era bastante pervertida», me dijo, sonriendo. «Todavía lo soy».

Ella había creído que el sacerdote, un hombre inteligente y formado, la consideraba tentadora, pero no parecía especialmente atraída u obsesionada con él, como tendían a convertirse muchos pacientes con rasgos de personalidad límite. Ella difícilmente estaba impresionada con su destreza sexual, y le describía como inexperto y torpe, aunque era un «hombre gentil y agradable». Ella relataba sin demasiada emoción que le llegaría a apartar de su ocupación. Creía que más adelante podía suicidarse.

En cambio, afirmaba, «el sexo con Daniel era algo con lo que fantaseaba, brusco a veces, pero me excitaba sin fin». Las orgías con los otros miembros de la secta eran frecuentes también, lo que Julia consideraba estimulante. A ella le gustaba que todos los miembros del grupo quisieran tener sexo con ella. Julia se ponía celosa al ver a Daniel con otras mujeres, pero creía que ésa era la vida que ella había elegido.

Ella disfrutaba con las orgías, a las que llamaba «fiestas», pero el sexo solía formar parte de sus rituales más elaborados. Dudó al contarme mucho sobre estas ceremonias periódicas, que ella llamaba Misas Negras, parodiando a la tradicional Misa Católica. Los eruditos fechan ese tipo de rituales por lo menos en la Edad Media, y algunos en tiempos incluso anteriores. Aunque estos rituales han variado ampliamente a lo largo de los siglos, el sexo y los fluidos corporales a menudo han desempeñado una parte integral en ellos. Julia me dijo poco más, aparte de que durante las ceremonias se vestían con batas y usaban hostias eucarísticas robadas.

Daniel –quien dirigía las ceremonias vestido completamente como un demonio– era el miembro más poderoso del grupo. Él era devoto de Satán y le rezaba todo el tiempo, la razón por la que, según Julia, recibía a cambio tantos privilegios. Sus poderes eclipsaban a los de Julia. Tenía algún tipo de profesión, dijo Julia, pero por una comunicación suya que me enseñaron parecía un infeliz y no excepcionalmente brillante, un claro narcisista.

Julia al principio pensó que él la cuidaba de una forma especial, pero ella empezaba a preguntarse si sus sentimientos habían cambiado. Estaba envejeciendo y me dijo que no estaba segura de poder quedarse embarazada ya.

«¿Qué significa eso?», pregunté.

Julia dudó antes de contestar a mi pregunta. Yo pude sentir que estaba pensando cuánto decirme. Eligió sus palabras cuidadosamente y habló a la defensiva.

«Yo era la reproductora principal de la secta», dijo. «Yo podía quedarme embarazada fácilmente, lo que me dio un estatus especial en el grupo. Teníamos a alguien que podía realizar abortos, el ayudante de un médico, creo, un tipo repulsivo. Usábamos fetos para las ceremonias. Daniel lo estimulaba, y decía que Satán y él me honrarían y recompensarían enormemente por este "servicio", además de estarme agradecidos eternamente por mi papel».

«Estoy segura de querer estar a buenas con Satán. Él podía repartir los bienes. La gente describía su reino como un enorme tormento, pero dudo de eso. Es una especie de sociedad, supongo, aunque haya algunos castigos y cosas así. También hay eso en esta vida. Y allí yo tendría un estatus elevado, me lo prometieron. Por eso estaba contenta de hacerle este beneficio de alguna forma extraña. Además, Daniel también estaba encantado conmigo».

Julia dijo que Daniel le había contado a ella que la gente había hecho este tipo de servicio a Satán durante siglos. El grupo se consideraba pagano, decía él, y afirmaba que muchas culturas paganas fueron en esencia adoradoras del demonio, pero los aztecas llegaron más lejos al sacrificar humanos *vivos*, mayormente mujeres y niños.

Sentí repulsión, pero no dije nada. Más adelante oí historias semejantes de otros individuos, aunque no estaba seguro de su credibilidad. Normalmente dudaba de su veracidad, aunque unas cuantas de esas historias me parecieron creíbles por sus detalles, además de las de Julia. Una vez pregunté a un ayudante de fiscal de distrito si usar un feto muerto en rituales satánicos era ilegal.

«Bueno, técnicamente sí», me dijo. «Pero nadie va a perseguir a alguien por eso. Además, ¿cómo vas a conseguir las pruebas». Me preguntó si conocía algún ejemplo actual. Le dije que todo el mundo que hablaba de esa clase de «ofrendas», como las llamaba Julia, afirmaba no seguir realizando ese tipo de actos.

Cuando Julia recordaba su papel en esas ceremonias demoníacas, parecían no preocuparle sus actos pasados. Lo que parecía molestarle más era su temor de que Daniel ya no la amara. «Por primera vez en mi vida me sentí realmente especial», dijo ella. «Daniel me había dado un trato especial. Comenzó cuando yo era una guapa adolescente. Durante algún tiempo, fue algo excitante. Pero ahora no estoy tan segura. Estoy envejeciendo, y me pregunto si Daniel se preocupará por mí. Él me dio el visto bueno cuando le dije que sólo intento causar alguna jugarreta a los curas pidiéndoles consejo y tal vez meterles en agua caliente si puedo. A él le gustaría eso, créame, y también a Satán. Pero no estoy segura de si le sigue importando lo que me ocurre. No creo que ahora pueda quedarme embarazada, y me pregunto si soy –ya sabe– "prescindible"».

Me sorprendió su forma de abrirse, y también tomé nota del miedo que sentía. Pero me preguntaba si todo lo que describió era totalmente exacto. Yo no tenía una buena sensación sobre lo que estaba diciendo, o cómo lo estaba diciendo. Durante nuestras reuniones, su actitud al buscar ayuda pasaba drásticamente de una verdadera desesperanza y una vaga búsqueda de Dios y perdón a un rechazo directo y odio especial contra el cristianismo. En privado, me pregunté si ella realmente quería ayuda, excepto en momentos de desesperación transitoria.

Aunque de algún modo dificultado por el rechazo de Julia a revelar demasiado, intenté hacerme una mejor idea de su personalidad con la esperanza de conocer mejor sus dudas. Por entonces me aseguré de que ella tenía algunos rasgos de personalidad arraigados que interferían con su capacidad de comprometerse firmemente. Los pacientes con trastorno límite de personalidad suelen ser incoherentes en sus intenciones y actitudes. Julia no parecía una persona frágil, como son muchos individuos de ese tipo, pero también tenía otros defectos de carácter que, a pesar de su aparente sinceridad, me hacían cuestionarme sus motivaciones.

Era un poco ostentosa y podía ser bastante crítica y despectiva, una conducta que sugería características narcisistas. Sospeché que estaba suficientemente desesperada para intentar causar problemas al padre Jacques, quizás para congraciarse con Daniel. Tal vez, pensé yo, intentaba conseguirlo de ambos modos: procurar librarse de la posesión, a la vez que no se alejaba ni incluso abandonaba la secta.

Yo sabía por entonces lo suficiente sobre cómo las víctimas de esos tipos de ataques demoníacos necesitaban trabajar por su propia liberación espiritual y comprender que habían comprometido su salud espiritual. Le dije que sus exorcismos no eran encantos mágicos, como los cánticos de un doctor brujo. Pero ella no parecía capaz de aceptar mi consejo, quizás por tener demasiado miedo a pensar las cosas por completo.

• • •

Por la época en que Julia aceptó seguir con sus exorcismos, yo había conocido al exorcista «jefe», un sacerdote diocesano de prestigio, de un estado vecino. Él se llamaba a sí mismo «padre A», que imaginé que era su nombre de guerra.

El padre A tenía una gran riqueza de conocimiento práctico, y no tenía miedo de dejar saber a sus víctimas dónde se encontraba él y qué necesitarían para liberarse. También se me presentó a mí y me contó sobre muchos de los casos que había visto, la mayoría exitosos. No gustaba a todo el mundo; algunos curas le consideraban demasiado dictatorial. Pero yo sabía, al igual que Jacques, que siempre se movía por los mejores intereses de a quienes intentaba guiar a lugares más importantes en su mente.

Julia originariamente se había acercado a un sacerdote de su área, quien la remitió al padre Jacques y al padre A. Aunque discreto acerca de su trabajo, el padre A era probablemente el exorcista con más experiencia de la historia de los Estados Unidos. Por lo que yo sé, sólo una vez rompió su silencio público al aparecer en un programa de radio para debatir el caso de Julia, sus exorcismos y el resultado. En el proceso reveló algunos detalles específicos sobre la situación de ella que nunca se habían sabido. Así se lo dije en aquel momento. Él pidió perdón, pero de todas formas pensó que contar algún informe como exorcista era importante como registro histórico.

Él y el padre Jacques siempre me mantenían al corriente de su relación con Julia. También hablé con otros participantes de sus sesiones de exorcismo pasadas: todo honestidad y almas temerosas de Dios, que sabían cuál era mi papel. Me prometían exactitud escrupulosa sobre lo que habían observado en rituales anteriores con Julia, además de lo que harían en sesiones futuras.

Julia me dijo una vez que su secta, y especialmente Daniel, despreciaban al padre A tanto que era su objetivo número uno. «Es a quien todo la secta odia», me dijo ella. «Es un cura especial. Oh, cómo les gustaría tenerlo atrapado».

Intenté saber si Julia se había preocupado por él. Quizás fuera otra fuerte figura masculina por la que se sentía atraída.

Un día, inesperadamente, Julia me dijo que podía «ver» al padre A, del mismo modo que antes me había dicho que ella lo «había visto salir» del despacho del psiquiatra jesuita del que ella había hablado mal. Pensé que era más una imagen clara y poderosa de su cabeza que algo que vio literalmente con los ojos.

Esta vez no iba a dejarla escapar evitando mis preguntas. «Bueno, eso parece imposible», dije yo. «¿De qué diablos está hablando?».

Ella tranquilamente afirmó que podía «ver» al padre A «con una cazadora azul y caqui» caminando por la orilla del mar, cerca de donde vivía. Ella nunca había visitado su casa y no sabía nada sobre dónde vivía. Ella llamaba a esta habilidad sus «proyecciones», un término que usaba de forma idiosincrática, no en el sentido psiquiátrico.

Llamé inmediatamente al padre A a su teléfono móvil y le pregunté dónde estaba y qué llevaba puesto. «A esta hora normalmente estoy en el obispado, pero decidí dar un paseo esta noche», me dijo. «Estoy recitando mi breviario mientras ando por la orilla, con mis pantalones color caqui y una cazadora».

«¿De qué color es su cazadora?», continué.

«Usted debe de estar hablando con Julia. Ella es algo más, ¿verdad?».

Julia podía también decirme cuándo al padre A le dolía algo. Siempre me he preguntado si ella tenía algo que ver con la causa de ese dolor. La opinión de ella y la del padre A seguramente era lo que movía a Satán.

• • •

Quedé con Julia un par de veces más antes de que el padre Jacques propusiera comenzar de nuevo las sesiones de exorcismo. Aunque no esperaba poder asistir a los propios ritos, seguí revisando sus motivaciones y su apertura a una verdadera ruptura con su pasado. Ella siguió siendo chocantemente franca conmigo, pero también frustrantemente evasiva. Al final mostraba su acuerdo a seguir ayudando, sin una firme resolución por abandonar su vida como satanista, por lo que seguí mostrándome pesimista sobre su resultado.

Anticipando la reanudación de los exorcismos, el padre A me puso al día. Estaba más alterado de lo que solía verlo.

«A ella le parece que se le habían enfriado los pies antes de la última sesión», dijo. «Hablamos con ella más de una hora antes de probar el exorcismo, pero ella se resistió. Parecía más asustada que en cualquier otra ocasión en que la había visto».

El padre A respiró profundamente y dijo: «Pero los eventos posteriores lo confirmaron con más fuerza». Julia había necesitado que la llevaran a donde vivía, y el padre Jacques prometió hacerlo por lo tarde que era.

«Usted ya conoce al padre Jacques», continuó el padre A. «Tiene tan buen corazón que no puede decir "no" a nadie. De forma estúpida, yo estuve de acuerdo en que la llevaríamos. ¿Cómo íbamos a hacer lo contrario cuando era demasiado tarde para cualquier otra cosa? Un gran error, sin duda».

Los tres montaron en el Chevy del padre A, con Julia de nuevo en el asiento de atrás. Rápidamente notaron que había vuelto a su condición de poseída. Con cansancio, el padre A describió el estado de Julia como lo «habitual», con lo que se refería a las bravuconadas del demonio, declaraciones que ella había prometido a Satán y provocaciones de que el demonio nunca la abandonaría.

Entonces, con una fina sonrisa, el padre A dijo: «Entonces comenzó la función de verdad».

Levanté las cejas, curioso por saber lo que ocurrió después. Yo todavía estaba aprendiendo las numerosas tretas y estrategias de nuestros enemigos demoníacos, pero me sorprendí cuando el padre A dijo: «¡Entonces fue cuando aparecieron los espíritus!».

El padre Jacques me había enseñado previamente cómo los espíritus malignos pueden influir en nuestros sentidos y en la realidad material, lo que hace difícil, si no imposible, señalar las diferencias en ocasiones entre lo que es real y lo que no lo es. Dado que él y el padre Jacques vieron lo mismo, el padre A creía que los espíritus alteraban la realidad material hasta tal punto, y reflejaban su habilidad para asumir visiblemente diversas formas cuando se aparecen a los humanos.

«Ellos se presentaron, *en apariencia*, delante del parabrisas: cosas fugaces, ondeantes y oscuras», dijo él.

Cuando el padre A empezó a detener el coche, los faros del Chevy se oscurecieron, junto con todas las luces del salpicadero. Conduciendo a ciegas, el padre A metió el coche por una estrecha zanja, temblando, sin duda, pero sin daños. Allí estaban, atascados en un oscuro camino campestre, sin ningún modo de ver adónde se dirigían ni dónde podían pedir ayuda.

Le pregunté al padre A cómo reaccionó Julia a todo esto. Resopló y dijo que ella parecía estar bien. Describió la misma sonrisita molesta que yo había visto antes tantas veces. No estaba claro cuándo salió de su estado de poseída, y por eso ella pudo perderse la acción real. «Nunca nos dio las gracias, por supuesto», terminó el padre A.

Recuerdo haber pensado que ellos no debían esperar gratitud y que tenían suerte de seguir estando vivos dada su mala decisión de llevar por la noche a una mujer poseída.

• • •

Dos semanas después del siguiente exorcismo de Julia, el padre A me volvió a llamar. Esta vez me dijo que temía que Julia nunca estuviera de acuerdo en hacer otra sesión.

El ritual comenzó en una fría tarde de finales del otoño, en las tierras de la parroquia del área adinerada de la ciudad. El «equipo» incluyó ocho personas: el padre A, exorcista principal; el padre Jacques, quien asistió al padre A; dos monjas, una de ellas enfermera; y cuatro legos reclutados para ayudar: una mujer y tres hombres fuertes.

Todo el mundo se reunió en una capilla en la pequeña casa donde vivía Jacques. Julia llegó media hora tarde, y cuando por fin estuvo allí parecía dudosa y nerviosa, tal vez ya bajo alguna «influencia». No obstante, firmó los requisitos formales para proceder.

El padre Jacques comenzó los rezos habituales usando la versión más antigua en latín del Ritual Romano,[12] que incluye el texto clásico para exorcismos de 1614, su fuente preferida para el ritual. Cuando comenzó el rito, Julia rápidamente entró en un profundo trance. «Pronto la "voz" se expresaba de nuevo, otra vez adoptando su tono típicamente arrogante», me dijo el padre A por teléfono. «Protestó porque nadie tenía derecho a liberar a esta mujer, ya que ella se había comprometido libremente con Satán, un sentimiento típico de espíritus malvados. La criatura, o criaturas, intentaba asustar a todos y empleaba las habituales quejas, blasfemias y fanfarronadas. "No saldremos nunca. STOP. IROS"».

Según el padre A, el ritual prosiguió durante al menos dos horas, y el demonio repitió los mismos sentimientos durante todo el exorcismo.

---

12. La versión latina del Ritual Romano (*Rituale Romanum*) se publicó por primera vez em 1614. Una versión del texto latino (acompañado de una traducción en inglés) se puede encontrar en Weller, Philip T., *Roman Ritual*, 3 vols. (Boonville, NY: Preserving Christian Publications, 2007). El rito moderno lo aprobó el Vaticano en 1998 y fue publicado en enero de 1999 como *De exorcismis et suspplicationibus quivusdam*. Una traduccion inglesa autorizada, *Exorcism and Related Supplications*, apareció en 2017 (Washington, DC: US Conference of Catholice Bishops).

Aunque el demonio solía dirigirse al padre A, también provocó a las monjas llamándolas «putas» y «zorras».

Imaginé la escena en mi mente. Los participantes rodeaban a Julia por si acaso necesitaban sujetarla o contenerla. Todos ellos seguían las instrucciones del padre A, quien dirigía el proceso mediante sus procedimientos, como sabía yo por experiencias pasadas.

Con una mujer poseída, el padre A siempre ordenaba a las mujeres ayudantes sujetar a la víctima, en parte para prevenir alguna acusación de conducta indecente por parte de los hombres presentes. Esa noche, las dos monjas y la laica invitadas colocaron sus manos directamente sobre los hombros y brazos de Julia, listas para agarrarla si atacaba o quería salir corriendo. En esa ocasión, se vio que era necesario. El padre A me dijo que, desde el principio del exorcismo, Julia se resistió con mucha fuerza. Intentó agarrar la estola del cuello del padre A. Afortunadamente, le habían sujetado sus brazos y sus manos. Todos se preguntaban cómo podía mantener esa fuerza de espíritu malvado durante dos horas, pero ellos eran conscientes de que luchaban contra el poder de la fuerza sobrenatural de un espíritu maligno, otro síntoma clásico de una verdadera posesión.

«Y entonces...», prosiguió el padre A, «ocurrió».

«¿Qué?», pregunté.

«Julia levitó por encima de su silla. Durante media hora».

Todos los testigos después confirmaron esta historia. Julia se elevó visiblemente un pie por encima de la silla y, según vieron todos los asistentes, habría subido más si no hubiera sido por varios de los presentes, incluidos todos los hombres, que se esforzaron para que descendiera. Después, uno de los asistentes me comentó: «Habría subido hasta el techo si no la hubiésemos detenido. ¿Fue un intento de escapar o de asustar a los participantes? Era difícil saberlo, pero todo se movía».

La levitación[13] era un acontecimiento raro, pero bien documentado, en las crónicas religiosas, incluidos los exorcismos del pasado y actua-

13. He oído directamente sobre unos quince casos verosímiles de levitación durante exorcismos en la era contemporánea, presenciados por unos treinta y cuatro observadores. Uno me lo contó un profesor europeo amigo mío, quien lo presenció durante un exorcismo.

les. Intenté imaginarme su sorpresa y su miedo. El padre A se detuvo. Parecía fatigado y desanimado, ausente en la conversación de una forma a la que no estaba acostumbrado.

«Padre», le insistí entonces, «¿sigue *usted* ahí?».

«Lo siento, Rich. Me siento un poco pesimista mientras le cuento esto. Los demonios –porque creo que estaban implicados bastantes– mantuvieron su acoso y parecían estar más fuertes cuando yo estaba más cansado. Uno nos dijo que Julia les había invitado y que había recibido muchos favores a cambio, así que ella no tenía derecho a librarse de nuestra presencia». Dudó de nuevo. «Tal vez ellos conocieran las intenciones de Julia mejor que nosotros. Yo ya me había preguntado si ella alguna vez pensó en renunciar a todo ello».

Después el padre A leyó una larga lista de los fenómenos más dramáticos que había encontrado durante la larga sesión. El demonio, o demonios, frecuentemente se retorcían de dolor con cualquier contacto con el agua bendita que se esparcía sobre Julia, gritando: «¡Detente! ¡Quema!». Por otra parte, Julia nunca había tenido ninguna reacción con el agua corriente durante ninguna de sus evaluaciones anteriores, aunque el espíritu que la poseía, por supuesto, no habría dicho qué agua había sido bendecida.

El padre A me contó que durante los rituales, incluido éste, el demonio solía hablar en varios idiomas extranjeros que Julia no conocía. Según Jacques, quien conocía bien el idioma, el demonio hablaba latín con soltura.

En algún momento del último ritual, la habitación se enfrió claramente, y después la temperatura subió de manera drástica, con lo que en la habitación hacía un calor insoportable. «Era como cuando nos encontramos cerca de una caldera y alguien la pone a la máxima potencia», me dijo el padre A. Asimismo, gorjeos, graznidos y otros ruidos estridentes, como de animales, interrumpían los rezos del padre A, haciéndole sentir como si estuviera en «medio de una peligrosa selva», explicó. «Rich, sentí como si estuviera a las puertas del infierno».

Otros exorcistas a lo largo de los años me informaron de hallazgos semejantes, y yo he encontrado muchos de esos ejemplos en la literatura histórica. Pero al reexaminar el extraordinario testimonio del caso de Julia, confirmado en detalle por todos los participantes, aún estoy asombrado por la fuerza casi sin precedentes de su posesión. Combinados, estos rasgos me parecían representar con claridad la respuesta de un poderoso enemigo que lucha desesperadamente para seguir controlando a una mujer que se había dedicado específicamente a Satán.

La intensidad del exorcismo de Julia sorprendió incluso al padre A y al padre Jacques. El ambiente creado parecía ser así para asustarlos o, suponían ellos, para evitar que Julia abandonase la secta o siguiese revelando sus comportamientos perversos a entrometidos. Otros exorcistas expertos me comentaron posteriormente que el padre A y el padre Jacques deberían haber evitado ese tipo de manifestaciones teatrales obligando al demonio o demonios a no crear esa clase de caos. Pero dada la inmensa experiencia pastoral de mis dos amigos exorcistas, creo que en este caso se toparon con un espíritu, o espíritus, demasiado poderoso(s) para controlarlos. Cuando terminó la sesión, Julia emergió rápidamente del estado de trance. Igual que la mayoría (aunque no todos) de los individuos poseídos, ella curiosamente no recordaba nada, aunque el exorcismo había ocupado un poco más de dos horas.

• • •

El triste final de esta historia es que Julia nunca se libró de su presencia demoníaca. Éste fue un caso poco afortunado de un reconocido satanista reticente a romper su relación con su secta y a dejar de adorar al diablo, lo que requeriría bastante más que un cambio mental y dedicación por su parte. Después de esta espectacular sesión, Julia decidió no buscar más exorcismos, aunque le ofrecieron la oportunidad de reanudarlos si así lo deseara.

Creo que era probable que Julia estuviera mortalmente asustada por la secta –y por Daniel en particular–, y que nunca se comprometió a conseguir asistencia espiritual; o quizás no estaba preparada emocionalmente para abandonar al grupo. Sea como fuere, encontró difícil comprometerse con la ayuda de los exorcistas.

Yo también me fiaba cada vez menos de sus motivaciones, porque en subsiguientes encuentros me contó historias para desacreditar a muchos de los curas que había conocido en su vida, incluidos el padre Jacques y el padre A.

Su ambivalencia quedó perfectamente ilustrada en una de mis últimas conversaciones con ella. Yo ya sabía que disfrutaba de su alto estatus en la secta, pero temía volverse menos atractiva para Daniel. De nuevo parecía preocupada por no poder tener ya hijos, llamando «gran golpe» a como la trataban ahora. También me dijo que varios miembros que habían intentado dejar la secta la habían tratado injustamente. «Nadie quiere jugar con Daniel», dijo ella. «Está demasiado cerca de Satán. Al menos quise librarme de la posesión, pero ahora no estoy tan segura de lo que debo hacer». Escuché atentamente. Su tono fatalista y su uso del tiempo pasado eran nuevos, lo que me llevó a creer, como el padre A hizo, que la estábamos perdiendo.

«Jesús, Dios, lo que sea. No entiendo nada de todo eso. ¿Dónde estaban cuando les necesitábamos? Pero el padre Jacques sigue diciéndome que tengo que volverme a ellos, sea lo que fuere lo que significa, y renunciar a Satán. ¡Renunciar a Satán! ¿Es una broma? ¿Cómo puedo hacer eso? ¿Quién sabe lo que me ocurrirá? No es alguien a quien quiera enfrentarme. Confía en mí, yo lo sé. Ya me ha castigado bastante».

Julia entonces empezó a hablar de forma sorprendentemente reflexiva.

«La gente dice que el fuego del infierno procede de Dios. Eso no es cierto. Procede de Satán. Así es cómo disciplina a sus súbditos. Él tiene que tener alguna forma de castigar a la gente, al menos de vez en cuando. A mí ya me ha hecho eso mismo».

Julia se quejó de experimentar una sensación de quemazón de sus propios tormentos diabólicos.

«¿Cómo es?», pregunté.

«No es como un fuego material. Es de tipo espiritual, muy difícil de explicar con palabras. No te quema por completo. Pero duele, ¡como el demonio, iba a decir!».

Ella se rio un poco, sin alegría.

Siendo tan espantosos sus comentarios, Julia es raramente el único individuo con un ataque diabólico que se me ha quejado de experimentar una sensación de quemazón procedente de sus tormentos malvados, además de otros diversos dolores.

Satán, de acuerdo con Julia, seguía siendo su Maestro, y ella seguía poniendo algo de loca esperanza en él. Ella aún le adoraba, lo admitía, y denominaba a esta llamada de devoción por Satán un reto directo hecho a todos los humanos y «a lo que los cristianos llamaban su Dios».

Estas últimas afirmaciones no me sorprendieron por completo, pero después de nuestro tiempo juntos me sentí desanimado. Me recordé que mi objetivo era sólo ayudarla, si es que podía. Ella no *me* debía nada.

«La secta también me castigó en el pasado», añadió ella. «Pueden ser sádicos. Ellos lo llaman "disciplina". Me pueden encerrar durante horas en una caja, ese tipo de cosas. En realidad, no quiero hablar sobre ello. Ya le he contado demasiado. Probablemente también me castiguen por decir esto».

Le dije que, aunque ella se rindiera en ese momento, nunca es demasiado tarde para cambiar mentalmente. Estuve de acuerdo en que, sin embargo, no podía lograrlo en ambos sentidos. Para dejar esa vida de una vez y por todas –le dije a ella–, tenía que abandonar la secta y dejar de rezar a Satán, independientemente de sus miedos. Sintiendo que ella había tomado una decisión firme a corto plazo, añadí que el padre Jacques nunca abandonaba a nadie.

Ella dijo que también había intentado ser fiel a él, a pesar de decir a Daniel que intentaba «coger» a Jacques y al padre A. Era consciente de que importaba a tres personas, lo cual al menos era algo positivo, pensé. Pero sentí que yo me estaba agarrando a un clavo ardiendo y que ella parecía mucho más preocupada por la reacción de Daniel.

«Probablemente haya arruinado mi relación con él ahora», dijo ella. «Él siempre sabe demasiado. Pensé que por lo menos me habría librado de la posesión, pero tampoco creo que eso vaya a ocurrir».

Ella dudó, pero entonces volvió a hablar con más confianza, como si por fin hubiera resuelto lo que le traería el futuro inmediato. Ella lo llamó «tomarse un descanso».

Entonces me sorprendió al darme permiso, incluso ánimos, para contar su historia algún día. No quería que la identificara directamente o que revelara dónde vivía u otros datos. «¿De acuerdo? Ya sé que usted es profesor. Es lo menos que puedo hacer, quizás advertir a otras personas vulnerables», dijo ella.

Creo que ella quería darme un regalo de despedida, o quizás tranquilizar su conciencia. Me di cuenta otra vez, por toda su bravuconada, de que era una persona con conflictos o torturada, y que probablemente había estado así la mayor parte de su vida. Seguí pensando en la palabra «atrapada», que es como la vi en aquel momento. Puede que estuviera demasiado confusa y asustada para tomar una decisión personal –concluí–; y entonces, como si yo fuera consciente de un final tan amenazador, sentí que había conseguido una visión más completa de por qué ella se sintió de la forma en que lo hizo. Siempre se sentía amenazada de algún modo: por la secta, por las decisiones que tomaban los exorcistas para cambiar su estilo de vida o por la pérdida del amor y la atención de Daniel. Tal vez hasta ese momento ella nunca había aceptado el verdadero precio que tenía que pagar, las exigencias de la vida real, y no la «magia» en que se había convertido gran parte de su mentalidad.

• • •

Varios meses después del último exorcismo de Julia, por solicitud urgente del padre Jacques, la visitamos en su casa del sur. Se mostraba reticente a continuar.

Mientras yo volvía a casa en avión de nuestro encuentro, mi esposa y mi secretaria recibieron una llamada telefónica de un hombre que se presentó como «sacerdote y amigo». Les dijo que el padre Jacques y yo habíamos tenido un grave accidente de coche y que estábamos en estado crítico. Sin responder más preguntas, colgó. Temiéndose lo peor, mi mujer intentó frenéticamente localizar el hospital donde se suponía que nos habían llevado. No fue hasta varias horas después, al comprobar los mensajes de mi teléfono desde el aeropuerto de La Guardia, en Nueva York, cuando supieron que yo estaba bien.

Unas horas después, yo caminaba por la calle East 29th, en Nueva York, y noté que dos mujeres de treinta y tantos años me estaban siguiendo desde varias manzanas atrás. Estaban adornadas con un maquillaje llamativo para el contorno de ojos, como se había presentado Julia, e iban vestidas de una manera excéntrica, propia del grupo en el que estaba involucrada ella. Cuando vieron que yo me había dado cuenta, se desviaron por una esquina de Madison Avenue y no volví a verlas de nuevo.

Hablé con Julia sólo una vez más. Un año después del último exorcismo, el padre Jacques me pidió que la llamara y comprobara otra vez su salud. Julia me confió que la habían diagnosticado de cáncer terminal, pero dijo que quería librarse de la influencia demoníaca antes de morir.

Para mí, Julia seguía sonando ambivalente. Me dijo que tendría que «pensar» sobre darme permiso para efectuar un informe con los datos de su oncólogo. Después ya nunca tuvo contacto conmigo, pero sí supe del padre Jacques, quien intentó localizarla varias veces antes de su propia muerte, unos años después. Nunca pude estar seguro con certeza de si, o cuándo, murió ella. Aunque es dudoso, espero que siga estando viva, por supuesto, y que desee buscar un encuentro breve para vernos si todavía nos apreciamos el uno al otro.[14]

---

14. Las fuentes del capítulo sobre Julia se basan inevitablemente en datos históricos, inherentes a este tema, como se explica en la Introducción. Estoy totalmente seguro sobre lo que yo presencié directamente acerca de las habilidades psíquicas, sus estados de posesión y la actividad de varios de sus asociados. También confío totalmente en la veracidad de los testimonios sobre sus exorcismos, ofrecidos por diversos y múltiples informadores impecables: el padre A y el padre Jacques, pseudónimos, además de los muchos otros participantes (que están de acuerdo en todos los detalles), a quienes entrevisté largo y tendido. La consistencia interna de su historia y los rasgos bien documentados de otros casos históricos añaden credibilidad a este relato, a pesar de los detalles de que su caso está marcado por una intensidad singular reconocida.

    Los relatos sobre su secta dependen en gran medida de los informes que ella misma me proporcionó y, por tanto, pueden tener menos seguridad epistémica. Por otra parte, Julia fue siempre coherente y se expresó de forma sobria e inteligente. Además, repetidamente afirmó que nunca me mintió y parecía tener pocas razones para exagerar; cualquier conocimiento de declaraciones falsas por su parte habría puesto en peligro seriamente la voluntad de los dos sacerdotes para efectuar los rituales que ella deseaba, como se ha indicado. También dispongo de la documentación que me proporcionó el padre Jacques y que corrobora una serie de indicios de su participación en la secta. Por último, está la verificación independiente de la existencia y la actividad de los miembros de la secta, incluidos los comportamientos amenazantes, a los que se alude en el relato del Capítulo 3.

## PARTE DOS

# INVESTIGADOR Y DIAGNOSTICADOR

*... la belleza es tanto misteriosa como terrible.*
*Dios y el diablo luchan allí,*
*y el campo de batalla es el corazón del hombre.*

—Fiódor Dostoievsky, Los Hermanos Karamázov

# CAPÍTULO 4
# PROBLEMAS DEL ESPÍRITU

## *Diagnosticando el espectro de posesiones*

Yo estaba aprendiendo rápidamente sobre este extraño campo de batalla. Con gran frecuencia, este interminable choque de los corazones y las almas de hombres y mujeres narra un cuento de confusión e ignorancia humanas, y de dolores para tantos. Y sí, se trataba de una verdadera batalla con enemigos despiadados que también podían agredir a las víctimas físicamente en las raras pero por entonces múltiples circunstancias que yo presenciaba. Una vez atacada, la gente no se daba por rendida fácilmente sin luchar, como he visto tantas veces.

Si yo iba a consultar en una amplia variedad de situaciones y con personas adecuadamente preparadas, me daba cuenta de que, como cualquier buen médico, tenía que seguir aprendiendo mi nuevo oficio e investigar cada faceta relevante del ámbito.

Después de estos primeros casos, pasé los años siguientes profundizando en la historia y la realidad presente de la actividad demoníaca y los exorcismos. Estudié cualquier libro que cayera en mis manos sobre el tema –a favor o en contra, religioso o secular–, algunos de siglos atrás y escritos en diversos idiomas. Mi conocimiento del latín y del griego antiguo demostró ser especialmente valioso para la lectura de informes clásicos y medievales de posesiones y exorcismos.

Al mismo tiempo, me mantuve en conexión con la comunidad más amplia de exorcismo. Consulté y enseñé a un número rápidamente creciente de exorcistas católicos oficiales y algunos de los practicantes más destacados de «ministros de liberación» en los Estados Unidos y de todo el mundo, normalmente protestantes, pero también católicos «carismáticos». Además de mi trabajo con el padre Jacques y el padre A, empecé a recibir llamadas de muchas víctimas no-católicas y no-cristianas también.

En el proceso llegué a aprender los estrictos criterios que me permitieron entender las variedades de los ataques demoníacos y los estados psiquiátricos que siempre han confundido a tantas personas. Necesitaba llevar puesto mi sombrero de médico y firme creyente en la ciencia. Pero también necesitaba permanecer con la mente abierta y compasiva para las víctimas inmensamente sufrientes de este cruel y oscuro mundo con el que me he topado, o él ha topado conmigo.

• • •

En esa primera etapa, llegué a ver que la tarea más importante de los médicos al trabajar con exorcistas es diferenciar lo que podría denominarse problemas del espíritu de los problemas de la mente. A los primeros también se llama «ataques extraordinarios», propios de espíritus malvados, lo que incluye posesiones y opresiones. Estos trastornos existen en un continuo, que representa un espectro de penetraciones hechas por demonios. A su vez, cada una de estas condiciones debe distinguirse de lo que los creyentes llaman influencias «ordinarias» de espíritus malvados sobre humanos, o simplemente tentaciones. Los seres humanos también son perfectamente culpables de conductas pecaminosas o malvadas por sí mismos, por supuesto, aunque hay bastantes personas que prefieren culpar de una conducta inapropiada a los demonios.

Antes de conocer a Julia, yo ya había visto ocho o nueve casos de los que podrían considerarse posesiones totales. Yo defino a éstas como casos donde el espíritu maligno toma el control de alguien por completo, de forma que la víctima pasa por períodos donde tiene, o no tiene, recuerdos de esos episodios. Desde entonces he visto muchas más posesiones de esa clase y un número mucho más elevado de opresiones, que son mucho más comunes que de posesiones. Debido a mi relación con la Asociación Internacional de Exorcistas, he oído informes de cientos más de cada tipo, pero eso no conlleva nada, excepto que haya trastornos raros, como sé que aún hay.

• • •

Unos cuatro años después de mi relación con Julia, conocí a otra víctima de un trastorno serio, un hombre de Chicago al que llamaré Juan. Su caso terminó mucho más felizmente, un resultado que normalmente tiene lugar cuando las víctimas son más constantes en su proceso de liberación.

Juan tenía 51 años, y era un hombre grande y musculoso, con una cadena de tatuajes en cada brazo. En nuestra primera reunión, a pesar de su negativa a admitirlo, pude sentir su angustia y su vulnerabilidad. Su esposa, Stella, parecía igualmente desesperada. De adolescente, Juan se había implicado en una banda de su vecindario, con lo que accedió a una vida de delitos y violencia. «Era una vida "buena", pero peligrosa, y yo quería más, mucho más», dijo él. Un miembro de su banda le dijo que si se volvía hacia Satán y al «lado oscuro», tendría mucho más éxito y operaría bajo la protección de Satán. «Me convertí en adorador del diablo, supongo, y solía rezar a Satán para cualquier cosa que quisiera».

Durante un par de años, Juan consiguió todo lo que deseaba: chicas, coches deportivos, dinero. «Estaba teniendo suerte», me dijo. «Yo era el rey de la montaña». Empezó a reclutar a otros miembros de la banda para lo oculto, lo que creía que se añadió a su buena suerte.

En concreto, Juan se encomendó a la Santa Muerte, una emblemática santa popular mexicana de la que muchos miembros del ocultismo de ascendencia hispana se han apropiado para sus causas diabólicas.

Algunos miembros de la infame banda MS-13 son devotos declarados de la Santa Muerte y, según los informes policiales y las historias de los periódicos, piden favores a la santa en una especie de inversión perversa de la oración a los santos para que intercedan por ellos.

También conocida como Mara Salvatrucha, la MS-13 comenzó como una banda callejera de inmigrantes salvadoreños que habían escapado de su país después de las guerras civiles de la década de 1980.[15] En un momento determinado, la MS-13 se difundió a otras ciudades de los EE UU, entre ellas en el norte de Virginia y Long Island, donde rápidamente se ganaron una reputación de venta de droga, prostitución infantil, robos y otros actos de violencia, desde palizas y apuñalamientos hasta asesinatos. Varios exmiembros han testificado abiertamente sobre su adoración de lo que consideraban demonios. «A veces, cuando queríamos saber si alguien nos estaba delatando, recurríamos al diablo», dijo un antiguo miembro que se hacía llamar Speedy al *New York Post* en junio de 2017. «Utilizábamos un tablero de *ouija* para convocarlo».

Speedy y otros antiguos miembros de la MS-13 también han descrito sus experiencias bajo un tipo de posesión de «variante», un estado de posesión inconfundiblemente voluntario y temporal. Durante breves períodos de tiempo, experimentaron el típico estado de trance, aumentaron claramente su fuerza y obtuvieron la habilidad de descubrir información detallada y previamente oculta sobre extraños totales, todas las cuales son características de la condición de poseído. «Una vez, el diablo tomó el control de mi cuerpo», dijo Speedy al *New York Post*. «Yo no sabía qué estaba ocurriendo y se necesitaron diez miembros de la banda para sujetarme. En trance, algunos miembros de la banda decían nombres de personas que serían blancos nuestros. Era una prueba de lealtad, y nosotros la llamábamos "tomar un alma". Si el diablo te daba un nombre, tenías que salir y arruinar a esa persona. Tenías que tomar su alma».

Sin embargo, en el caso de Juan, su posesión no era temporal ni voluntaria. Cuando la policía por fin efectuó su operación antidroga, le detuvieron y le sentenciaron a un largo tiempo en prisión. Pero en la cárcel empezó a experimentar los estados de posesión, pasando trances intensos y prolongados, durante los que la voz de un demonio hablaba en su lugar, en idiomas extranjeros, desconocidos para Juan.

Un capellán de la prisión confirmó la historia de Juan y efectuó exorcismos mientras estuvo encarcelado. Durante estos rituales dentro

---

15. Vincent, Isabel, «I Was an MS-13 Gang Member—and Got Out Alive», *New York Post*, 10 de junio de 2017, www.nypost.com/2017/06/10/i-was-an-ms-13-gang-member-and-got-out-alive/

de la prisión, el demonio exhibió notables hazañas de fuerza, peleando contra una serie de hombres fornidos que sujetaban a Juan. «Los exorcismos ayudaron, creo», me dijo Juan. «Pero el espíritu maligno ha vuelto, o probablemente nunca se fue por completo».

Por la época en que lo conocí, Juan y Stella ya intentaban convertirse en asistentes habituales a la iglesia. Pero dijeron que el demonio volvía a lanzar los ataques más fuertes contra él, dificultándoles la asistencia a los rituales de la iglesia. «Juan entra en trance y luego dice todo tipo de cosas horribles y blasfemas», me contaba Stella. Igual que a Julia, a menudo no podía entrar en una iglesia, le echaba atrás algún tipo de fuerza difícil de describir. «En ese momento no es Juan», me dijo Stella. «Y cuando no se encuentra en estos estados, no recuerda nada de ellos. En los trances habla en latín, porque reconozco algunas de las palabras de cuando era una niña, en la misa de los domingos».

Stella juró que una noche, durante uno de los trances de Juan, éste se elevaba por encima de la cama. «Él se ponía en el aire, ¡lo juro por Dios!». Juan demostró ser un caso difícil, pero, a diferencia de Julia, él se comprometió a obtener ayuda. Experimentó una serie de exorcismos, a algunos de los cuales asistí. Su demonio se propuso no abandonarle nunca, una característica común en las posesiones. Las maldiciones, la agresividad, la obstinación, la vanagloria: todas eran evidentes. Pero pronto fue obvio que la posesión del espíritu malvado sobre Juan se iba debilitando. La diferencia en su resultado en comparación con el de Julia era que Juan se había comprometido a librarse del demonio trabajando su propio estado espiritual; Julia no. De vez en cuando, él y Stella se desanimaban y Juan volvía a algunos malos hábitos, como el consumo de drogas. Sin embargo, a su favor podemos decir que se rehacía de nuevo y se volvía a comprometer con su crecimiento espiritual. En el momento en que parecía haberlo superado por completo, rezaba a diario y asistía a misa habitualmente. Este hombre luchador y humilde me llama de vez en cuando para que conozca la actualización de su bienestar.

• • •

Igual que Juan y Speedy, los ocultistas han convocado durante milenios espíritus para obtener favores o comunicarse a través de ellos. Edgar Cayce, a quien en ocasiones llaman padre del movimiento New Age, hacía esto habitualmente, con gran aclamación, durante la primera mitad del siglo XX, una práctica que otros continúan en este campo. Clientes célebres, como por ejemplo George Gershwin y Woodrow Wilson, recurrieron a Cayce buscando ayuda, como hicieron miles de personas más.

Por varios motivos (a menudo económicos), las personas que se llaman a sí mismas psíquicos, espiritualistas o nigromantes afirman que pueden invitar a espíritus a tomar el mando y hablar en su nombre. También afirman recibir, de lo que ellos piensan que es un mundo espiritual benigno (o lo que ellos suelen afirmar que es un humano fallecido), secretos estrechamente guardados sobre otras personas o poderes curativos. Pueden, por supuesto, ser fraudes, pero una cantidad sorprendente transmite información verídica, o el mismo conocimiento oculto tan típico de un estado poseído. Incluso algunos departamentos de policía a veces se fían de los psíquicos, que en ocasiones afirman haber recibido pistas que les han ayudado, aunque con mayor frecuencia consideran que su información es imprecisa o inexacta.

En cualquier caso, diferentes grupos se abren a fuentes demoníacas de conocimiento y siempre lo han hecho; sin embargo, con frecuencia y con intensidad niegan que su fuente sea diabólica. Un famoso espiritualista que conozco, quien afirma que puede entrar en trance y recibir información valiosa de forma habitual, extrañamente reconoce que muchos espiritualistas en realidad se comunican con demonios sin saber que lo son, si bien según él estos espiritualistas son raros.

A diferencia de esos médiums, Juan se dio cuenta de que su interacción con un espíritu no era temporal ni voluntaria, y pocas veces era benigna. Afortunadamente, pudo darse cuenta del estado peligroso en que se ponía mediante su asistencia solicitada al diablo, y en un momento determinado se corrigió.

Cuando yo ya había hablado bastante con Julia y Juan y había visto sus resultados diferentes después del exorcismo, sin duda había encontrado suficientes casos auténticos de posesión y opresión, incluso en esa fase, como para confiar en mi habilidad para distinguir entre personas que sufren de posesiones u opresiones y quienes tenían un problema médico o psiquiátrico. Yo había tenido la ventaja de mi temprana tutela de los padres A y Jacques, pero también me estaba familiarizando simultáneamente con la minuciosa literatura sobre esta materia.

En el libro de 2005, *Ojeadas al diablo: Los informes personales de posesión, exorcismo y redención de un psiquiatra,*[16] el autor y psiquiatra M. Scott Peck llegó a la conclusión de que dos casos que había visto fueron atacados diabólicamente. Siempre me ha llamado la atención que, a pesar de ser un explorador intrépido y de mente abierta en este campo, Peck partiera de cero al basarse exclusivamente en sus propias observaciones. Confiando en su propia intuición y su limitada exposición clínica a casos verdaderos, en una ocasión describió un ataque diabólico como una condición *mental* rara. No pude estar más en desacuerdo. Aunque él trata un aspecto cognitivo, los ataques diabólicos son trastornos *espirituales.* El doctor Peck parecía no conocer que los teólogos y otros pensadores habían trazado ampliamente una serie de puntos de referencia específicos para clasificar definitivamente los distintos tipos de ataques diabólicos. Y lo que es más, de los exorcistas se espera por completo que conozcan estas cuestiones, aunque a ellos también se les incita a usar el conocimiento naturalista de los médicos, y se supone que nunca se limitan a «suponer», como creo que Peck acostumbraba a hacer. En su lugar, los exorcistas deben llegar a sus conclusiones con «certeza moral». En una ocasión, el padre A preguntó al doctor Peck si le gustaría ser testigo de un exorcismo. Peck aceptó con gusto, pero insistió en pedir una cantidad considerable. El padre A retiró la invitación. «Yo hacía un favor al buen doctor», me dijo después, «porque tenía mucho que aprender». El doctor Peck también hacía exorcismos, una decisión no muy sensata como médico.

Me aseguré de no cometer los mismos errores que el doctor Peck. Yo ya sabía bien que durante siglos los exorcistas y otras autoridades espirituales habían escrito sobre los diversos tipos de estados demoníacos, su diferenciación y su tratamiento *espiritual.* Ellos sabían que ninguna asistencia médica o psicológica sería útil.

---

16. Peck, M. Scott, *Glimpses of the Devil: A Psychiatrist's Personal Accounts of Possession, Exorcism, and Redemption* (Nueva York: Free Press, 2002).

Los dos estados principales –posesiones y opresiones– existen en un continuo, desde el relativamente menor hasta el severo e incapacitante. En cada uno surge un patrón reconocible, y como cualquier trastorno, un diagnóstico preciso requiere un grupo de signos y síntomas que constituye una condición específica, lo que en medicina llamamos un síndrome *verdadero*. Al contrario de lo que muchos estudiosos superficiales de este tema suelen suponer, los trastornos espirituales no son diferentes; sus diagnósticos son (o deberían ser) realizados también con rigor.

• • •

Diagnosticar posesiones (a riesgo de alguna repetición aquí) es un proceso complicado. Como con muchos temas complejos, no todo el mundo está de acuerdo en su definición estricta, con una visión más amplia o más estrecha del término «posesión», empleado diversamente por varios pensadores con el paso de los siglos.

La esencia de una posesión es el *control* real del cuerpo (nunca la «mente» o la voluntad) de una persona mediante uno o más espíritus malvados. En su manifestación *completa*, las víctimas ya no actúan por voluntad propia; el demonio se hace cargo de su funcionamiento y, periódicamente al menos, su conciencia. El espíritu maligno tiende a manifestarse de forma abierta sólo intermitentemente; es decir, el espíritu parece ir y venir a su antojo en las posesiones más serias, aunque en apariencia nunca «se va» realmente. En este tipo de posesión «completa», los sujetos, en algunas ocasiones, no recuerdan cuándo tuvo lugar la «acción» por parte del espíritu malvado; están fuera de su conciencia, y después no tienen ningún recuerdo posterior de la actividad del demonio. (Sin embargo, como veremos ahora, aquí –como siempre parece– también hay excepciones).

Además se dice cuáles son posesiones «temporales» y «voluntarias», como se mencionó sobre Speedy y, yo diría, Cayce, cuando los sujetos también a menudo no tienen recuerdos de lo que ocurre durante sus estados alterados.

Frente a enfermedades mentales más serias –en las que lo normal suele ser un nivel bastante continuo de perturbaciones, durante períodos prolongados, aunque con intensificación–, en varias posesiones el demonio parece «hacer su labor», y después normalmente se tumba un momento; incluso parece que se marcha más definitivamente en algunos casos voluntarios. En casos más raros, la conciencia habitual de la víctima puede quedar «sumergida» por la acción del demonio durante un período mucho más extenso, aunque esa conducta es la excepción, no la regla.

En una posesión seria (y por lo menos especialmente durante la del tipo involuntario, la que exponemos principalmente en este libro), el espíritu actúa, como queda claro, de forma agresiva, especialmente al atacar algo de naturaleza sagrada o religiosa. El ente se niega a salir del cuerpo de la víctima, mientras que durante un exorcismo típico intenta que el individuo afectado agreda a los que lo retienen o al menos intente escapar de ellos. La aversión extrema a lo sagrado –con frecuencia el síntoma inicial que aparece– es una característica invariable de esa clase de posesión. La voz demoníaca –si se manifiesta– tiende a utilizar un lenguaje denigrante y blasfemo con una decidida arrogancia.

Los signos acompañantes varían enormemente, pero se suelen encontrar juntos en los peores casos. Como comentamos antes, durante siglos, el manual oficial para los exorcistas enfatizaba como muy indicativos los tres signos siguientes: la capacidad para hablar un idioma desconocido, la conciencia de un conocimiento oculto y diversos signos físicos normales, especialmente una fuerza inmensa, pero también «movimientos» corporales humanamente imposibles, contorsiones extremas e incluso la tan extraña levitación. Todos estos rasgos clásicos no siempre están presentes, pero se repiten con suficiente frecuencia en las posesiones como para servir de indicadores de diagnóstico útiles. Muy a menudo, sólo pueden aparecer plenamente durante un exorcismo, confirmando por sí mismos que inequívocamente alguna entidad más allá del huésped humano está operando.

La presencia de una criatura extraña, un espíritu, en la víctima es precisamente lo que indican inequívocamente esos signos clásicos, puesto que es una conclusión de sentido común que los humanos no tienen ninguna de estas habilidades. La naturaleza extraña de estas características se denomina «sobrenatural» o «preternatural» (más allá de la naturaleza). En el siglo pasado hemos tendido a etiquetarlas de «paranormales», una palabra moderna, cuasicientífica, como he explicado, cuyo propósito es descriptivo de una forma neutral, pero con asociaciones fuertemente pseudocientíficas.

Es importante buscar también otros rasgos potencialmente característicos, con frecuencia presentes durante las posesiones. Por ejemplo, el espíritu malvado suele tener la capacidad de poder distinguir los objetos bendecidos de los normales, como el agua sagrada, ante la cual el espíritu puede que retroceda.

(A Hollywood parece que le gusta representar esta reacción en particular). Pero los espíritus malvados siempre son astutos y engañosos, y yo he visto cómo a veces los demonios pueden contener un arrebato en reacción a objetos sagrados o ceremonias, presumiblemente con algún esfuerzo equitativo, para confundir a los testigos, uno de sus principales objetivos. Una vez, cuando un espíritu malvado en un hombre poseído reaccionaba con extrema repugnancia a una medalla religiosa bendecida, el hombre cogió la medalla y la lanzó a través de la habitación. Entonces se calmó y mintió: «¡Oh, esa estúpida cosa no me ha molestado nada!».

Menos comúnmente presente pero asociado con algunas posesiones demoníacas, puede haber una destacable habilidad de la persona poseída para influir en el entorno físico que rodea la experiencia, en especial durante los exorcismos. Estas acciones incluyen la capacidad para emitir ruidos intensos, estridentes, de diversos tipos, o para hacer una sala cálida o fresca, o para exudar olores notablemente potentes, a veces sulfurosos. Todos los testigos de las sesiones de Julia testificaron ante la aparición periódica de todos estos fenómenos.

Sin embargo, otros signos pueden no aparecer al principio a primera vista, pero también suelen aparecer. Siendo comunes, sirven especialmente para confundir a los espectadores a concluir que no sucede nada extraordinario. Por ejemplo, los testigos pudieron creer que la aversión de Julia a las iglesias simplemente reflejaba su hostilidad hacia la religión. Pero en el contexto de otros signos, su incomodidad física en los espacios sagrados no era sino otro indicio de la presencia de un ente y su incapacidad para tolerar lo sagrado. Una vez que alguien ha sido testigo de varias de estas posesiones, es imposible atribuir su apariencia a otra cosa que no sean criaturas distintas completamente separadas en su identidad del huésped humano, entidades reales con facultades espirituales más allá de lo humano. Incluso se ven obligadas a decir su nombre a veces. Estos espíritus muestran personalidades propias, obviamente distintas y poco atractivas, y utilizan intencionadamente sus talentos preternaturales de forma perversa. Odian a sus anfitriones humanos y les da satisfacción atormentarlos.

Satán puede, en raras ocasiones, atribuir a sus devotos la capacidad de demostrar poderes psíquicos, no sólo fuera de un estado de posesión abierto, sino también en lo que parece su estado de conciencia cotidiano, como en el caso de Julia. Sin embargo, realizan estas hazañas paranormales sin ningún poder propio. Por el contrario, pueden basarse en sus fuentes demoníacas más libremente que la mayoría de los individuos poseídos. Como vimos también, el padre Jacques me había explicado que un endiablado poderoso como Julia, que se comprometió explícitamente con Satán, puede tener garantizados algunos «privilegios» de este tipo.

No hace falta decir que los pacientes mentales no exhiben estos rasgos paranormales, aunque los poco familiarizados con los trastornos psiquiátricos a veces se lo imaginen. Ese tipo de pacientes está claro que no pueden levitar, y en cambio sí pudieron Julia y Juan (o cualquiera de los otros quince casos aproximadamente que he conocido en persona, por no hablar de los casos documentados en muchos registros históricos, como el de «Robbie Mannheim»). Tampoco los pacientes mentales poseen conocimientos ocultos precisos. Los que tienen información destacable por los espíritus difícilmente son «lectores fríos», como a veces se sugiere. Los pacientes mentales tampoco pueden empezar a hablar espontáneamente idiomas extranjeros sin haberlos estudiado previamente. Y los individuos poseídos lo hacen con frecuencia. Por último, aunque algunos pacientes maníacos y extremadamente agitados pueden presentar un alto nivel de violencia, energía y fuerza, nunca exhiben nada cercano en grado al nivel masivo de la fuerza preternatural o las imposibles contorsiones vistas en muchos individuos poseídos. Esta diferencia en grado y en tipo queda bien ilustrada por el nivel mucho menor de fuerza, no obstante anormal, visto en las periódicas explosiones de energía y poder de los pacientes maníacos o psicóticos. Las comparaciones simplemente no se someten a un escrutinio cuidadoso.

Los individuos psicóticos pueden tener fantasías y falsas impresiones de comunicaciones ocultas o «lectura del pensamiento» de otros, pero ese tipo de estados ilusorios en pacientes psiquiátricos no son nada en comparación con la frecuencia y la insólita exactitud de tales muestras de conocimiento en los que están poseídos. Los individuos verdaderamente poseídos no se implican en la «lectura del pensamiento» en absoluto; simplemente están recibiendo información por los propios espíritus.

Pueden presentarse otras similitudes superficiales con los estados psiquiátricos en los individuos poseídos: un alto nivel de agitación, por ejemplo. Ésa es otra forma con la que los demonios intentan esconder y confundir a los testigos. Pero, aparte de las semejanzas superficiales como la hostilidad grave, estas semejanzas son altamente imperfectas, en especial en intensidad: una entre muchas razones por las que el verdadero experto puede diferenciar sin demasiados problemas, una vez que se conocen todos los hechos, estos casos de lo que yo llamo «falsificación» (médica o psiquiátrica).

Los críticos han ofrecido explicaciones más inverosímiles que los realistas. Se han documentado, por ejemplo, casos raros de la llamada «criptoamnesia», cuando los individuos han podido hablar o al menos imitar los sonidos de un idioma al que estuvieron expuestos en su infancia. Sin embargo, estos casos no muestran nada parecido a la fluidez que poseen las víctimas. Una víctima que conocí hablaba el búlgaro perfectamente, aunque nunca había estado expuesta a ese idioma en ningún momento de su vida. Un sacerdote estadounidense de ascendencia búlgara, objetivo del hostigamiento verbal del espíritu, confirmó el idioma. Varias víctimas poseídas que he encontrado hablaban de forma espontánea latín o griego sin conocimiento previo. Más habitualmente, muchos demonios siguen fácilmente los rezos en latín de los exorcistas católicos, y después pueden comentarlos en latín o en inglés. Ser muy inteligentes y haber observado a los humanos durante milenios: esta capacidad parece característica de los espíritus malignos, aunque puede servir para confundir a los testigos, de nuevo, para suponer que está apareciendo algún humano muerto.

Un signo incluso más fuerte de un espíritu poseído ha sido el rasgo paranormal de la levitación, que puede ser la característica más dramática de *El exorcista.* Sin embargo, también a menudo sorprendentemente para la mayoría de las personas, la levitación y las contorsiones físicas extremas no constituyen necesariamente una posesión. Muchos observadores históricos han afirmado que también han levitado varias figuras sagradas y gurúes, además de una serie de espiritualistas modernos. Algunos afirman que estos últimos casos muestran influencia diabólica, aunque no necesariamente una condición de poseído.

El destacado médium del siglo XIX, David Dunglas Home, supuestamente levitó muchas veces delante de bastantes testigos, tal como informó ampliamente la prensa europea. En el siglo XVII, el fraile franciscano José de Cupertino, quien fue santo y obviamente no poseído, también levitaba. Sobre José, el escritor Colin Wilson, quien no era amigo del cristianismo, en su clásico estudio de 1971, *The occult,*[17] escribió: «El peso de la evidencia es tal que sabemos que José de Cupertino podía volar cuando estaba en éxtasis, del mismo modo que Napoleón murió en Santa Helena». Cuando personas con mentalidad más realista afirman que la levitación es imposible debido a la ley de la gravedad, la réplica natural es que los seres espirituales difícilmente se someten a los principios materialistas. ¿No puede alguien imaginar que los seres celestiales –y también los ángeles «caídos»– pueden volar?

Varias teorías tratan de explicar todas y cada una de estas características. Pero el punto crítico, siempre insisto, es el principio general de que ningún factor simple –ni siquiera la levitación–, en cualquier caso sospechoso, debe tomarse para demostrar definitivamente una posesión. En su lugar, es el paquete total lo que constituye la prueba definitiva de una posesión, que muestra los rigurosos criterios exigidos por las autoridades católicas y otros practicantes religiosos sensatos. Para que un episodio de este tipo justifique la autorización de un exorcismo con la certeza requerida, deben estar presentes y bien documentados signos claros de actividad preternatural en el contexto de otras manifestaciones típicas. Una cuidadosa recopilación de todas las pruebas sóli-

17. WILSON, Colin, *The Occult: A History* (Nueva York: Random House, 1971, 178).

das, siguiendo las estrictas directrices de evaluación de los casos, es la clave para una correcta evaluación.

Repito para enfatizar: en el análisis final, como con todas las conclusiones científicas sobre temas complejos, es la suma de las pruebas sólidas, ya sea a favor o en contra de dicha conclusión, lo que debería ser el factor decisivo.

Por último, el contexto importa. Las posesiones no salen de la nada: tener en cuenta la situación histórica de la persona o trasfondo que lleva a la demonización también es fundamental. Esto se aplica tanto a las posesiones como a las opresiones, y se consigue con una buena entrevista histórica. El motivo primario del individuo típico que puede quedar poseído ha sido volverse al diablo porque quiere algo a cambio. Tanto Julia como Juan recurrieron al mundo demoníaco por favores especiales, y se hizo duro volver a la normalidad. Otro joven poseído en cierta ocasión me dijo explícitamente que él había «prometido» su alma a Satán cuando tenía 17 años porque no era feliz en su vida. Quería vengarse de otros y ser popular entre las chicas. Sufría una de las posesiones más graves que me he encontrado jamás.

Invita al diablo a entrar, y él intentará tomar el control de la casa.

Sin embargo, incluso la mayoría de individuos que participan en variaciones de prácticas satánicas o menos ocultas, o quienes simplemente han realizado hechos malvados pero no se comprometen por completo con Satán, pueden sufrir sólo formas menos intensas de acoso demoníaco, como por ejemplo la opresión o, más habitualmente, ninguna condición demoníaca en absoluto. Como siempre, está presente el misterio, así como las raras excepciones que desmienten cualquier rígida regla. No siempre se necesita volverse hacia el diablo o lo oculto para quedar poseído, como muestra el extraño caso de Manny.

Manny se crio en Ohio, después de que su familia llegara a los Estados Unidos desde sus Filipinas nativas. Brilló en la escuela y fue siempre uno de los estudiantes más populares y queridos. Me dijo que había estado a punto de casarse con una novia con la que salió durante unos años; sin embargo, en el último minuto él cambió de opinión y canceló su compromiso porque quería ingresar en una orden religiosa.

Según Manny, los padres filipinos de la mujer montaron en cólera por su cambio de último minuto y «le lanzaron una fuerte maldición».

Junto con algunos de sus amigos más íntimos, la madre de la novia supuestamente se volvió hacia las tradiciones populares para incitar un ataque de espíritus malignos hacia Manny. «Esta brujería» debió ser la causa, me contó Manny. Su estado se convirtió en una posesión real, aunque sin duda más leve que muchas de las otras que yo había visto. En uno de sus posteriores exorcismos al que asistí, habló un demonio, como siempre de forma sarcástica y ofensiva.

La posesión de Manny duró aproximadamente un año, mientras trabajaba de profesor sustituto en un instituto católico, habiendo pospuesto su ingreso en la orden religiosa. Varios sacerdotes diocesanos realizaron una serie de rituales que le ayudaron bastante. Durante los exorcismos, él reveló conocimiento oculto; por ejemplo, Manny nunca me había visto, pero el demonio comentó sarcásticamente sobre asociados míos y me dijo que una próxima conferencia sobre condiciones demoníacas que me habían pedido que dirigiera «no sería buena» para mí. La severidad y la duración de sus luchas físicas durante los exorcismos sin duda estaban inducidas por diablos.

Igual que Juan, Manny se esforzaba por mejorar espiritualmente. Durante la serie de rituales de exorcismo, los episodios en los que se manifestaba el espíritu maligno se hicieron más breves y finalmente se redujeron a nada.

Aunque la mayoría de los estadounidenses considera que los maleficios o embrujamientos son inverosímiles y supersticiosos, un número creciente, incluidos Manny y su familia, aún creen en esa potencial hechicería y están convencidos de que esas cosas pueden llegar a un acoso diabólico o, en extrañas circunstancia, a una posesión. Este escepticismo generalizado no es una cosa mala; algunas sociedades quedan paralizadas por una proliferación de esa clase de opiniones desconfiadas y exageradas.

Maria, recuerdo yo, había pensado que un brujo local también era un factor en su opresión. Aún falta debatir si estas «artes oscuras» tradicionales pueden causar una posesión completa, como se ha definido más arriba. Algunos comentaristas religiosos afirman que deben operar otros factores también: debe haberse generalizado un conjunto de factores. Pero decenas de miles de personas de todo el mundo afirman que han sido víctimas de esa brujería o magia negra. Los antropólogos afirman con rotundidad una aceptación amplia de estas ideas, por todo el mundo, hasta ahora.

En décadas recientes ha habido también una creencia creciente en que los factores «ancestrales»: hechizos y brujerías del *pasado* o, de algún modo, malas «influencias» de miembros malvados del propio linaje, por lo que también puede influir en los descendientes. En mi opinión, mucha gente lleva esta teoría un poco lejos. En cierta ocasión hablé con una mujer que insistía en que un antepasado lejano había echado un maleficio a su hijo, que estaba poseído. Lo que ella no sabía, como él mismo me confió, era que su hijo, entonces joven, había pasado años inmerso en una intensa búsqueda de prácticas ocultas. Por razones obvias, él nunca había contado nada a sus padres sobre estas actividades a largo plazo.

Por mi experiencia, las causas más evidentes de ataques demoníacos específicos casi siempre se revelan a tiempo; no hay que jugar a ser Sherlock Holmes para desenterrarlas. Aunque otros disputen vehementemente esta idea, algunas personas siguen creyendo que incluso las fechorías del pasado lejano pueden ser relevantes en situaciones elegidas. En mi opinión, es inverosímil que una causa tan remota llegue a ser el factor más importante cuando los temas inmediatos demuestren estar relacionados. Además, los espíritus malignos se conocen por crear la mayor confusión posible.

Los críticos de este desarrollo genuino popular entre muchos ministerios de liberación actualmente consideran que esas búsquedas a menudo son infructuosas. Algunos comentaristas creen que la tendencia representa mayormente sólo otra estrategia demoníaca que estimula los miedos supersticiosos jugando con la susceptibilidad de los más crédulos con pantallas de humo de poca relevancia. Los que afirman que las escrituras apoyan este punto de vista son rebatidos por otros estudiosos que encuentran sus referencias bíblicas sacadas de contexto y que tales argumentos son infundados. Este debate sigue. Además de confundir a las víctimas y sus familias, otro motivo de espíritus malignos puede ser simplemente intimidar a la gente y perder su tiempo cuando se concentran en factores más remotos.

En cualquier caso, es importante mantener una opinión equilibrada sobre estos polémicos debates. Las culturas pueden (y lo han hecho) preocuparse por esas ideas, retrasando su progreso hacia una visión más saludable de la naturaleza humana. En cualquier caso, los ataques diabólicos abiertos son poco habituales y normalmente incluyen unas extrañas características subyacentes, inusuales y raras, así que la persona media no debe preocuparse porque «simplemente le ocurra» un ataque demoníaco, o que la maldición de algún antepasado le atrape a ella o a sus hijos. No obstante, esos miedos persisten, especialmente entre los poco familiarizados con una visión menos sofisticada de estos asuntos.

Clásicamente, durante la gran mayoría de estados de posesión, en especial en posesiones completas, un demonio se manifestará durante el estado de trance de la víctima como un agente independiente y fuerza hostil, pero fuera de la conciencia del invitado y de su memoria posterior. Sin embargo, en determinados casos inusuales, la víctima es consciente de la aparición del demonio y su captación del control (totalmente o en su mayor parte), pero no tiene capacidad para actuar por sí solo. Las víctimas han descrito este último estado mental como similar a ver una película de sus propias actividades.

Esto fue lo que sucedió durante todas las manifestaciones de Manny y todas las sesiones de exorcismo, incluida la que presencié. Me dijo después que sabía exactamente lo que había sucedido durante todo el ritual. Para su horror, experimentó sus posesiones como un observador pasivo y reprimido, incapaz de realizar ninguna acción sobre el espíritu poseedor.

Manny demostró ser un caso especial. Era un tanto vulnerable a la maldición impuesta sobre él; lo parecía, o bien así lo creía; pero, por otra parte, supuestamente debido a sus sinceras vocación y práctica religiosas, parecía más preparado espiritualmente para resistir los ataques demoníacos. El demonio podía conseguir un débil punto de apoyo, cierto, pero nunca fue capaz de tomar plena posesión de la conciencia de Manny. Después de un número relativamente bajo de rituales, el demonio se vio obligado a abandonar.

Todo lo cual ilustra el espectro y la variedad –pero también los límites– de estos extraños estados de posesión causados por nuestros enemigos demoníacos. El caso de Manny demuestra la falta de habilidad frecuente de los espíritus malvados que penetran de verdad en quienes están «armados» espiritualmente, por usar un término tradicional. Y demuestra el fracaso de los demonios para vencer la oposición espiritual, proporcionada por exorcistas y otros que prestan su ayuda a quienes son lo bastante inteligentes para acudir a ellos en busca de ayuda.

En resumen, las últimas fuerzas son las intrínsecamente más fuertes a largo plazo. En el proceso, quienes resisten sinceramente al diablo demuestran ser los vencedores definitivos, incluso en estas microbatallas cósmicas que presagian la lucha definitiva entre el bien y el mal más ampliamente, una batalla en la que parecemos estar comprometidos, seamos conscientes o no.

# CAPÍTULO 5
# DIAGNOSTICANDO LA VARIEDAD DE OPRESIONES

Del mismo modo que hay varios tipos de posesiones, también hay una amplia variedad de opresiones. La gran diversidad de opresiones es otra forma con la que los espíritus malignos siembran confusión y discordia. La terminología relacionada con lo que el padre Jacques siempre llamó opresiones ha variado históricamente y ha incitado un debate interminable. Una diferenciación tradicional (aunque sea una simplificación excesiva) de esos ataques consiste en definirlos como «internos» o «externos».

Maria y Stan, cuyos casos hemos expuesto en el Capítulo 2, son ejemplos excelentes de opresión externa; es decir, parecían haber sido apaleados físicamente por «fuerzas externas». El caso de una mujer a la que llamo Sara es un ejemplo clásico de «ataque interno». En estos casos, los procesos sensoriales y mentales son atacados más directamente, provocando problemas interminables y controversia entre los escépticos.

Sara, una mujer cristiana y buena, dedicada a su familia, vino a verme una tarde, sumida en una gran confusión, y me contó su larga historia. Estaba sana mental y corporalmente. No tenía historial psiquiátrico; ella no estaba deprimida y me parecía sana mentalmente. La historia que me contó era y es coherente. No pude detectar ningún signo de ninguna enfermedad emocional.

Sin embargo, reconociendo lo insensato que pueda parecer, ella me dijo que los «ángeles» le enviaban «mensajes». Pedí a Sara que describiera cómo eran esas «comunicaciones» (su forma de expresión). Yo quería saber si ella *oía* voces, un signo de psicosis, o si estas comunicaciones estaban más en línea con «pensamientos» o declaraciones «no oídas» pero coherentes.

Sara respondió que no había «sonidos» y que «de ningún modo» oía voces, pero que no eran tampoco «pensamientos» suyos. No, insistió ella, esas comunicaciones no eran algo que ella estuviese escuchando o simplemente pensando de algún modo.

«En realidad, ellos no me "hablan"», me dijo. «Yo no escucho *nada* con mis oídos. Simplemente recibo esta sensación muy fuerte de un "mensaje". Es muy clara y contundente; estoy *segura* de eso. Es un mensaje largo y perfectamente emitido desde algún lugar, y debo decir que es extraño».

«¿Y cuál es ese mensaje?», pregunté.

Ella parecía avergonzada. «Bueno, está expresado muy inteligiblemente de muchas maneras, pero no tiene mucho sentido para mí. Dicen que tienen una misión importante para mí. Tengo que informar sobre algunas ideas especiales del mismo Dios para el mundo sobre algo no divulgado. Me preguntan si estoy lista para hacerme cargo de esa tarea tan importante».

Sin duda he conocido muchos pacientes con problemas o que desean atención y que han tenido algún «sentido especial» sobre ellos mismos. Sus supuestas comunicaciones con «personas extrañas» a veces se parecen un poco a las de Sara, pero tienden a ser más breves, más extrañas y desarticuladas. En lugar de resistirse a esos mensajes, ese tipo de pacientes se deleita con ellos. Casi invariablemente, tienen lugar en individuos con un historial de psicopatía, como por ejemplo quienes sufren de esquizofrenia o trastorno bipolar.

Pero Sara no era como la mayoría de pacientes psicóticos. Ella funcionaba extremadamente bien, tenía relaciones íntimas y de ninguna manera estaba siempre preocupada por sí misma o se creía grandiosa, como sucede a muchos de estos pacientes. Sara ya había probado medicación, aunque de forma reticente, pero ella y su médico llegaron a la conclusión de que no tenía efecto en absoluto. Su humildad, amor y carácter desinteresado y sentido de la realidad alejaron mi conclusión acerca de cualquier sospecha sobre su salud mental.

«Mire, no soy una persona especial», me dijo. «No soy una santa ni nada parecido. No creo ni por un momento que alguien bien dispuesto me eligiera como profeta o algo así. Y por eso estoy confusa, como le conté».

Reservándome mi opinión, pensé en qué podría decir que resultara esperanzador para esta mujer. Yo quería que supiera que tengo una mente abierta sobre estos temas, pero no podía darle aún una opinión definitiva.

«Reconozco que es complicado», le dije. Y entonces la insté a que contactara con un sacerdote de su iglesia para ayudarla a determinar si las «comunicaciones» tenían una causa espiritual en lugar de psiquiátrica.

Sara sonrió y dijo: «¡Pero ellos me enviaron a usted!».

Yo quería ver cómo se desarrollaba esto. Aunque yo aún tenía fuertes sospechas sobre la verdadera naturaleza de sus experiencias, mantuve mi habitual alto nivel de precaución sobre este tipo de quejas. La animé a que continuara sus prácticas religiosas personales y a que estuviéramos en contacto.

«Si sus problemas son de naturaleza espiritual», le dije, «no son del tipo de cosas que normalmente resolvería la medicación. Llámeme en más o menos un mes, Sara, y hablaremos sobre cómo se desarrolla esto».

Me llamó exactamente tres semanas y media después. Estaba preocupada porque los mensajes habían cambiado desde que hablamos la vez anterior.

«Cambió unos días después de que habláramos. Ahora dicen que son almas muertas. No me dan mucha información, pero supongo que recibiré más instrucciones».

«¿Qué piensa usted de esto?», le pregunté, aunque no me sorprendió su respuesta.

«Creo que es malo. ¿Por qué cambiaron su identidad? ¿Creen que soy estúpida? Ni siquiera creo que las almas de los muertos puedan comunicarse con nosotros de este modo. La Biblia condena estas cosas en los términos más fuertes. Esto no son experiencias que yo buscara, y nunca acudiría a un médium para comunicarme con los muertos, ya que sé que la Biblia advierte en contra. Así que tiene que haber otra explicación».

Yo estaba impresionado de nuevo con su sobria consideración. Estaba de acuerdo en mi propia mente, pero tampoco quería darle falsas esperanzas. De nuevo la animé a seguir en contacto, y basándome en otros casos, esperaba oír pronto de ella.

No me decepcionó. Más o menos una semana después me llamó de nuevo. Parecía más confiada. «Bueno, doctor Gallagher, ahora sé lo que sucede. Por fin me han dicho quiénes son. Admiten que son demonios, así que mentían. Esto tiene sentido para mí porque me han mentido y me han molestado mucho tiempo».

A pesar de ese avance, Sara aún no estaba fuera de peligro. Continuaron otras evidentes experiencias paranormales, lo que me convenció por completo de que su caso era de naturaleza demoníaca.

Muchos psiquiatras de amplia formación, no familiarizados con este asunto tan mal conocido, sin dudarlo diagnosticarían una psicosis grave. Pero éstas no eran «alucinaciones» habituales, y Sara no estaba perturbada mentalmente de ninguna otra forma. Éstas no eran las «voces» fragmentadas que los psicóticos normalmente experimentan, sino que eran mensajes coherentes y comprensibles. Dado que Sara no «escuchaba» nada con sus oídos –como suelen hacer los esquizofrénicos si oyen voces–, yo ni siquiera podía clasificarlas como «voces». Cuando se le volvía a preguntar, ella informaba de que estaba «experimentándolas mentalmente» (en sus palabras otra vez), pero estaba claramente convencida de que no eran producto de su imaginación. Con independencia de cómo se interprete esa afirmación, su descripción era significativamente diferente de las típicas alucinaciones auditivas.

Una hipótesis, a veces llamada «teoría del continuo psicótico», ha adoptado la postura de que todas esas experiencias auditivas surgen de «eventos cerebrales» o asuntos neurológicos de alguna clase, pero pueden ser esencialmente «no patológicos». Este punto de vista parece improbable en este caso, ya que las dos experiencias son cualitativamente diferentes y se dan en tipos de «anfitriones» muy distintos (es decir, los que tienen rasgos paranormales frente a los que se encuentran en pacientes típicos y obviamente psicóticos). También hay que distinguir ambos casos de los individuos que simplemente tienen «vivas imaginaciones». Ninguno puede explicarse como el mero fruto de un pensamiento hiperactivo, como cualquiera podría concluir con confianza después de hablar en profundidad con alguno de estos grupos de clases de personas muy distintas.

El contexto de la condición de Sara era también un elemento crítico, igual que en la diferenciación de las posesiones. Sara ya había estado sujeta a un ensayo de medicación que no hizo efecto. Esta falta de eficacia también sugería por lo menos la improbabilidad de alguna patología de característica mental. Además, el contexto de Sara era el de una mujer a la que los espíritus demoníacos podrían querer fastidiar y confundir, o tal vez sólo molestar. Igual que Maria, podían haberla elegido debido a su pura bondad y devoción por Dios o por otros factores. Ella sin duda se sentía «atacada», o por lo menos fuertemente «molestada», en su opinión, y estaba experimentando síntomas extraños, pero no psiquiátricos, aparentemente paranormales en naturaleza. Su estado extraño no se debía, al parecer, a que se hubiera vuelto hacia el diablo o a prácticas ocultas desagradables; negó todos estos factores en su historial.

Basándome en mi experiencia previa con personas activas espiritualmente como Maria, Manny y otros, yo me mostraba optimista sobre el resultado de Sara a largo plazo, confianza que, con el tiempo, se vio plenamente justificada. Ella no recibió tratamiento ni medicación psiquiátricos, y sin embargo hoy está libre de la «comunicación» que sabía desde el principio que no tenía que atender y que no significaba que fuera una paciente psiquiátrica.

El aspecto más significativo de las experiencias de Sara puede consistir en mostrar que los espíritus diabólicos habitualmente mienten sobre su propia naturaleza. Uno de los propósitos más importantes es confundir a los seres humanos, y a lo largo de toda nuestra historia han fingido repetidamente ser almas muertas o ángeles, o tal vez deidades de las religiones paganas.

Los espíritus diabólicos disfrutan provocando en la gente creencias supersticiosas y fructíferas sobre su naturaleza real, que es por lo que intentan ocultar su naturaleza diabólica. Ese tipo de ofuscación es también un intento por crear caos en nuestros sistemas de creencias. Los demonios ocultan sus propósitos a veces fingiendo lo que se conoce como «revelaciones privadas» (que se cree que es una experiencia auténtica, aunque rara, en las almas santas, por ejemplo), y sus «mensajes» a menudo sirven de cebo para la prensa sensacionalista y los medios sociales.

En el caso de Sara, los demonios acabaron por declararle su verdadera identidad, al parecer sólo bajo la presión de que ella recibiera asistencia espiritual. En muchos exorcismos, los espíritus revelan su identidad únicamente bajo extrema presión. En un famoso caso ocurrido en Iowa a mediados del siglo xx, el espíritu maligno poseedor sostuvo que era el alma de Judas Iscariote. Sólo después de que el sacerdote realizara suficientes exorcismos para aflojar el dominio del espíritu sobre la mujer afectada, el espíritu poseedor le dijo al sacerdote-exorcista, con gran reticencia, que todo era una farsa y que en realidad era un demonio.

Podríamos multiplicar muchas veces este ejemplo durante toda la historia de la religión: cuando un exorcismo demuestra la falsa pretensión con la que un espíritu maligno ataca a su víctima, sólo para verse obligado a declarar al final su identidad demoníaca verdadera. Un exorcista muy conocido me comentó en cierta ocasión, al principio de mi trabajo: «El juego ha llegado a su punto medio cuando el espíritu no puede fingir más y, después de gran resistencia, se ve impulsado a revelar su verdadero nombre, indicando en efecto que su misión real ha consistido en confundir y atacar».

Otras víctimas me han contado que otros «mensajes» intencionadamente engañosos incluyen ideas como el inminente fin del mundo o ideas extrañas sobre las «verdaderas» intenciones de Satán, o a veces sugieren nociones sádicas y aterradoras sobre el más allá. Más de una persona me ha dicho que los espíritus afirmaban que Satán estaba preparado para firmar una tregua con Dios, y que el afortunado receptor de este feliz mensaje debía informar a las autoridades eclesiásticas.

Estos mensajes proceden de personas coherentes y sanas mentalmente, aunque pueden ser poco sofisticadas en sus creencias. Ciertamente explica una forma en que algunos «falsos profetas» o visionarios a lo largo de la historia pueden haber llegado a sus extrañas y equivocadas ideas. Nuestros enemigos demoníacos están siempre empeñados en confundir a quienes son vulnerables a sus trucos.

A diferencia de muchas otras personas, Sara tuvo desde el principio el buen juicio de sentir la verdadera naturaleza del espíritu que había detrás de las comunicaciones que recibía. Si no había nada más, esos ataques sobre personas buenas y santas desmienten las declaraciones falsas de que ninguna persona sinceramente espiritual puede ser atacada por espíritus malvados.

Como reconoció el padre Jacques, los consejeros espirituales, que a menudo saben poco sobre trastornos psiquiátricos, deberían trabajar estrechamente con profesionales de la salud mental, en especial cuando se trata de casos de opresión interna como el de Sara. Esta necesidad es paralela al valor de trabajar con médicos cuando nos encontramos con opresiones externas, que más comúnmente tienden a imitar enfermedades físicas, como le ocurría a Maria.

Hay que reconocer que la terminología aquí se vuelve enrevesada. Los norteamericanos que se dedican a este campo todavía tienden a utilizar ampliamente la palabra «vejación», como siempre hicieron el Padre A y el Padre Jacques. Pero no todo el mundo utiliza la misma terminología, y la palabra «vejación» se utiliza comúnmente como alternativa. Por ejemplo, la Asociación Internacional de Exorcistas usa «vejación» para referirse a las opresiones externas, aunque en el pasado este término se usaba *sólo* para ataques demoníacos a personas santas espiritualmente. Otros autores espirituales han llamado a éstos últimos simplemente «ataques sobre el santo». Algunos expertos también hacen distinciones más finas entre lo que denominan «total» frente a «parcial». En la mayoría de círculos de los Estados Unidos, los estados parciales a veces pueden llamarse sólo opresiones «severas». Así, los usos en la mayoría de ámbitos de los Estados Unidos podrían llamarse simplemente opresiones «severas». Así que, a veces, los diferentes usos de estos términos pueden resultar comprensiblemente confusos para el público.

En ocasiones, me muestro reticente a la hora de ofrecer a la gente unas pautas demasiado rígidas respecto a los parámetros de estos estados para cualquier caso, no sólo debido a la amplia variedad de ejemplos que se pueden dar, sino también porque muchos de estos términos y fenómenos son interminablemente discutidos y confusos, a veces incluso para los auténticos expertos. A menudo he sido testigo de acaloradas disputas que acompañan a las discusiones sobre los estados opresivos, lo que implica estados mucho más sutiles que las más dramáticas y más obvias posesiones. Los estados opresivos de todo tipo pueden fácilmente aparecer para los inexpertos como simples aberraciones psicológicas o extrañas anomalías médicas.

En los infartos amplios, el diagnóstico de una opresión no es tan distinto del diagnóstico de una posesión. Identificar una opresión requiere un síntoma preternatural o al menos altamente anómalo, además de una causa probable. Y aquí también, la razón más frecuente para una opresión es la misma que para una posesión: la víctima se ha volcado en el pecado o en las prácticas ocultas, aunque de formas muy variadas y normalmente menos intensas que en las personas poseídas.

La distinción establecida entre una opresión externa y otra interna es también un tanto más compleja de lo que se supone, por otras razones. En primer lugar, muchas víctimas tienen elementos de ambas, y la condición puede llegar a ser una posesión completa. En segundo lugar, cuando se habla de un espíritu malvado que ataca a alguien desde «fuera» o viviendo «dentro de» una persona (como en una posesión), este lenguaje se utiliza de forma imprecisa. Puesto que los espíritus no son seres materiales, todo lo que podemos decir de verdad es cómo «actúan» sobre alguien, aunque las personas sin duda se sienten «invadidas» en todos estos ataques. De nuevo, esto refleja el poder de los demonios a la hora de afectar –al menos de forma limitada– al mundo *material.* Sin embargo, tengo que reconocer la sabiduría de estas categorías tradicionales. En el caso de Sara, de una opresión interna, había una influencia tan poderosa en la imaginación o en los sentidos que era difícil a atribuir la experiencia a otra cosa que no fuera una agresión espiritual interna.

He visto muchos ejemplos de opresiones a lo largo de los años. Algunos de los casos eran verdaderamente extraños, aunque la mayoría eran más limitados en sus manifestaciones y casi prosaicos en la forma cruel en que las víctimas eran afligidas –internamente o más a menudo externamente–. Bastantes individuos, incluida Julia, como hemos visto, me han dicho que parecen ser interferidos cada vez que intentan rezar o ir a la iglesia. Los individuos oprimidos pueden también experimentar un dolor inexplicable al entrar a una iglesia, o esperando en la cola para recibir la comunión.

Los afectados suelen correr en busca de un médico cuando estos problemas aparecen (¡lo que deben hacer!). Los médicos tal vez efectúen varias pruebas. Pueden decir a los pacientes que no parece haber un daño serio. O bien pueden señalar que el dolor «está por completo en su cabeza», y que tal vez deberían consultar a un profesional de la salud mental. Por supuesto, ése puede ser un consejo muy sensato, y puede existir alguna explicación psicológica, como una reacción por conversión o un dolor psicogénico. Pero no siempre.

Probablemente con la misma frecuencia con que los individuos están oprimidos externamente, pueden informar sobre arañazos, cardenales u otras marcas en su piel. Muchos de esos individuos me han enseñado sus lesiones o fotografías de ellas. También en este caso es sensato descartar cualquier causa física, como hice desde el principio de mi contacto con Maria. Cuando no puede encontrarse una explicación médica común para ese tipo de casos, se puede pensar la posibilidad más remota de que esté implicado un factor paranormal o preternatural.

En los casos de una verdadera opresión, casi siempre oigo lo que suena como un probable precipitante *espiritual.* Como hemos visto, un trasfondo típico podría incluir la admisión de parte de los individuos afectados que se han involucrado con prácticas ocultas en algún punto de sus vidas. O bien han pasado por una época en que han estado distanciados de buenas prácticas espirituales y han vuelto a conductas que han reconocido como vergonzosas, pecaminosas o directamente malvadas. Paradójicamente, la condición abierta a veces comenzó cuando volvieron a sus prácticas religiosas, y de otro modo renunciaron a su conducta pasada, un giro en sus vidas que parece encolerizar a los espíritus malignos.

En algún momento, las víctimas pueden intensificar sus esfuerzos espirituales y buscar apoyo espiritual para los rezos y asistencia especializada. Después, a veces rápidamente, pero sobre todo tras un período de tiempo más largo, estos individuos por fin encuentran alivio. Muchos de los representantes de la salud mental con quienes he hablado sobre esas consecuencias están asombrados de descubrir que todos los extraños síntomas que han visto en un caso desaparecieron después de la asistencia espiritual.

Después hay ejemplos más llamativos de opresiones. Por ejemplo, un hombre que recorrió todo el camino desde Londres para consultarme afirmaba que Satán estaba teniendo un diálogo «constructivo» con él. La esencia de esta idea era que Satán había decidido reconciliarse con Dios después de todos estos eones, y simplemente estaba esperando a que las autoridades eclesiásticas reconocieran esta importante noticia. Igual que Sara, este hombre no estaba «escuchando» este mensaje con sus oídos, sino experimentándolo fuerte y claro de una forma mental (él usó el término «telepático»). Aparte de esta declaración, se mostraba totalmente coherente, funcionando bien en su vida, y no tenía historial de enfermedad mental o alucinaciones.

Este hombre intentó convencerme de hacer público este mensaje al mundo. Yo le hice ver que no sería una buena idea, y mucho menos una buena interpretación de sus experiencias. Finalmente, buscó ayuda de un exorcista para tratar lo que era una evidente opresión interna. Perdió su «canal de comunicación» con Satán y llegó a reconocer cómo había sido engañado. Su vida tomó un rumbo mucho más feliz y pleno sin el extraño drama interno en el que se había visto envuelto sin darse cuenta de su verdadera naturaleza.

Otra mujer, un ama de casa de Delaware, afirmó tener múltiples visiones y mensajes directos de «la Trinidad». Me enseñó imágenes de las apariciones que había fotografiado en los muros de su iglesia. Ciertamente, yo no creía que fueran verdaderas apariciones santas o divinas, y para entonces sabía reconocerlas como posibles trucos diabólicos. Ella me enseñó registros escritos que dijo que había tomado textualmente del propio Dios. ¡Comenté la asombrosa mala gramática si estas supuestas comunicaciones provenían exactamente de Dios!

La mayoría de la gente, al oír a ese tipo de personas, por supuesto, suponían que simplemente estaban locas, o quizás sólo eran muy imaginativas. No obstante, como médico me ha resultado de interés que todas ellas tiendan a hablar de sus experiencias más o menos del mismo modo y, como Sara, de ningún modo como pacientes psiquiátricos. Es también chocante que, después de buscar la ayuda espiritual apropiada, casi todos esos individuos ya no sufran esas experiencias tan idiosincráticas y entierren este período de tiempo de sus vidas sin problemas residuales. Supongo que se puede intentar escribir sobre ese tipo de individuos como excéntricos, pero todos llegaron a sentir que les habían engañado enemigos demoníacos.

## CAPÍTULO 6

# PROBLEMAS DE LA MENTE

### *Casos falsos y otras tareas médicas*

Existen individuos atacados por espíritus malignos que necesitan un criterio cuidadoso y ayuda espiritual; luego, por supuesto, hay un número mucho mayor de personas que simplemente *imaginan* o se engañan al pensar que se están enfrentando a enemigos demoníacos. Lamentablemente, las personas con ciertos problemas encuentran con demasiada frecuencia que es preferible creer que sus complejos problemas tienen soluciones simples y que una «liberación» mágica las «curará».

A principios del siglo XXI, el padre Jacques recurrió a mí para consultarme sobre otro caso que le confundía. Aunque todavía no había visitado a esta joven, como solía hacer antes de enviarme a alguien, estaba intrigado y confuso por los detalles de su historia. Me pidió que lo acompañara en su primera visita a ella y a su grupo religioso similar a una secta, cuyos miembros viajaban en «misiones de rezo» especiales por todo el país.

El padre Jacques me aseguró que el grupo se consideraba totalmente bien intencionado y devoto, compuesto por individuos inofensivos dedicados de verdad por completo a servir y rezar para congregaciones y organizaciones religiosas. Según el padre Jacques, todos sus miembros ingresaban voluntariamente, y su líder era un pastor evangélico de buena reputación. El padre Jacques no sabía sobre ellos mucho más que eso, pero no parecía preocupado porque fuera una organización dañina o peligrosa.

Y así acordé ir con él, aunque yo tenía sospechas persistentes.

Una cálida mañana de verano, el padre Jacques y yo entramos en el aparcamiento de una vieja iglesia de ciudad. En la distancia, en medio de un patio de tierra, pude oír a un pequeño grupo de personas cantando himnos. Había doce personas en total, la mayoría mujeres jóvenes.

Cuando nos aproximamos al grupo, un anciano se nos acercó. De complexión fuerte, me dio un apretón de manos demasiado fuerte. Sin presentarse, nos pidió que hablásemos en privado un minuto.

Sus modales me recordaron a un sargento de instrucción cuyas órdenes solían no ponerse en duda. Bajando la voz, dijo: «Tengo a esta chica en nuestra tropa, es la más joven. Es una chica agradable, pero estoy preocupado por ella. Dice que la atacan espíritus malvados. No soy católico, pero ella y algunos de los más jóvenes lo son, y muchos de los compañeros pastores que conozco me aconsejaron que consultara a un sacerdote de su misma fe.

»Yo estuve en el ejército, y organizamos nuestro grupo un poco como un pelotón, así que ella hará lo que yo le pida. Quiero que el padre Jacques rece algunas oraciones por ella y veremos lo que sucede».

El reverendo, a quien llamaré Wayne, me dijo que «el propio Satán quiere destruirnos». Wayne estaba convencido de que los demonios estaban atacando a Lily, el nuevo miembro del grupo, y él no tenía dudas de que algunos espíritus malvados estaban intentando indirectamente detener al grupo en su misión.

«Todo el mundo se somete a un examen físico antes de ingresar en el grupo, así que sé que ella está bien de salud. Es un problema espiritual, estoy seguro», añadió Wayne.

Yo aún no había dicho ni una palabra, pero ya me había desanimado el dogmatismo y la seguridad del reverendo sobre lo que la joven podía o no necesitar.

«Es la forma de Satán de atacar al grupo», dijo Wayne. «Ésa es mi opinión. Ninguno de mis chicos o chicas necesita un loquero. No creo en el galimatías freudiano, pero el padre insistió en que lo invitáramos a usted para tener la opinión de un médico. Así que estoy abierto a las ideas que usted tenga».

Yo no estaba demasiado seguro de esa última declaración.

La joven en cuestión había estado viéndonos hablar. Tenía 22 años y había ingresado en el grupo sólo unos meses antes. Era alta y delgada, pero parecía sana físicamente.

Yo esperaba hablar en primer lugar con ella a solas en el despacho del rector. Wayne estaba esperando. «Bien, doctor Gallagher», dijo el padre Jacques delante de todos, «entremos en la iglesia. Quiero pronunciar algunos rezos allí».

A estas alturas, ya conocía los métodos del padre Jacques, que consideraba un intento de provocar la reacción de un espíritu maligno, si es que lo había.

Todos entramos en la gran construcción de estilo bizantino, que destaca por su llamativa restauración y sus hermosas vidrieras con santos famosos. El padre acompañó a Lily y a Wayne a los primeros bancos de la parte delantera, cerca del santuario. Al resto de sus compañeros les indicó que se sentaran unas filas más atrás. Comenzó con varias oraciones tradicionales, como el Padre Nuestro. Después explicó tranquilamente que iba a realizar varias peticiones especiales a Dios, pero que sería una ceremonia privada. Yo sabía que quería desmitificar la actividad de la mañana para todos los jóvenes antes de despedir al grupo del ritual privado.

«Así que sólo nos quedaremos vuestro jefe, Lily, ese hombre alto de allí, que es médico, y yo mismo», dijo al grupo, y pidió que se dirigieran a la rectoría hasta que terminasen.

Ante estas palabras, la mayoría del grupo empezó a salir. Un par de ellos, creo, parecían decepcionados por no poder presenciar el espectáculo. Imaginé que no había excesivo estímulo en la vida cotidiana de estos jóvenes, así que es posible que algunos anticiparan ansiosos lo que le esperaba a Lily.

Mientras se marchaban, el padre Jacques se dirigió a Lily. Con voz suave, dijo: «Joven señorita, he oído bastante sobre ti, pero quiero saber más sobre aquello por lo que has pasado. No es fácil entrar en un grupo totalmente nuevo de amigos y viajar a extraños lugares cada semana, ¿no es así?».

Lily asintió y habló poco al principio. Parecía inquieta. Tuve la impresión de que era una joven solitaria, incluso rodeada por los miembros de su pequeña comunidad. Por el momento, ella hacía lo posible por asimilarlo todo. Finalmente, empezó a hablar de una forma clara y coherente, lo que motivó mi preocupación sobre su posible trastorno de depresión.

Con algunas indicaciones, ella empezó a contarnos qué le había ocurrido. Se sintió contenta al ingresar en el grupo, y consideró un honor que le hubieran permitido convertirse en miembro. A ella le gustaba la idea de estar junto a otros jóvenes adultos, otras personas espirituales de más o menos su edad, porque en su primera etapa de escuela, nos dijo, se había ignorado la religión o se habían burlado de ella. Sin embargo, unas semanas antes ella notó unas «sensaciones extrañas» y tuvo un fuerte sentimiento de que algún espíritu maligno quería castigarla por su decisión de ingresar en el grupo de oración. Varias veces perdió el control de sí misma y empezó a responder involuntariamente a las «indicaciones» de una «voz interior», que no era una alucinación, creía ella, sino «pensamientos fuertes». Entonces actuó de forma extraña, rodando por el suelo «y cosas así». Como en ningún momento perdió el conocimiento, fue plenamente consciente de lo que pasaba, aunque afirmaba no poder controlarlo. No obstante, ante nuestras preguntas admitió que esa conducta podría estar «un poco bajo mi control».

Sin embargo, estaba desconcertada ante lo que ocurría y decía sólo que lo probable era que un demonio la estuviera dirigiendo. El padre Jacques intencionadamente le preguntó si había tenido algún ataque doloroso u otras experiencias paranormales. Ella le contestó que no.

«Bueno, Lily, lo resolveremos, confía en mí», le dijo Jacques. «Por cierto, ¿has leído algo sobre cosas como las posesiones o los exorcismos?». Yo había tenido la tentación de hacerle la misma pregunta, pero en ese momento me abstuve porque sabía que iba a entrevistarla personalmente más tarde, esa misma mañana. Pero yo me mostraba escéptico sobre que hubiera alguna condición demoníaca.

Lily se iluminó ante la pregunta de Jacques. «Sí, padre». Ella dijo que siempre había sido una ávida lectora sobre temas religiosos, y en particular había devorado unos cuantos libros sobre cómo unos espíritus malvados pueden atacar a personas, incluso a santos. Ella en una ocasión asistió a una asamblea de un telepredicador que supuestamente expulsaba a los demonios delante de cientos de personas, y a ella la habían hipnotizado. Le encantaba el libro *El exorcista*, incluso más que la película, que seguía considerando la mejor película. Se preguntaba si le podía estar sucediendo algo demoníaco, porque había tenido impulsos por actuar de esas formas tan extrañas.

Jacques preguntó: «¿Cómo es así?».

«Bueno, como he dicho, siento que tengo esas sensaciones extrañas. Puedo sentir el impulso de tirarme en el suelo o algo así. Los artículos religiosos también me irritan o me causan repulsión. Cosas así. Sensaciones fuertes dentro de mí, en su mayoría, supongo, pero me siento impulsada a hacer cosas de una forma que no parezco ser yo».

Lily añadió que sabía que el padre Jacques era un exorcista y ella había leído algunos de los artículos que él había escrito. Se sentía emocionada por conocerle por fin, dijo ella. Demasiado emocionada, pensaba yo. Entonces Jacques explicó a Lily que él empezaría a pronunciar unas cuantas oraciones breves. Ésas no estaban incluidas en un exorcismo formal, aclaró. Las llamó oraciones de «provocación», que no seguían un guion estricto.

«Sólo para ver qué ocurre», le dijo a ella, «si te parece bien».

Yo sabía que el padre Jacques usaba de vez en cuando ese tipo de oraciones, invocando demonios que estuvieran potencialmente presente, sin presuponer que estaban allí. Él no estaba «expulsando» espíritus malvados de ninguna manera formal. Según la descripción que me dio, estaba «rezando para que nuestro Señor mostrara evidencias de su presencia, si así era». Algunos exorcistas, principalmente en otros países, comienzan recitando las palabras del propio Ritual Romano mientras observan atentamente la reacción de la posible víctima. A lo largo de los años, algunos expertos me han dicho que consideran imprudente esta técnica de un «exorcismo de provocación», porque es probable que se estimule la susceptibilidad de la víctima, reforzando la noción en la mente de la persona de que está siendo atacada por demonios. En cualquier caso, con permiso de Lily, el padre Jacques comenzó sus rezos de provocación, que causaron una respuesta más rápida de lo que ninguno de nosotros esperaba. Casi inmediatamente, ella cayó sobre el suelo, con cuidado, en mi opinión, de no hacerse daño.

Yo pensaba: «¿Ella no está perdiendo el tiempo, ¿verdad?».

Ella resoplaba y gruñía. Se retorció, después se levantó y caminó hacia el santuario como si estuviese aturdida. Luego volvió a caer, incluso se «deslizó» burdamente como una serpiente mientras miraba el tabernáculo.

Y entonces, igual que había entrado en trance, salió de él.

Yo no creía que sus acciones fueran nada más que histriónicas. Era una «representación» demasiado obvia, al menos para mí. Lily nunca entró realmente en trance, y parecía que en todo momento fuera consciente de su actividad. No había nada paranormal o que no fuera fácilmente imitable por alguien que simulara un sufrimiento imaginado. Sentí pena por ella y tuve la impresión de alguien que «se esforzaba demasiado».

El padre Jacques seguramente sintió lo mismo, porque puso un rápido final a la breve sesión.

Me guardé mi opinión antes de hablar con Jacques después, hasta que tuve la oportunidad de entrevistar a Lily a solas. En un despacho privado de la rectoría, evité comentar lo que acababa de ocurrir. Mi tarea, como siempre, consistía en desarrollar un sentido más profundo del historial emocional de Lily, su dinámica familiar y sus antecedentes.

Lily se mostró cooperativa y, una vez más, parecía disfrutar de la atención recibida. Me dijo que su padre era alcohólico y que había abandonado a su madre y a sus hermanas pequeñas muchos años atrás. Lily tenía lo que algunos terapeutas llaman «hambre de padre» y, lo que no era de extrañar, se había puesto rápidamente bajo la autoridad de Wayne. Como hija responsable de una madre soltera en una gran familia con muchos hermanos, parecía que nunca había sido rebelde. En mi opinión, ella albergaba mucho odio inconsciente como modelo de hija «parentizada», obligada a asumir un papel con sus hermanos menores de cuidadora asistente de su madre deprimida. Sus años de escuela fueron poco felices porque tenía una personalidad intensa con una actitud santurrona y porque era poco madura para su edad. Nunca se sintió atractiva para los chicos. Reconoció que no tenía muchas amigas.

En Wayne, Lily encontró la fuerte figura de padre que nunca había tenido, y estaba bastante deseosa de encontrar un grupo de amigos que la aceptase. Su esperanza, pensé yo, era que sus compañeros pudieran no sólo admirar su religiosidad, sino también aceptar su carácter especial. Al experimentar lo que ella parecía creer sinceramente el ataque de un espíritu malvado, pudo usar este supuesto ataque como confirmación de su autoestima como una guerrera espiritual designada singularmente. No me sorprendí cuando me dijo que su santa favorita era Juana de Arco.

Desde el principio, Lily mostró un ejemplo clásico de una estructura de carácter necesitado y sugestionable. Le hice unas cuantas preguntas más sobre su estado de ánimo, sus anteriores hospitalizaciones, cualquier droga o fármaco que hubiese tomado, etc. Ella negó cualquiera de esos problemas. Llegué a la conclusión de que probablemente tuviera un trastorno de personalidad fuertemente histriónica con rasgos narcisistas también. No era psicótica, y aunque había pistas de un estilo de afrontamiento desadaptativo, no pensé que de verdad disociara en ningún grado.

Después de nuestra entrevista, transmití a Jacques mis impresiones sobre ella. Como era habitual, aumentó mi confianza en mi juicio el hecho de que él tuviera una opinión similar, no religiosa, de su conducta. Aceptó de buen grado mi evaluación profesional más técnica cuando le expliqué algunos de los términos psicológicos que empleaba.

Cuando al día siguiente nos reunimos con Lily, los tres –yo, el padre Jacques y, junto a nosotros, Wayne– le dijimos que no sufría de ataques diabólicos. Parecía captar la esencia de lo que le estábamos diciendo, y finalmente admitió a Wayne su larga y angustiada relación con sus antiguos amigos y con su familia, incluida su decepción por un padre ausente. Lily aparentaba estar más preocupada por ser expulsada del grupo que porque no se le permitiera continuar con la labor de su trabajo. A pesar de su vocación itinerante, el grupo le ofrecía un lugar seguro para alejarse del mundo emocionalmente complejo que había estado luchando por encontrar.

A su corta edad, Lily ya tenía un historial de solicitudes repetidas para entrar en una orden religiosa, en cualquier comunidad que la aceptara. Resultó que todos los demás grupos la habían rechazado hasta que fue aceptada en la comunidad de Wayne. Debió de sentirse aliviada al saber que su nuevo equipo de oración le había dado por fin esa oportunidad, aunque su indulto fue sólo temporal.

Posteriormente, me entristeció el hecho de que Lily aún estuviera buscando ese refugio. Siguió intentando ingresar en otras congregaciones religiosas, que se negaron a admitirla después de sus propias evaluaciones psicológicas. Yo había aconsejado a Wayne que la pusiera en psicoterapia y hacerla ver que una vocación religiosa no es una forma de escapar de los dolorosos retos de la vida.

Sin estar realmente fuera de la realidad, es decir, hasta el extremo de un psicoticismo grave o un «trastorno del pensamiento», los individuos de naturaleza altamente susceptible pueden llegar a creer todo tipo de cosas sobre ellos a partir de una imaginación hiperactiva. Esto ocurre de forma especial en el contexto de un conjunto de creencias erróneas o ingenuas, una visión extremadamente pobre de sí mismo y un entorno o subcultura que lo facilite. Lily cayó víctima de los tres factores. Su comportamiento, por extraño que pareciera, no era algo tan inesperado dada la intensidad con la que su grupo de compañeros pensó que las fuerzas del mal podrían ser antagónicas a su misión espiritual. Esta sensación, probablemente un poco paranoica por naturaleza, era también compartida por la única figura de autoridad en la escena, alguien que debería haberla corregido. Pero yo creía que el reverendo Wayne estaba demasiado decidido a llegar a las mismas conclusiones que Lily, probablemente por muchas de las mismas razones. Esa inclinación por su parte hacía más probable que ella pudiera sucumbir a asumir ese papel dentro del drama espiritual putativo que se estaba representando en su pequeño grupo. Además, su mala asimilación y su exposición incorrecta a ideas similares de libros y películas fomentaron una poderosa identificación psicológica como víctima espiritual. El caso de Lily se parecía de alguna forma a los «grandes histéricos» que tanto fascinaron a Charcot y Freud a finales del siglo XIX. Charcot era un *showman* en su hospital de París, y se hizo famoso por efectuar demostraciones públicas de pacientes sugestionables frente a un gran público. Él los diagnosticaba como ejemplos clásicos del amplio y emergente concepto de la histeria, un diagnóstico en el que también Freud hizo hincapié.

Igual que Lily, los pacientes de Charcot mostraban síntomas de exhibicionismo, que ellos de forma personal malinterpretaban como de naturaleza neurológica y no psiquiátrica. Sorprendentemente, fuera de contacto con sus propios motivos psicológicos, los pacientes malinterpretaban sus condiciones como enfermedades físicas. Lily, por el contrario, confundía sus desconcertantes y dolorosos sentimientos con un trastorno espiritual. En términos más técnicos, pacientes como los de Charcot y la propia Lily raramente sufrían una verdadera psicosis o alucinaciones formales. Su percepción mínima existe en un continuo. Estos individuos están en su mayoría desconcertados. Algunos pueden tener una pizca de autoconciencia sobre su condición, mientras que otros no tienen nada en absoluto. En líneas generales, rara vez engañan conscientemente en sus perturbaciones extravagantes. Hay pacientes perturbados que simplemente fingen sufrir de diversos problemas psicológicos o médicos, e incluso individuos que históricamente han simulado estar poseídos. Pero yo creo que estos últimos casos son poco frecuentes.

La posibilidad de un engaño total, por el contrario, es una condición mejor caracterizada como un «trastorno facticio», en el que un paciente realiza un esfuerzo consciente por engañar a otros por varios motivos, incluido un deseo por ser el foco de atención. Lily no mentía, ni tampoco solían hacerlo los pacientes de Charcot. Ellos estaban convencidos, al menos temporalmente, de que sus supuestos estados eran verdaderas condiciones por las que se encontraban afectados involuntariamente.

Algunos críticos acusaron a Charcot de manipular involuntariamente a los sujetos de sus experimentos. Tal vez al reverendo Wayne, que no estaba familiarizado con esa patología psiquiátrica, se le podría haber acusado de engañar a su nuevo y muy vulnerable miembro. Pero si esto fuera así, la confusión sería seguramente involuntaria por ambas partes. Era evidente que ni Wayne ni Lily estaban «actuando», aunque Lily claramente demostraba una gran necesidad de atención.

El caso de Lily y los que se asemejan al suyo suelen presentarse en documentos breves sobre supuestas posesiones. Aunque las productoras de medios de comunicación constantemente desean filmar a supuestas víctimas de posesiones, los individuos que de verdad están poseídos evitan la exposición. Los casos falsos más exhibicionistas son mayormente los dispuestos a ser grabados por las cámaras, una clara advertencia para quienes aceptan con facilidad la conducta exagerada o extraña de personas con trastornos de personalidad que afirman estar poseídas o afectadas diabólicamente de otro modo. Como Lily, la mayoría de las veces tratan de imitar las características de lo que imaginan que es una posesión.

El requisito clave para diagnosticar a individuos como Lily, que sólo imaginan que les atacan demonios es, en primer lugar, reconocer y descartar la rara posesión u opresión, o por lo menos estar abierto a su posibilidad. Este conocimiento ayuda a explicar a un paciente confuso por qué no está sufriendo un ataque demoníaco. El segundo requerimiento más útil para entender y tratar su verdadero problema es tener amplia experiencia con individuos con problemas médicos y psiquiátricos.

Hace cien años, el sacerdote jesuita Joseph de Tonquédec,[18] un filósofo y exorcista parisino, concluyó: «Algunos fieles y ciertos [clérigos]... adoptan la posición contraria y caen también en el error debido a su ignorancia en patología mental y nerviosa y a su incapacidad para seguir las pautas dadas. A consecuencia de esto, atribuyen al diablo ciertas perturbaciones que son de origen puramente natural».

Tres décadas después, el doctor Jean Lhermitte ofreció muchos ejemplos de problemas neurológicos tomados por error como posesiones, aunque ni él ni Tonquédec parecen haberse topado ellos mismos con muchos casos de posesiones reales. Esa limitación no es sorprendente porque Tonquédec ejercía su labor en un área pastoral limitada geográficamente y Lhermitte trabajaba sobre todo con una población clínica en la que esas condiciones eran poco comunes. Sin embargo, el sacerdote y médico ilustra un punto esencial: los médicos y exorcistas trabajan con el mismo objetivo de ayudar a las personas que sufren. No todos los exorcistas necesitan saber todo sobre medicina, y no todos los médicos necesitan creer en la realidad de las condiciones demoníacas para ayudar a los exorcistas. Aunque, sin embargo, deben estar dispuestos a abordar sus respectivas tareas de discernimiento con espíritu de humildad y colaboración.

Incluso los médicos y los profesionales de la salud con poca o ninguna familiaridad con las posesiones y nada de creencia en el demonio

18. De Tonquédec, Joseph, *Les maladies nerveuses ou mentales et les manifestations diaboliques* (París: Éditions Beauchesne, 1938).

pueden ser indispensables. Ellos tienen la experiencia profesional necesaria para saber si un caso encaja en un trastorno reconocible en medicina o no. Como mejor ayudan ellos es asegurando que ninguna patología médica explica el fenómeno en cuestión, dejando abierta la posibilidad de que esté sucediendo algo potencialmente paranormal. Este papel crítico de su parte puede ahorrar a todos los implicados una cantidad enorme de tiempo y esfuerzo descartando desde el principio condiciones que sólo *imitan* las del demonio.

*La tendencia de estados demoníacos por imitar problemas médicos es el punto crucial aquí*, y en mi opinión no es accidental. En comparación con los casos de verdaderas posesiones u opresiones, existe una variedad incluso más amplia de lo que algunos llaman «pseudoposesiones». Yo prefiero llamarlas «falsas posesiones», porque este término subraya cómo los espíritus malvados pueden imitar *conscientemente* enfermedades o trastornos verdaderos para disfrazar o enmascarar su presencia. Ese tipo de casos falsos suelen confundirse con trastornos psiquiátricos porque sus síntomas, incluidos los trances y los estados alterados de conciencia, a menudo se solapan. Los espíritus malvados intentan fomentar más confusión añadiendo otros síntomas menos dramáticos, especialmente estados de dolor, temblores generalizados y otras manifestaciones.

Los demonios no son estúpidos, y les encanta confundir a la gente, quizás en particular a miembros del clero y profesiones médicas. ¿Qué mejor forma de disfrazar sus nefastas actividades como una enfermedad humana?

Pero lo interesante –y esto es un punto crucial– es que algunos espíritus humanos no parecen capaces de «conseguirlo con exactitud». Su poder para *imitar* sólo problemas médicos sigue teniendo interacciones, y por ello sus manifestaciones no son una imitación exacta y verdadera de un trastorno médico o psiquiátrico real.

Una famosa posesión falsa de finales de la Edad Media involucró a una francesa llamada Martha Brossier. Su padre, pensando que era un buen negocio como el de P. T. Barnum de los primeros tiempos, la exhibía mientras se sometía a exorcismos públicos. A veces los espectadores ascendían a miles de personas. El médico al que consultaron, un doctor Michel Marescot bastante engreído, y otros examinadores prepararon algunas trampas sencillas para detectar su fraude, lo cual afirmaron que lograrían fácilmente. Ella confundió, por ejemplo, los primeros versos de *La Eneida*, poema latino de Virgilio, con un supuesto mensaje religioso. El médico, confuso, resumió su opinión en una famosa y breve declaración: «Nada de demonios, mucho de fantasía, un poco de enfermedad» (*nilhil a daemone, multa ficta, a morbo pauca*). Sin embargo, las discusiones sobre la señorita Brossier continuaron durante años, en parte debido a la polémica de alto nivel sobre las consecuencias políticas y religiosas del asunto. Ella murió siendo pobre, y se afirma que su última representación fue en Milán años después.

Repitiendo lo que es obvio, las deficiencias físicas y psicológicas son diferentes de las dolencias espirituales instigadas por los demonios. Los pacientes de enfermedades médicas no sufren de rasgos paranormales y raramente tienen en sus antecedentes el tipo de factores que conducen a esos ataques. Para hacer un diagnóstico adecuado, médico y demoníaco por igual, se deben investigar patrones absolutos y buscar la aparición de una constelación definitiva de síntomas característicos.

• • •

Un buen ejemplo de este punto es el caso de un hombre que traté en una de mis unidades de hospitalización y al que diagnosticaron como esquizofrénico severo. El paciente de 35 años, a quien llamaré Paul, era un caso de esquizofrenia de manual, que presentaba síntomas psicóticos como alucinaciones, ilusiones y un patrón específico de pensamiento alterado. Paul presentaba en alto grado estos tres rasgos, y durante años entraba y salía del sistema de instituciones psiquiátricas. Era excepcionalmente brillante y procedía de una ambiciosa familia con bastantes medios. Los miembros me contaron que todos ellos habían puesto grandes esperanzas en él cuando era joven, y que su deterioro en su veintena había sido lamentable de ver. Los esquizofrénicos que proceden de entornos privilegiados suelen sentirse peor consigo mismos porque se desmoralizan después de su vida anterior de altas expectativas. Buen ejemplo de lo que los servicios psiquiátricos expertos llaman «paciente de puerta giratoria», Paul había sido hospitalizado con unos treinta años. Le admitieron cuando se encontraba en un estado gravemente psicótico, y después se recuperaba invariablemente durante sus hospitalizaciones, aunque a veces sólo después de pasar por el tribunal para ser medicado contra su voluntad. Muy mejorado, salía del hospital para ser readmitido unos meses después porque siempre, sin excepciones, dejaba de medicarse y volvía a deteriorarse. Cuando Paul empeoraba, atribuía sus brotes recurrentes de alucinaciones auditivas a espíritus malvados, incluso después de múltiples intentos por convencerle de que no era así. En cierta ocasión me dijo que, durante los episodios de más estrés, se volvía extremadamente paranoico con el tema de los demonios, convencido de que los espíritus le habían invadido.

A diferencia de los mensajes coherentes que experimentaba Sara, Paul siempre afirmaba que oía esas malvadas voces directamente en sus oídos. «¿Dónde más podría oírlas?», solía preguntar. También preguntaba sin cesar al personal sobre si ellos podían oír o no las voces. Paul les acusaba de mentirle. También tenía una experiencia común de los pacientes psicóticos, de una mayor sensibilidad a los sonidos cercanos. Si alguien cerraba una puerta en el vestíbulo de la unidad, él reaccionaba bruscamente, como si el ruido se dirigiera a él personalmente. Cada uno de estos rasgos de sus alucinaciones auditivas clásicas era distinto a los «mensajes» de Sara.

Paul no tenía ni idea de la labor que yo estaba haciendo en este ámbito, pero parecía confiar en el personal de la unidad, así como en mí y en el equipo. Después de su admisión, rutinariamente insistía en que lo que de verdad necesitaba era un exorcismo. Más o menos una vez al año, pedía a las enfermeras de la unidad hablar con el capellán del hospital de su propia fe. El capellán, un rabino, era un hombre amable y con mucha formación, familiarizado con la patología psiquiátrica. Siempre intentaba convencer a Paul de que las voces que oía eran el resultado de una enfermedad, no una posesión. Paul aún se identificaba como judío y se llevaba bien con algunos de sus antiguos compañeros de la escuela secundaria que se describían como judíos mesiánicos. A menudo le visitaban en la unidad, en apariencia fomentando su creencia de que su verdadero problema era diabólico. En cualquier caso, siempre fue una buena medicación a la antigua usanza, y no los rezos de salvación o el Ritual Romano, lo que ayudaba a Paul. Sólo después de tomar su medicación antipsicótica y de aliviar los síntomas perturbadores, Paul admitía que las voces debían ser el resultado de «su mente haciendo trucos con él», en lugar de los supuestos espíritus malvados.

Este tipo de alucinación auditiva es bastante común en los pacientes psicóticos, no sólo en los esquizofrénicos. Aunque los pacientes pueden creer que un espíritu maligno les está hablando o intentando tomar el control de su cuerpo, es igualmente probable que los pacientes pudieran pensar que agentes gubernamentales, extraterrestres o incluso otros miembros de la familia se estén comunicando con ellos, y no espíritus. Sin embargo, sólo porque unos individuos psicóticos crean que están poseídos o sufriendo el ataque de agentes extraños, eso no significan que lo están, por supuesto. Es tarea del médico diagnosticar una causa natural, no una demoníaca, y tratar el trastorno natural apropiadamente con medicación.

Los médicos saben desde hace mucho tiempo que la esquizofrenia tiene un fuerte componente biológico y cerebral. Se presenta en muchas formas y supuestamente tiene múltiples causas subyacentes, incluidos los factores genéticos. A lo largo de toda mi carrera profesional, a veces he tenido que decir al paciente que sufre y a su familia: «No, el paciente está enfermo, y no existe "el demonio de la esquizofrenia"».

• • •

Otro paciente que conocí cuando yo estaba trabajando en la unidad dedicada a pacientes con trastornos de personalidad a largo plazo del hospital Cornell-Nueva York también creía que sus peores problemas los causaban espíritus malvados. El programa de la unidad utilizaba gran parte de las teorías y técnicas de tratamiento del doctor Otto Kernberg. Lo triste es que esos programas de tratamiento intensivo, que solían ser efectivos con casos extremadamente difíciles, son en su mayor parte algo del pasado.

Priscilla era una mujer de 25 años diagnosticada de trastorno límite de personalidad. Procedente de Missouri, nos la había enviado su hermano, un experto profesional de las finanzas que pensaba que debía apartar a su hermana de lo que consideraba un entorno familiar religioso poco saludable y desequilibrado. Para su sorpresa, la familia culpaba a los ataques demoníacos de sus problemas emocionales.

Los pacientes con trastornos de personalidad en general se ven afectados por comportamientos de adaptación y de reacción duraderos, rígidos e inadecuados. Un subgrupo con graves problemas es el que se conoce como pacientes «de personalidad límite».[19] Por definición, estos individuos son inestables y a menudo autodestructivos, frecuentemente repletos de odio, el cual les han inculcado. Lo más trágico es que los pacientes con trastornos de personalidad tienen tasas altas de suicidio. Un gran subgrupo de pacientes de personalidad límite puede sufrir una variedad de síntomas postraumáticos, ya que muchos han sido víctimas de abusos. Nosotros confirmamos en nuestra propia investigación, en nuestra unidad de población, lo comunes que los abusos sexuales y físicos eran en su historial, e incluso con mayor claridad lo que definimos estrictamente como «maltrato emocional».

Durante muchos años, Priscilla había sufrido abusos sexuales por parte de su tío, quien vivía en la casa hasta que se suicidó. A él le solían dejar solo con ella. Sus padres, no conocedores del abuso tan duradero, se negaron a creer a Priscilla cuando ella se lo contó, y nunca aceptaron que este abuso habitual fuera un factor importante que contribuyese a sus problemas.

Durante los períodos de más estrés, los individuos de personalidad límite más frágiles pueden ser propensos a volverse psicóticos transitoriamente. Quizás por esa razón, algunos de estos pacientes pueden llegar a creer que son objeto de un ataque demoníaco, por lo menos en diversos grados, especialmente durante períodos de estrés elevado. Por mi experiencia, los factores más destacados incluyen los no psicóticos, pero, sin embargo, son estados mentales asentados con profundidad y frágiles psicológicamente. Es común entre los psicoanalistas la observación frecuente de que muchos pacientes de personalidad límite suponen que los sentimientos internos de ira y destrucción (a menudo, aunque no siempre, secundarios al abuso) les lleva a pensar que son

---

19. Todos los términos de diagnóstico psiquiátrico están tomados del *Manual de trastornos mentales diagnóstico y estadístico* (*DSM*-5), 5.ª ed. (Washington, DC: American Psychiatric Association Press, 2013).

«malvados» con su corazón. No bien integrados en su configuración psicológica, incluso pueden achacar este «lado malo» de sí mismos, como dicen a menudo, a algún tipo de entidad «extraña» experimentada tenazmente. Es decir, están intentando «externalizar» sus sentimientos internos destructivos. Al hablar sobre su mundo interior con muchos de ellos, he oído a muchos pacientes hacer referencia explícitamente a un «monstruo» que vive dentro de ellos, o «algo malvado». Para ellos no es complicado personificar este sentimiento de «maldad», especialmente si se crían en cierto tipo de subcultura religiosa que enfatiza la ubicuidad de los espíritus malignos.

Esto se vio claramente en el caso de Priscilla. La percepción de ser atacada por un espíritu maligno puede ser poderosa en ese tipo de pacientes. Su «maldad» se siente de algún modo fuera de su control, mientras que aún sigue «incluida» dentro de la estructura de su personalidad. Esta maniobra psicológicamente defensiva puede minimizar sus considerables culpa, vergüenza y horror por su conducta, y por sus traumas pasados mediante la externalización de la responsabilidad por ese tipo de sentimientos negativos. Sin embargo, ellos pueden madurar y librarse de esta autopercepción, a menudo con psicoterapia efectiva y otros recursos psicológicos. Pero, atrapados en una subcultura facilitadora, como la de la familia religiosa de Priscilla, tal vez nunca reciban la ayuda psicológica que necesitan, y en su lugar queden sujetos a todo tipo de asistencias espirituales, incluidas a veces «liberaciones» equivocadas.

En el caso de Priscilla, el asistente social luchó por convencer a sus padres de que sus problemas, que incluían hacerse cortes y pensar crónicamente en matarse a sí misma, eran de naturaleza psicológica, y no maligna ni demoníaca. Yo no era su terapeuta, pero Priscilla me confiaba regularmente, como su psiquiatra del hospital, que había llegado a creer que debía ser un ser humano horrible, «un engendro de Satán», como decía ella. Se consideraba la peor de los pecadores, a pesar de una bondad y una sinceridad evidentes para todos.

A lo largo de los años, he encontrado montones de pacientes de personalidad límite que pensaban lo mismo. Ese tipo de pacientes frecuentemente comparten un historial de abusos similar al de Priscilla, que incluye sus luchas. Los pacientes con otro tipo de trastorno de personalidad común –el antisocial o sociopático– de algún modo sienten «el mal» dentro, pero en realidad continúan hasta efectuar acciones malvadas. En lugar de inquietarse por estos sentimientos de maldad en su interior, parecen acogerlos y después racionalizar su conducta manipuladora o criminal. Aunque normalmente culpan de sus problemas a la educación que recibieron o a la «sociedad», están más cómodos con sus sentimientos característicos de sadismo y rabia, que es por lo que no tienden a personificar estos impulsos, como hacen a veces los pacientes de personalidad límite. Tal vez a su favor, los pacientes con trastorno límite de personalidad tienen más problemas y conflictos con esos sentimientos «más oscuros» o impulsos destructivos que quienes tienen personalidades totalmente criminales o antisociales.

Los individuos con rasgos antisociales sin duda no se consideran poseídos ni oprimidos. Tampoco lo están. No puedo insistir con suficiente fuerza en que ser una persona destructiva o maligna no conlleva ser una persona poseída. Este error va en contra de una percepción pública ocasional frente a una persona malvada de verdad, como un asesino en serie, sobre quien el público lego puede especular: «Me pregunto qué pudo poseerle».

Un paciente antisocial, uno raro en nuestra unidad porque normalmente le excluíamos, tenía un largo registro de encarcelamiento en el norte del estado de Nueva York. Me dijo que no era inusual que algunos compañeros de prisión se comprometieran a veces en la adoración al diablo. Él y sus compañeros internos utilizaban símbolos satánicos y rituales profesionales para imitar lo que consideraban ellos como prácticas diabólicas. Admitió que se trataba sobre todo de un intento de aprovechar las normas de la prisión para tener algo de tiempo libre para llevar a cabo ceremonias «religiosas», un «derecho» sobre el que habían insistido al alcaide que estaba protegido por la Constitución. De nuevo, sin embargo, él no estaba poseído ni demostraba ningún signo evidente de otro ataque demoníaco, con independencia de lo crueles y aparentemente «diabólicas» que fueran sus acciones.

Yo también he trabajado a menudo estrechamente con individuos obsesivos, otro grupo común de los trastornos de personalidad que los médicos encuentran y tratan con frecuencia. (El trastorno obsesivo-compulsivo, estrechamente relacionado, es un problema distinto, si bien con más base biológica). Igual que los tipos de personalidad límite, suelen ser individuos altamente conscientes que se ven afectados con gravedad por sentimientos de violencia y destrucción interior. De igual modo, los perturban frecuentemente los pensamientos sacrílegos y blasfemos.

En los estados mencionados, pueden sentir como dañinos, además de asesinos, a los individuos que aman, incluso a niños. Pueden también estar llenos de imágenes de acciones deformantes o representantes de otras acciones inapropiadas hacia objetos religiosos, estatuas o iconos. Ese tipo de pensamientos les aterrorizan. En una ocasión traté a un hombre con pensamientos desconcertantes y obviamente compulsivos sobre asesinar a su hijo. Aunque los individuos obsesivos pueden creer que son los blancos de un ataque demoníaco, sufren una condición psiquiátrica muy común.

• • •

Lily representaba otra categoría de pacientes psiquiátricos que por error creen que están poseídos o atacados de algún modo por espíritus malvados. Estos pacientes suelen estar caracterizados o atacados por espíritus malignos.

Estos pacientes se caracterizan generalmente por tener una personalidad «histriónica» severa. Algunos también pueden ser propensos a la disociación, una maniobra defensiva para amortiguar emociones y recuerdos dolorosos. A pesar de que Lily presentaba claramente una personalidad histriónica, yo no creí que ella disociara en realidad, aunque sus episodios periódicos estaban marcados por conductas irracionales y evidentemente «utópicas».

En el pasado, ese tipo de pacientes se clasificaban laxamente como «histéricos». Los pacientes histriónicos y los disociativos, estrechamente relacionados, muestran una imaginación muy activa y una imagen de sí mismos tremendamente mala. Estos individuos también buscan con desesperación el amor y la atención que de otra forma les falta en sus infelices vidas. Llegar a creer que están siendo atacados por fuerzas invisibles paradójicamente puede ofrecerles una sensación de entusiasmo o autoestima que de otro modo les faltaría.

De nuevo, Lily demostró ser un buen ejemplo de todos estos rasgos. Buscaba atención dentro de sí misma, pero también captaba señales sutiles de su grupo, que la instaba a «poner de su parte», como ya comentamos. Otros individuos de ese tipo de histriónicos pueden controlarse menos a sí mismos y ser manipulados más activamente por otros. Muy susceptibles al comenzar con ellos, estos pacientes en seguida intentan gustar a los demás y pueden creer (o simplemente siguen el juego) el papel que se les impone. Ante asesores espirituales o charlatanes explotadores o ignorantes, se les convence fácilmente de que asuman el tipo de personaje deseado.

En los tipos más graves de individuos disociados, los pacientes incluso pueden idear o «elaborar» lo que se denomina «estados de ego» separados, o lo que más comúnmente se llega a conocer como distintas «personalidades» u «otros». A los pacientes con estos rasgos se les dijo en un principio que sufrían trastorno de personalidad múltiple; en años más recientes, el problema se ha denominado de forma más adecuada «trastorno disociativo de identidad». Se sobrediagnosticó durante las décadas de 1970 y 1980, después de la emisión de la miniserie de 1976 *Sybil* (o la exposición a la película anterior, de 1957, *Las tres caras de Eva*). Durante un breve tiempo después de dejar mi puesto en la unidad de personalidad límite, dos tercios de los pacientes se admitieron con un diagnóstico de trastorno límite de la personalidad. Aproximadamente un año después, esa locura había pasado y la unidad no admitió a nadie con ese diagnóstico. Durante el transcurso de mi carrera, he encontrado probablemente unos cien casos de esta patología. Sigue siendo un diagnóstico polémico. Mejor reconocido actualmente como una condición fluida con varias causas posibles, el trastorno pudo fabricarse por completo o ser la expresión de un estado mental francamente ilusorio. En ocasiones, puede estar causado por el propio tratamiento, lo que los médicos llaman «iatrogénico».

En general, estos pacientes rara vez interpretan sus condiciones como inducidas diabólicamente, pero unos pocos lo hacen. Desgraciadamente, terapeutas y consejeros poco formados de origen religioso se han aferrado a veces a estos casos y han interpretado cualquier mención de un *alter ego* más «malvado» como un espíritu maligno. En mi experiencia clínica destaca un caso. Mujer hispanoamericana del Bronx, creció en una familia creyente que estaba preocupada por los pecados sexuales y las fuertes creencias en los espíritus malignos. Llegó a interpretar a uno de sus *alter ego* como un demonio.

Por otra parte, en mi trabajo clínico nunca he conocido a ningún paciente con trastorno límite de personalidad que demostrara características paranormales, como hace un verdadero caso de posesión, o que actuara de forma que no fuera fácilmente entendida por un experto profesional de la salud mental como algo distinto a un ejemplo de problemas psicológicos graves, independientemente del historial cultural o religioso del paciente.

Sin embargo, debido a los casos en los que el paciente llega a describir su *alter ego* como diabólico o incluso como un espíritu maligno, el trastorno límite de personalidad probablemente se haya convertido en el trastorno más fácilmente confundido por los ingenuos y crédulos como si se tratara una posesión equivocada.

Por el contrario, algunos laicos que estudian las posesiones tardan muy poco en desestimar todos los casos de posesiones documentadas y ataques diabólicos a lo largo de la historia como simples casos de trastorno límite de personalidad u otros tipos de disociación. Los antropólogos suelen señalar que los supuestos casos de posesión durante toda la historia, y en países no desarrollados hasta hoy en día, deben haber reflejado este diagnóstico. El doctor Arthur Kleinman, un psiquiatra de Harvard con formación en antropología, defendió esta postura en 1990:

> En Norteamérica, actualmente, la disociación suele tomar la forma de trastorno de personalidad múltiple. En una sociedad como la India, el sentido del sí mismo es más fluido y basado en la sociedad más que en el individuo; las expresiones idiomáticas comunes para el distrés se legitiman más culturalmente que psicológica y egocéntricamente en el aspecto psicológico. A consecuencia de esto, la disociación se presenta no como personalidad múltiple, sino en la forma de posesión por parte de demonios, lo que suele considerarse patológico, o posesión de demonios, que se suele considerar socialmente aceptable. De este modo, el con-

texto cultural determina la forma de los estados mentales e influye en las definiciones de normalidad y anormalidad.[20]

Esta visión determinada culturalmente de la posesión, sin embargo, enfatiza aún más la observación de que muchas de las mismas personas que escriben sobre estos fenómenos nunca han visto un caso *verdadero*. Al escribir, nunca mencionan de forma típica y distintiva rasgos característicos de un ataque demoníaco verdadero, como por ejemplo hablar idiomas extranjeros o poseer conocimientos ocultos, una omisión que socava su argumentación.

Sin embargo, podemos ver cómo incluso los miembros del clero bienintencionados, por no hablar de los charlatanes ignorantes, podían errar o, peor aún, etiquetar erróneamente de forma intencionada un caso vulnerable de trastorno límite de personalidad como posesión demoníaca. Tengo la impresión de que esas clases de pacientes suelen haber sido explotadas por algunos ministros y sus feligreses supersticiosos y deseosos de impresiones fuertes. En una ocasión, vi a un telepredicador hacer desfilar a una confusa joven ante una audiencia masiva en su emisión semanal. Ella tenía aspecto de vulnerable, y obviamente se encontraba en un estado disociado de algún tipo. La pobre parecía sincera y participaba de buena fe, pero yo tuve una impresión muy distinta del hecho de presenciar un caso de trastorno límite de personalidad. La mayoría de estos pacientes no reciben compensación por mostrarse como poseídos ante grandes multitudes, pero a unas pocas personas que se presentan como poseídas se les promete ayuda si su actuación tiene éxito. Un conocido predicador que tenía su propio programa de televisión pidió a una mujer que me había consultado que le pagase 5000 dólares por un «exorcismo». «O bien», me dijo ella, «yo podía estar de acuerdo en participar en su programa y hacerme el exorcismo gratis». La mujer demostró su sensatez al rechazar la oferta.

---

20. Kleinman, Arthur, *The Illness Narratives: Suffering, Healing, and the Human Condition* (Nueva York: Basic Books, 1988), y Kleiniman, *Patients and Healers in the Context of Culture: An Exploration of the Borderland Between Antropology, Medicine, and Psychiatry* (San Francisco: Univ. of California Press, 1980).

El verdadero peligro para los individuos que tienen enfermedades psicológicas que se confunden con ataques demoníacos es que ese tipo de gente tal vez no sean formados para aceptar que tienen dificultades psiquiátricas. Pueden gastar mucha energía buscando una respuesta simple o mágica para sus dificultades complejas, como por ejemplo mediante un exorcismo o una liberación. He conocido bastantes personas que tomaron medidas extremas para evitar ayuda psiquiátrica durante años, corriendo de un sacerdote o ministro a otro, derrochando el tiempo de todos, especialmente el suyo propio.

Puede parecer inverosímil pensar que cualquiera de estos diversos grupos de diagnóstico pueda llegar a creer que le atacan espíritus malignos, pero en gran parte depende no sólo de su posible patología, sino también de su ambiente cultural. Ahora vivimos en una era en la que demasiados individuos en puestos de influencia y poder son propensos a contemplar la posibilidad de que todos los días haya problemas y enfermedades causadas por espíritus malignos. Frank Hammond, por ejemplo, un ministro de finales del siglo XX y prolífico escritor y distribuidor de vídeos, atribuía a los ataques demoníacos tanto la esquizofrenia como los dolores de cabeza y de estómago, y algunos problemas cotidianos, como el chismorreo y el resentimiento. Él y su esposa, Ida Mae, publicaron en 1973 el libro *Cerdos en la sala: Guía práctica para la liberación.*[21] Aún se edita y ha vendido más de 1,5 millones de ejemplares. Ellos recomiendan las oraciones contra los espíritus malignos para todo tipo de problemas similares.

Aunque la mayoría de los ministros espirituales son menos ingenuos en sus creencias, los seguidores menos cuidadosos de varias tradiciones religiosas pueden cometer errores serios, incluso trágicos. Para librarse de demonios ilusorios, algunos pacientes posponen algunas terapias médicas sensatas, como hemos visto, o se someten a procedimientos drásticos. Por ejemplo, a un hombre a quien su sacerdote había dicho que su dolor estaba causado por demonios posteriormente le diagnosticaron un cáncer inoperable.

---

21. HAMMOND, Frank y HAMMOND, Ida Mae, *Pigs in the Parlor: A Practical Guide to Deliverance* (Kirkwood, MO: Impact Christian Books, 1973).

Las condiciones neurológicas específicas han sido, y a veces siguen siendo, tomadas erróneamente como preternaturales, y transmiten la impresión de que la conciencia de una persona se ve usurpada por influencias externas. Un ejemplo importante es el síndrome de Tourette, caracterizado por tics físicos extraños y explosiones de sentimientos a veces blasfemos. He visto muchos de esos casos y admito lo fácil que resultaba históricamente confundir a los espectadores con la expresión de un individuo alienado o endemoniado, hasta que el mal de Tourette llegó a entenderse como un trastorno neurológico a finales del siglo XIX.

De igual modo, los trastornos epilépticos o convulsivos se han atribuido a lo largo de la historia con excesiva frecuencia a las acciones del demonio, y no a las perturbaciones de la actividad nerviosa en el cerebro. Éstas incluyen las convulsiones del gran mal y «estados de ausencia» (anteriormente llamados ataques del pequeño mal), y sacudidas más «focales», o varios tirones en áreas localizadas del cuerpo. Las variantes complicadas de esas condiciones focales, como la epilepsia del lóbulo temporal, presentan síntomas muy variados y excesivamente extraños, como alucinaciones, un sentido incrementado del olfato, miedo no provocado, ira o alegría, e incluso un sentido de *déjà vu*. Debido a estos extraños síntomas y a la incapacidad del paciente de recordar lo que quizás ocurre durante la convulsión, esta condición puede confundir especialmente a los espectadores. En *El exorcista*, se suponía que Regan tenía originariamente este tipo de trastorno con convulsiones.

En cierta ocasión, vi un caso en que una mujer se presentó con un temblor severo en brazos y manos que parecía estar fuera de su control. Su familia musulmana fundamentalista, a quien su imán advirtió que consultara a un médico, estaba convencida de que ella experimentaba un ataque demoníaco de los *jinn* (llamados «genios» en Occidente). Cuando yo identifiqué su evidente ansiedad severa, le receté tranquilizantes menores y fármacos antidepresivos serotoninérgicos que mejoraron sus temblores. Sólo entonces su familia estuvo dispuesta a descartar la idea de que estaban implicados espíritus diabólicos.

Otro caso fue el de un hombre que presentaba un cuadro más grave de temblores incontrolables en todo el cuerpo. Aunque solicitó un exorcismo, la terapia psicológica (cognitiva) por sí sola mejoró sus temblores, ya que aprendió técnicas de relajación sencillas. Esos casos de supuestas convulsiones suelen ser psicogénicas y, en su caso, su trastorno de ansiedad se solucionó rápidamente.

Por otro lado, otro hombre con temblores también presentó signos inequívocos de una opresión auténtica y otros rasgos paranormales. También admitió una historia de pasada implicación con lo oculto. Al contrario que en los ejemplos anteriores, él y su familia creían que sufría de convulsiones, pero la condición era distinta a cualquier convulsión que hubiese visto ninguno de los neurólogos a los que había consultado. Las pruebas médicas, que incluían pruebas de laboratorio, una imagen por resonancia magnética y un electroencefalograma, fueron todas negativas. Estos ataques periódicos no seguían ninguna lógica anatómica ni orgánica y no parecían estar inducidos por la ansiedad. Finalmente, respondieron sólo a las medidas espirituales, y se liberó de todos los rasgos de su estado original.

También fui testigo directo de un ejemplo incluso más dramático de un episodio de estado similar a un masivo-convulsivo, en una mujer inequívocamente poseída. Ella y su amiga, que me la trajeron a mí y a un colega, informaron de muchos signos típicos de una verdadera posesión, incluida su capacidad de hablar idiomas extranjeros espontáneamente, que no había estudiado nunca, conocimientos ocultos y una levitación, la cual había presenciado su amiga. Mientras la examinaba, esta mujer de repente cayó al suelo y se retorció de un modo totalmente inexplicable durante tres minutos. No se parecía a ninguna convulsión anterior que hubiéramos visto ninguno de los dos; era ciertamente involuntaria, y perdió el conocimiento. Pero luego el estado se resolvió igual de rápido, y no parecía tener ninguna enfermedad. Nunca había tenido un ataque de este tipo y nunca lo volvió a experimentar. Posteriormente, se sometió a una serie de exorcismos con éxito, y todos esos síntomas desaparecieron.

La experiencia de muchos exorcistas es que los individuos poseídos en efecto pueden agitarse o exhibir temblores extraños. Afortunadamente, las descripciones detalladas de los estados biológicos más comunes que llevan a ese tipo de síntomas tienden a ser de una naturaleza distinta de los poseídos falsos, al menos para un médico moderno experto y tal como verifican las pruebas modernas. En un trastorno convulsivo verdadero, la disfunción de trasfondo en el cerebro tiende a mostrarse en un electroencefalograma o en una imagen por resonancia magnética, en contraste con los resultados limpios de las pruebas en individuos poseídos.

Dos casos disfuncionales complejos de los que he oído hablar fueron instructivos para mí acerca del diagnóstico de convulsiones en condiciones demoníacas más evidentes. Ambos casos enfatizan la conveniencia crítica de asegurarse no sólo la experiencia diagnóstica, sino también la supervisión médica apropiada al tratar con individuos endemoniados.

El primero fue el caso altamente publicitado y destacado de Anneliese Michel, una joven alemana que murió en 1976 después de una serie de exorcismos. Su historia se ha presentado en varias películas y programas de televisión, incluida la película de 2005 *El exorcismo de Emily Rose*. De niña, Anneliese sufrió lo que se decía que eran convulsiones y depresión verdaderas. Cuando era adolescente, se la diagnosticó con lo que los médicos llamaban psicosis epiléptica, concretamente epilepsia del lóbulo temporal. Más tarde, otros especularon que sufría una depresión psicótica más directa o trastorno límite de la personalidad. Con el tiempo, presentó una aversión extrema a los objetos sagrados y, al parecer, otros síntomas clásicos de una posesión, por lo que ella y su familia recurrieron a un sacerdote para un exorcismo.

También experimentó supuestos mensajes diciéndole que ayunase. Ella creía que estos mensajes procedían directamente de la Virgen María. Sin embargo, otros estaban convencidos de que venían de demonios que querían hacer daño a Anneliese, o que eran de naturaleza psicótica. Sea cual fuere la causa, después de una serie de más de sesenta exorcismos en diez meses, murió de inanición y deshidratación después de negarse a todo tipo de supervisión médica durante sus numerosas sesiones de exorcismo.

Aunque sea raro, siempre existe la posibilidad de que esté presente una combinación de trastorno médico y demoníaco en una persona afectada. Esto pareció suceder con Anneliese, aunque, basándonos en los informes históricos, me ha parecido poco claro. Su caso sin duda subraya el hecho de que un individuo que experimenta un ataque demoníaco puede requerir simultáneamente una supervisión médica continua, sobre todo si el afectado sufre una vulnerabilidad médica concomitante. Algunas víctimas poseídas pueden caer en la depresión, y algunos individuos, bajo la presión de su situación, pueden volverse suicidas.

Un tribunal declaró a los dos sacerdotes-exorcistas que atendían a Anneliese culpables de homicidio por negligencia. Se les sentenció a seis meses en prisión, aunque los cargos se suspendieron posteriormente en la apelación. Preocupada por el veredicto judicial, la Iglesia católica alemana, cuyos miembros eran en su mayoría escépticos respecto a la posesión, se volvió reticente a autorizar más exorcismos durante años.

Anneliese y su familia habían generado creencias polémicas sobre la causa de su sufrimiento. Se mostraron abiertamente críticos con lo que consideraron tendencias peligrosas en la Iglesia moderna, y Anneliese pensaba que sus ayunos eran una «redención» para una Iglesia descarriada. También estos factores probablemente complicaron el hecho de llegar a una resolución objetiva de su condición, porque había pocos expertos, médicos o clérigos en los que pudieran confiar.

Aunque muchos detalles del caso siguen debatiéndose actualmente, lo que no debería haberse discutido es la necesidad en su caso de una íntima colaboración entre sus exorcistas y sus médicos. Los sacerdotes sostenían que era imposible persuadir a la víctima o a su familia para que se sometiera a esa supervisión. He defendido que se trataba de una situación claramente grave en la que se debería haber hecho caso omiso de los deseos de la familia. Anneliese debería haber sido internada en un hospital contra su voluntad cada vez que dejaba de comer; un experto médico en el juicio de los sacerdotes declaró lo mismo.

En una ocasión, tuve una consulta a distancia del caso de un hombre atacado por demonios que también se negaba a comer. Igual que Anneliese, a George anteriormente le habían diagnosticado un trastorno convulsivo. Se agitaba de forma extraña y sin ningún patrón diagnóstico sólido. Su descripción para mí no tenía ningún sentido médico, y ya tenía una tomografía y un electroencefalograma negativos.

Sin embargo, a diferencia de Anneliese, George tenía un largo historial de participación en actividades ocultas y presentaba una serie de señales preternaturales, incluido el conocimiento oculto de otras personas. Por ejemplo, su esposa verificó que él conocía con precisión las historias turbulentas de personas que él nunca había conocido. También experimentó dolores anatómicamente inexplicables siempre que intentaba rezar. Extensos informes que recibí de otros médicos me convencieron de que no estaba psicótico. El ministro protestante que lo trató me dijo que él estaba sin duda poseído.

Cuando hablé con él y su esposa por Skype, el hombre afirmó que su rechazo a comer era, como el voto de Anneliese, un acto de obligación religiosa, impuesto por Dios mismo, con el propósito de asegurar su liberación respecto del diablo. Se mostraba muy obstinado con el tema, igual que Anneliese. Su mujer temía que muriese, y su ministro también se sintió abrumado y desesperado al pensar que él no tenía ningún recurso porque uno de sus feligreses era tan obstinado.

Yo creía que George se había convencido de estar recibiendo mensajes, igual que los de Sara, y que estos mensajes no eran auditivos. Con mucha reticencia, él había acordado anteriormente tomar medicación, que demostró ser ineficaz. Puesto que George estaba convencido de que se trataba de comunicaciones preternaturales o sobrenaturales, le recomendé pensar en la posibilidad –igual que había hecho Sara– de que procedían de una fuente demoníaca. Dado que él había experimentado anteriormente con estudios ocultistas y paranormales, me escuchó, pero al final se convenció de que los mensajes eran de verdad de naturaleza divina.

Sin embargo, lo que más me preocupaba eran los informes que había recibido de que George se estaba deshidratando, el peligro más acuciante en los casos de ayuno severo. Intenté convencer al ministro de que George se encontraba en una plena emergencia médica, pero él declaró: «Bueno, si él entra al hospital, nosotros no podemos liberarle».

Contesté: «Un hombre muerto no va a recibir ayuda espiritual».

Tal como recomendé, su familia envió a George al hospital, donde le rehidrataron y le alimentaron. Sólo esa intervención salvó la dañada vida del hombre, permitiendo finalmente que recibiera una mayor asistencia espiritual después de que fuera dado de alta.

Este tipo de situaciones ponen de manifiesto el papel fundamental que pueden desempeñar los médicos y otros profesionales de la salud para ayudar a los exorcistas y a quienes participan en los ministerios de liberación. A lo largo de la historia, se ha esperado que los médicos controlen la salud física de las víctimas, así como que diagnostiquen las causas naturales o las descarten antes de que los exorcistas puedan proseguir con su labor espiritual. El Ritual Romano es explicito en este punto. Incluso en la época medieval, a veces difamada por ser supersticiosa sobre la actividad demoníaca y los estados de enfermedad, la gente respetaba las opiniones de los médicos y no se precipitaba hacia lo sobrenatural. De hecho, la distinción filosófica formal entre causas «naturales» y «sobrenaturales» se remonta a esa época. (Aunque algunos eruditos modernos han criticado su aguda dicotomía, esta diferenciación funciona bien para los propósitos en este ámbito). En el siglo XIII, el teólogo católico Tomás de Aquino aconsejó al clero que no debían recurrir a una causa sobrenatural cuando era suficiente una puramente natural. Él y otros pensadores afines eran conscientes de la existencia separada de patologías mentales y daños espirituales; Aquino incluso atribuyó la «locura» principalmente a factores biológicos, una perspectiva en apariencia «moderna» y sorprendente sólo para los ignorantes de la historia.[22]

Hablando del exorcista ideal, el Ritual Romano requiere a alguien no sólo «que destaque en conocimiento», sino también con cualidades personales como la madurez y la santidad. Los ministros o sacerdotes demasiado emocionales o poco formados, tal como sucede con los médicos o abogados poco formados, no se hacen juicios adecuados de situaciones complejas, que requieren paciencia, precaución y un juicio sobrio. Algunos exorcistas astutos y expertos saben lo suficiente para distinguir ataques diabólicos por sí solos. Sin embargo, se les aconseja buscar la opinión de un profesional de la salud siempre que surja alguna duda, una misión sagrada transmitida en mi profesión durante siglos.

---

22. AQUINO, Tomás de, *Suma Teológica*. Biblioteca de Autores Cristianos, Madrid, 2010.

## CAPÍTULO 7

# CATHERINE: MADRE, AMA DE CASA Y POSEÍDA

***Su serie de exorcismos y cómo son realmente los rituales***

Poco después de mi encuentro con Lily, el padre Jacques me pidió que visitara a una mujer, junto con él, en Virginia del Oeste, cosa que hacíamos habitualmente desde varios años atrás. Durante nuestros viajes hacia allí, hablábamos mucho. Con la intención de informarme lo más posible, le acribillaba con preguntas sobre los casos verdaderos de posesiones que había encontrado a lo largo de los años, que él me describía detalladamente. Entre esas historias, él también me hablaba sobre los numerosos casos falsos de posesiones que había encontrado a lo largo de los años, como el de Lily.

Sentí una urgencia añadida de aprender del padre Jacques todo lo que pudiera porque su salud estaba en evidente declive. Me preocupé por mi amigo y le dije repetidamente que se cuidara. Era un hombre muy celoso de su privacidad, y sin embargo me contó que tenía problemas de corazón y me confió que su médico le había recomendado que vigilara su dieta y que hiciese más ejercicio. A pesar de sus problemas de salud, el padre Jacques seguía comprometido en el cuidado de los hombres y las mujeres que sufrían a manos de nuestros enemigos diabólicos, incluida Catherine, en Virginia del Oeste, cuyas posesiones prolongadas seguían inquietándolo y preocupándolo.

El caso de Catherine fue una de las posesiones más complicadas que me he encontrado, y llevaba trabajando muchos meses con el padre

Jacques cuando me invitó a conocerla. El padre Jacques pensaba que sería bueno para mis conocimientos ver una serie prolongada de exorcismos con la misma persona. Yo ya había presenciado bastantes rituales por entonces, pero la mayoría de los casos en los que él o el padre A trabajaban se resolvían rápidamente.

Catherine vive con su marido, Carl, y sus hijos en un pueblo rural del norte de Virginia del Oeste. A lo largo de los años, la he visitado en su casa en doce o trece ocasiones. Igual que Catherine, su pequeño pueblo ha visto mejores épocas. Muchos de los edificios del pueblo están en mal estado o abandonados. El polvo se acumula por todas partes. La modesta casa de Catherine se encuentra cerca del centro del pueblo, a un corto paseo por una acera de gravilla. El pequeño patio trasero se extiende hasta una pequeña área arbolada, donde los frágiles arbustos luchan por seguir vivos.

Siempre que les visitábamos, Carl nos saludaba en la puerta delantera. Hombre modesto y sensato, mantenía la calma y la paciencia sobre el estado de su mujer, a pesar de las terribles circunstancias. Tremendamente educado, nos daba la bienvenida a nuestra llegada a su casa, y se mostraba efusivo en su gratitud cuando nos marchábamos.

Su casa es cálida, habitable y cómoda, con mobiliario de madera robusta. Fotografías familiares llenan las mesas y las paredes, la mayoría de las cuales se habían tomado años atrás, cuando sus hijos eran pequeños y Catherine estaba más alegre y parecía estar más sana.

En mi primera visita, nos saludó el olor a cerdo asado. «Catherine ha estado en malas condiciones», dijo Carl con una mirada seria en su cara. «Ha sido una noche muy dura para ella».

Le recordó al padre Jacques la fuerza con la que Catherine reaccionaba antes de una sesión de exorcismo; una respuesta común, según supe, en muchas víctimas. Este buen marido, me di cuenta, estaba intentando proteger a su mujer de cualquier estrés injustificado. Él no le había dicho a ella que el padre Jacques iba a venir ni que iba a traer a un psiquiatra para ayudarle a evaluar su caso; y sin embargo Catherine sabía los detalles de nuestro viaje, además de la hora aproximada de nuestra llegada. «¡Las cosas que sabe mi mujer!», nos repetía siempre Carl.

Según Carl, en cuanto ella fue consciente de nuestra llegada, cayó en un típico bajón. Su nivel de alerta parecía disminuir, y se distraía y se preocupaba por la sesión inminente, que consideraba difícil de soportar. Basándose en sus experiencias pasadas, Carl y Catherine estaban convencidos de que los demonios aumentarían el ataque sobre ella porque odiaban estos rituales e intentaban estimular sus miedos y su reticencia a permitirlos.

Carl también nos dijo que los oídos de Catherine la «estaban matando», una queja muy común. Ella decía que los espíritus malignos se burlaban de ella. Esa mañana, después de preparar el asado para nuestra llegada, había vuelto a la cama.

Yo estaba asimilando todo eso cuando el padre Jacques empezó a explicar el plan para el día. En primer lugar, él quería celebrar misa en la casa de ellos, diciéndome que era una buena idea comenzar con una misa cualquier ritual planeado. Aunque él predijo que Catherine no podría participar en la ceremonia, sin embargo estaba seguro de que se beneficiaría. Después de la misa, el párroco local dirigiría el exorcismo. El padre Jacques asistiría.

Mientras el padre Jacques preparaba el hogar familiar para la misa, me pidió que me sentara en privado con Catherine. Carl la llamó para que bajara de su dormitorio. Después de unos minutos bajó las escaleras, pronunciando un suave y triste saludo, antes de derrumbarse en un sofá desgastado. Ella se tiró, totalmente despreocupada, con una mirada distante en sus ojos. Cuando Carl le preguntó si pasaría conmigo unos minutos, ella asintió con entusiasmo y, en apariencia sin ser costumbre, se dirigió a un palomar que se encontraba en la parte posterior de la casa, que funcionaba como pequeño consultorio.

Me presenté y le pregunté cómo estaba.

«No muy bien», respondió ella monótonamente. Me di cuenta de que ella sabía que yo estaba evaluando su estado mental. Empezó a contestar a mis preguntas sin dificultades.

Yo ya sabía que Catherine no tenía historial de enfermedades mentales. El padre Jacques me dijo que ella se había quejado de la presencia de «espíritus atacantes», en sus propias palabras. A menudo afirmaba que podía ver a esos espíritus, que tomaban la forma de figuras oscuras y sombrías. Al igual que Sara, Catherine también afirmó que recibía mensajes por la mente, lo que extrañamente le causaba un gran dolor, en especial en sus oídos. De acuerdo con el padre Jacques, lo primero que hizo la pareja fue visitar a su médico de cabecera, un sobrio creyente en su posesión, quien la remitió a un otorrinolaringólogo. Ese doctor tampoco pudo encontrar explicación física para sus dolores intermitentes de oídos.

Mientras nos dirigíamos a la habitación de atrás, ella se sujetó las orejas con las manos. Se sintió asolada. «Me duelen mucho», gimió.

Aunque sus oídos funcionaban perfectamente durante las conversaciones, Catherine no podía oír nada de naturaleza religiosa. No podía escuchar palabras o frases de ninguna forma relacionadas con prácticas o creencias espirituales, lo que imposibilitaba discutir con ella de una forma pastoral. Si su sacerdote le preguntaba, por ejemplo: «¿Ha podido rezar, Catherine?», ella contestaba: «¿Podido *qué*?». O, en respuesta a una pregunta como: «¿Ha estado usted en la iglesia y ha recibido la Eucaristía?», ella invariablemente contestaba: «¿Que he estado *dónde* y he recibido *qué*?».

Catherine sufría una pérdida selectiva y bastante específica en su audición. Además de al otorrinolaringólogo, había acudido a un psicólogo, quien había llegado a la conclusión de que no había explicación para estos síntomas, y a un audiólogo, quien de igual modo había sido incapaz de encontrar ningún problema.

Yo ya conocía gran parte de su historial, pero quería tener algunos detalles más. No obstante, me concentré principalmente en obtener una idea de su estado mental actual y de su estado cognitivo, mientras intentaban encontrar alguna patología para evaluar su motivación general. Antes de ver a Catherine, al principio había sugerido al padre Jacques que podría estar sufriendo una depresión psicótica. Sin embargo, mientras la entrevistaba, me convencía cada vez más de que la variedad de síntomas extraños y paranormales no podría de ningún modo justificar un diagnóstico psiquiátrico, aunque su aire de pesimismo y melancolía me chocaron como un conjunto de síntomas depresivos.

«Puedo ver que usted parece estar bastante deprimida y pesimista», le comenté.

«Sí, lo estoy».

Después cambié a un estilo más informal de conversar con ella y le pregunté si había estado cocinando por la mañana temprano. Ella asintió. Dijo que había ido a la tienda de comestibles el día antes a fin de prepararse para nuestra visita. Sabiendo que ella podría estar bloqueada para responder o incluso para ser capaz de escuchar preguntas sobre cuestiones más profundas, traté de intercalar preguntas neutras con otras de carácter más espiritual. Quería charlar de una forma más relajada. Como había visto una camioneta en el jardín, le pregunté si ella la conducía. Dijo que sí, habitualmente. Le pregunté por sus hijos, la casa, el tiempo que estaba haciendo, cualquier cosa que la tranquilizara. Igual que cualquier madre, le brillaban los ojos cuando hablaba de sus hijos. En ese momento me convencí de que podría oír.

«¿Ha dejado de confiar en la ayuda de Dios?», pregunté.

«¿Confiar en *qué*?», contestó inquisitivamente.

«¿Ha podido usted rezar o confiar en su pastor?».

De nuevo, ella parecía incapaz de comprender. «¿Poder hacer qué? No entiendo», tartamudeó. «¿Confiar en *quién*?».

Le hice unas cuantas preguntas más y me di cuenta de que estaba presenciando el mismo tipo de escucha selectiva que habían descrito el padre Jacques y Carl.

Unos meses y varias visitas después, con permiso del padre Jacques y de la familia, me acompañó un colega psiquiatra. Entrevistamos juntos a Catherine. De nuevo, ella dio el mismo tipo de respuestas secas a cualquier pregunta neutral, y vimos la misma mirada de estupefacción en respuesta a cualquier pregunta de tema religioso.

Se nos ocurrió la idea de finalizar la conversación pidiéndole que respondiera por escrito preguntas formuladas en trozos de papel. Ella se dio cuenta claramente de que la estábamos poniendo a prueba, aunque no pensé por qué lo sabía. Respondió bien a seis o siete preguntas escritas, como por ejemplo «¿Cómo te ha ido el día hoy?» o «¿Cómo están tus hijos?». Pero después le mostramos los dos últimos trozos de papel: «¿Has intentado rezar a Dios?» y «¿Vas a ir a misa más tarde y recibir la Eucaristía?».

Me miró perpleja. «Doctor Gallagher», dijo ella. «¿Por qué me está mostrando usted estos trozos de papel en blanco?».

Durante nuestras visitas, nunca encontré pruebas de ninguna reacción de conversión histérica o similar, ni yo ni nadie sospechaba de que Catherine estuviera engañando o actuando. Su pérdida auditiva era tan específica que parecía inverosímil sospechar otra cosa que actividad demoníaca, una hipótesis apoyada por mis experiencias y mi investigación. Bloquear uno o más de los sentidos de alguien es un efecto demoníaco de frecuente aparición en casos de posesión. Un hombre endemoniado en cierta ocasión me dijo que los espíritus malignos le habían privado de su oído y su visión.

Casos similares han aparecido a lo largo de la historia. Por ejemplo, a mediados del siglo XIX, Theobald y Joseph Bruner, dos hermanos de Illfurth, Francia, fueron poseídos, de acuerdo con numerosos testigos y registros de otros feligreses de su tiempo. Igual que Catherine, Theobald, el mayor, quedó totalmente sordo durante el transcurso de su posesión, aunque en su caso perdía por completo su oído durante largos períodos. Los hermanos también se enredaban en contorsiones imposibles. Mientras estaban poseídos, ambos hermanos hablaban fluidamente múltiples idiomas que no habían estudiado, incluidos el latín, el griego, el francés, el italiano y el español. Cuando Theobald se libró finalmente del espíritu maligno que le poseía, estos rasgos desaparecieron y recuperó inmediatamente su audición.

Lo que hacía que la «sordera» de Catherine fuera especialmente relevante para su estado demoníaco era la evidente motivación de los espíritus malignos por privarla a ella de su capacidad de comunicarse con los demás de ninguna manera pastoralmente servicial, una estrategia cruel por parte del ámbito de los demonios. Puesto que Catherine no podía oír el consejo espiritual de su sacerdote, ni de su familia, ni de nadie, no podía ser consolada. No hay duda de que se le impedía recibir ese apoyo. ¿Cómo podía recibir ayuda para trabajar en su propia situación, tan esencial en tantos casos de graves ataques demoníacos?

Catherine vivía felizmente como madre y ama de casa antes de ser poseída. Era un miembro muy valioso de su comunidad. No había nada que indicase a los ciudadanos de su pequeño pueblo que existiese la posibilidad de que esta agradable vecina, criada en una granja local, llegara a sufrir una posesión tan dramática.

Pero llegaría a reconocer que, durante un período de su juventud, ella y dos amigas habían formado un pequeño «aquelarre de brujas», y las tres habían prometido algún tipo de lealtad al diablo. Aunque Catherine hacía mucho tiempo que había abandonado y renunciado al grupo, era evidente que los espíritus no habían terminado con ella. Su conducta había ido, con sus propias palabras, lejos de un juego. En ese momento se tomó bastante en serio su participación en este «grupo endiablado», como llegó a llamarlo. Ella había participado con su grupo en lo que ella y sus amigas sabían que eran ritos diabólicos.

Durante una ceremonia, todas pensaron que habían entablado contacto con el mismo Satán. También contó que todas ellas habían ofrecido al grupo varios fetos abortados, para uso ritual. Supuestamente, los fetos procedían de un pequeño grupo de chicas jóvenes, una información delicada por la que me sentía reticente a preguntar. Debido a la vergüenza de ella, dudo de que hubiese contestado la pregunta, o tal vez no habría podido, en cualquier caso. Como sucedía con algunas de las historias lúgubres de Julia, sentí repulsión, pero estaba acostumbrado, especialmente como psiquiatra, a no hacer juicios, y me centré en la triste historia de Catherine y su condición actual.

Otra idea que tenía la familia sobre la posesión de Catherine era que la tía de su madre confesó ser una bruja allá en Polonia, de donde procedía la familia. Nunca más supe sobre esta influencia evidente. Igual que los padres de Manny habían especulado, la gente implicada en la vida de Catherine se preguntaba si ella estaba pagando el precio por algún tipo de asunto familiar. Como mencioné antes, yo siempre soy un tanto escéptico ante esas hipótesis, especialmente cuando un factor más obvio y contemporáneo implica al individuo directamente. Sería difícil conocer la especulación sobre si la relación con su tía-abuela tenía algo de plausibilidad, pero, por lo que se sabe del contrato de Catherine con Satán, ciertamente tuvo relación con éste.

Este breve y estúpido período de la vida de Catherine le pesaba constantemente, y ella aún se sentía culpable y desesperada. Se veía a sí misma como habiendo cometido actos imperdonables. Sentía que no podía hacer nada por su dolor ni lograr su liberación. En mi opinión, ella temía que su destino sería sufrir quizás eternamente mientras el mundo demoníaco la poseía. Los problemas de Catherine al principio aparecieron con los rasgos poco comunes de una opresión preliminar, y después progresaron hasta una posesión plenamente desarrollada. Al principio parecía que recibía palizas de espíritus, un claro ejemplo de la vejación u opresión externa que Maria y Stan habían sufrido, aunque sus casos nunca llegaron a una posesión. Esto se debe a que, presumiblemente, ninguno de los dos había incurrido en una conducta tan nefasta, como afirmaba haber hecho Catherine.

Cuando el dolor y otras manifestaciones, incluida la aparición de los característicos estados de trance, siguieron aumentando, Carl y Catherine solicitaron un exorcismo a su párroco local. Posteriormente, este sacerdote se puso en contacto con el padre Jacques para solicitar su consejo. Jacques había asistido a una serie de sesiones con Catherine antes de invitarme a unirme a ellos como testigo.

Después de mi primera charla con Catherine, dije al padre Jacques que ella había cooperado conmigo todo lo que pudo, y que ella también había experimentado su dificultad auditiva conmigo. Entonces el padre Jacques se preparó para la sesión de exorcismo.

• • •

A menudo me preguntan cómo son los exorcismos, pero es una pregunta imposible de responder porque cada caso presenta diferentes circunstancias y tiene distintas necesidades. Sí, hay una estructura básica en el Rito Católico del Exorcismo Mayor, pero, como el padre A solía decirme, «no hay dos posesiones iguales y no hay dos exorcismos iguales».

Al mismo tiempo, diferentes denominaciones cristianas y diferentes religiones practican rituales distintos. Las diferencias culturales, incluido el extremo de una aceptación pública de la polémica posibilidad de un ataque demoníaco, también influyen en cómo se hacen las cosas.

Además de los rasgos específicos de una posesión particular, las personalidades diferentes de los sacerdotes-exorcistas y el espíritu o espíritus involucrados marcan las pautas. Sin embargo, yo diría que la posesión de Catherine y sus exorcismos han sido un tanto típicos para los exorcismos de la Iglesia católica, aunque su serie de exorcismos hayan sido más largos que la mayoría, sin un éxito espectacular aún.

A pesar del uso obligatorio del Ritual Romano, incluso los exorcismos católicos pueden variar en gran medida. La manera en que el sacerdote-exorcista decide combinar la serie de oraciones con diálogo espontáneo es siempre un tanto singular; por ejemplo, las oraciones católicas de exorcismos se clasifican como «de disculpa», pidiendo la ayuda de Dios, o «imprecatorias», que ordenan al diablo a marcharse. Aunque el rito formal combina las dos, sólo los sacerdotes ordenados pueden recitar oraciones imprecatorias.

Históricamente, la mayoría de intentos de exorcizar espíritus malignos han sido asuntos más simples que los católicos de los últimos siglos. La Iglesia Católica Romana y la Iglesia ortodoxa han elaborado los rituales y procedimientos más formales para los exorcismos. Más antiguos incluso que los rituales católicos, la serie de ritos de la Iglesia ortodoxa fueron establecidos por Basilio el Grande, un obispo del siglo IV y padre de la Iglesia de Asia Menor, o de la actual Turquía. Las normas sobre quién puede señalar y dar órdenes a los demonios en un ritual son diferentes entre las Iglesias católica y ortodoxa, pero ambas casi siempre reservan cualquier diálogo real al exorcista jefe o al asistente.

Si se llegan a realizar, los exorcismos dentro de las principales tradiciones protestantes se adhieren firmemente a las normas tradicionales, aunque las oraciones formales no están estandarizadas. El episcopal *Libro de servicios ocasionales* incluye disposiciones para exorcismos, pero estas disposiciones no ofrecen oraciones específicas o «de oficio» del exorcista.

El influyente informe de York de *The Church of England*, de 1974, exigía cuidadosas evaluaciones médicas, previas a exorcismos formales, declarando en términos claros que las propuestas de exorcismos deben ser «coherentes con principios filosóficos, psicológicos, teológicos y litúrgicos», un requisito compartido por las Iglesias católica y ortodoxa. De igual modo, como en la tradición católica, los exorcismos entre anglicanos deben ser aprobados por el obispo local.

En la década de 1970, la Iglesia metodista de los Estados Unidos publicó una declaración oficial sobre el asunto, también aconsejando un enfoque precavido y clerical, y la tradición luterana sigue prácticas similares. Los exorcismos realizados por muchos ministros evangélicos, efectuados actualmente alrededor del mundo, tienen mucho más sabor oficial. Estas ceremonias o sesiones de rezo pueden llamarse simplemente «oraciones de liberación», y se utilizan para una gama más amplia de ataques demoníacos, principalmente opresiones.

En los últimos treinta años, más o menos, los sacerdotes y laicos católicos también recitan oraciones de «oraciones de liberación», aunque últimamente se evita esa terminología. La tradición católica establece una clara distinción entre exorcismos formales de posesiones, que sólo pueden autorizar obispos, y esos casos menos formales que no llegan a ser posesiones totales. En realidad, la Iglesia católica no tiene doctrinas formales o leyes canónicas relativas a los ministerios de liberación en sí, a diferencia de sus procedimientos de exorcismos formales y sus dogmas, definidos y defendidos a ultranza sobre la realidad de Satán y los demonios.

En cierta ocasión hablé con un joven sobre una inequívoca posesión. Había ingresado en una Iglesia cristiana aconfesional, aunque anteriormente había estado muy involucrado con prácticas ocultas durante años. Al reconocer la gravedad de su situación, siete de los ministros evangélicos de la Iglesia se reunieron para rezar por él en una larga sesión. Él describió un ritual mucho más informal en el que cualquiera de los participantes, incluidos varios legos, podía llevar la voz cantante rezando por él durante varias horas, colocando las manos sobre su cuerpo, mientras él permanecía sentado en medio de un gran círculo.

Los miembros de congregaciones cristianas menos tradicionales, como algunas Iglesias pentecostales y asambleas de Dios, son incluso más espontáneos en sus prácticas. Ellos se dirigen a los demonios de forma colectiva, ya sea con grupos de fieles que hablan en otras lenguas o haciendo que sus líderes realicen tales ceremonias ante grandes asambleas, que a veces son televisadas. Estos grupos en su conjunto pueden gritar órdenes directas e insultos a los presuntos espíritus atacantes.

Esa actividad por lo general estaría estrictamente prohibida en los círculos católicos romanos, aunque una vez me invitaron a asistir a un exorcismo católico autorizado donde tuvieron lugar tales prácticas. Los legos, entusiasmados, gritaban a los demonios y cumplían las órdenes. Me pregunté si habría llegado a la iglesia equivocada. Esta sesión, organizada de forma más informal y habitual en las comunidades carismáticas, era la excepción entre los católicos, porque este tipo de comportamiento no está oficialmente sancionado por ningún obispo católico como parte del Rito del Exorcismo Mayor.

Las iniciativas de oración más laicas y espontáneas entre los cristianos para combatir los espíritus malignos pretenden remontarse a lo que algunos de sus partidarios creen que fueron las primeras prácticas de los cristianos, aunque otros estudiosos refutan tales afirmaciones. Estos grupos probablemente citen el precedente histórico de que la Iglesia primitiva no parecía designar exorcistas oficiales, argumentando que cualquier cristiano bueno y fiel estaba facultado por Dios para expulsar a los demonios. Hacia el siglo III, la Iglesia católica organizada parece que se volvió más sensible a los posibles excesos y abusos de los fieles laicos demasiado entusiastas en estas cuestiones, y sus autoridades decidieron limitar el papel de los exorcistas a los clérigos. Sin embargo, parece que a veces se prescinde de esta norma genérica, ya que en ocasiones se pide a personas piadosas que lleven a cabo estas ceremonias.

Como hemos visto, en su práctica, el padre A prefería emplear el Ritual Romano, en latín, específicamente el texto antiguo de 1614, aunque creía que otros eran libres de hacerlo de forma distinta. En los exorcismos de Catherine y en los que he presenciado durante los últimos quince años en los Estados Unidos, el sacerdote recitó de forma invariable el rito en inglés, y empleó específicamente la versión revisada de 1998. Sin embargo, el padre Gabriele Amorth,[23] segundo presidente de la Asociación Internacional de Exorcistas, sostuvo la controvertida opinión de que el nuevo ritual, al hacer menos hincapié en las órdenes, era menos eficaz que el enfoque más tradicional del exorcismo.

Esos raros sacerdotes católicos de todo el mundo que aún piden permiso para usar el texto en latín pueden defender que consideran el latín más austero y bello. También piensan que su uso excluye cualquier posibilidad de influencia, ya que sólo el demonio, no la víctima, puede comprender lo que se está diciendo.

Los diversos espíritus malignos también muestran diferentes características de personalidad y grados de inteligencia, hasta el punto de que eso aportará diferentes matices a cómo se desarrolla cada exorcismo en concreto. La enseñanza tradicional es que, como espíritus y ángeles caídos, los demonios son bastante inteligentes. Pero, igual que los humanos, esta inteligencia varía en gran medida de demonio a demonio.

23. Amorth, Gabriele, *An Exorcist Tells His Story* (San Francisco: Ignatius Press, 1999).

En una ocasión, mientras un sacerdote recitaba el Credo de los Apóstoles en latín para debatir después sobre él, oí al demonio hablar con sarcasmo e inteligencia angustiosa. Dentro de la voz detecté una personalidad distinta. La mayoría de los exorcistas prefieren no dar al demonio la oportunidad de «exhibirse» mediante ataques verbales o ataques *ad hominem* por medio de un comentario burlón o un ataque personal. En algunos casos se ofrece una impresión distinta, de escasa inteligencia, aunque es difícil saber si es una trampa o simplemente una señal de mente limitada por parte del espíritu maligno. En lugar de implicarse en «charlar» o plantear cuestiones intrincadas, el sacerdote insiste en intentar obligar al demonio a responder a las preguntas clave y repetidas con frecuencia: «¿Cómo te llamas y cuándo te marchas?».

A veces, cuando el demonio diserta sobre temas teológicos más amplios, lo cual puede ocurrir, esa conversación podría ser un intento de distraer y confundir. Como ya he dicho, en una ocasión oí a un espíritu maligno argumentar que Satán recientemente había «cambiado de opinión» y ahora buscaba reconciliarse con Dios. Sin embargo, otras veces, los demonios pueden ofrecer admisiones sorprendentemente sofisticadas de verdades religiosas profundas, aunque hay que ser cauto en cómo se interpreta ese tipo de declaraciones.

El famoso caso de 1928, en Earling,[24] Iowa, que ya citamos, es un ejemplo dramático de un espíritu que se dedicaba a poseer y a hablar tonterías. A una mujer anteriormente devota, conocida por estar poseída, la llevaron a Earling para que la exorcizara el sacerdote católico alemán Theophilus Riesinger. Los exorcismos fueron un éxito: la mujer levitó hasta el techo, pronunció típicos delirios demoníacos y rabió en presencia de objetos sagrados y agua bendita. Se publicó una amplia edición de un panfleto documentando todos estos eventos. El espíritu demoníaco afirmó que el «antiCristo» ya había nacido en Palestina, y que aparecería en 1952. Se suponía que era un humano que, no obstante, estaba «poseído» por Judas Iscariote. Según los testigos, la supuesta voz de Judas se oía repetidamente durante todos los exorcismos.

24. El caso de Earling lo narra Carl Vogl. *Begone Satan: A Soul-Stirring Account of Diabolical Possession* (1935; Charlotte, NC: Tan Books, 1973).

Los espíritus que se dedican a poseer siempre intentan extender la confusión entre nosotros, pobres mortales. Los mensajes, en varios casos que he presenciado, incluían falsas predicciones sobre el fin del mundo, un tema popular entre cascarrabias religiosos y visionarios falsos. El firme criterio teológico es que los demonios no conocen el futuro. Lo único que se puede asegurar es que estos demonios mienten habitualmente, aunque a veces sí parecen verse obligados a hacer declaraciones sinceras. Otra estrategia común es que el espíritu maligno diga ser un solo demonio y dé un solo nombre o se jacte de ser muchos espíritus malignos, o deidades o almas muertas.

Algunos demonios parecen ser más arrogantes que otros; unos pocos parecen visiblemente más tímidos o dudosos en su discurso. En algunos rituales, el demonio exhibe un fuerte sentido de autoridad, quizás el principal rasgo de personalidad que tienen en común los demonios. En este aspecto, se parecen a los seres humanos con ciertos trastornos de personalidad, con una variabilidad similar en su presentación. Estos rasgos diversos no reflejan de ninguna manera las propias actitudes ocultas de la víctima humana.

Por extraño que parezca, se sabe que algunos demonios reclaman derechos «legales» sobre el poseído, e incluso pueden regañar al exorcista por no respetar a las autoridades competentes. Es como si, puesto que ellos mismos se sienten «bajo la autoridad» de sus superiores –lo cual seguramente es así–, los demonios esperan lo mismo de los demás. Un exorcista italiano me dijo en cierta ocasión que un demonio le preguntó si había obtenido permiso para efectuar el exorcismo. «Usted debe hacerlo, ya lo sabe», le había dicho el demonio.

Las diferentes tradiciones espirituales que especulan sobre temas de las posesiones defienden que estos largos juicios pueden servir a varios propósitos. Un exorcista me contó una extraordinaria historia sobre un demonio que parecía querer abandonar el cuerpo que había poseído. Cuando el sacerdote le preguntó qué era lo que le impedía marcharse, el espíritu maligno respondió: «Tu estúpido jefe [refiriéndose a Dios] no me dejará». Como en todo tipo de mal, que Dios no *causa*, pero *permite* por sus misteriosas razones, es de suponer que estaba implicado algún objetivo providencial más allá de lo que el entendimiento humano puede comprender.

• • •

En el exorcismo de Catherine fueron evidentes muchos de esos mismos rasgos. A fin de prepararse para el ritual, Carl bajó las pesadas persianas de la sala de estar de su familia y cubrió el cristal tintado de la puerta delantera. La privacidad era primordial, y sólo unos pocos elegidos conocían la posesión de Catherine. La mayoría de exorcistas católicos prefieren realizar estas sesiones en el ambiente de una iglesia, a menudo en una sala donde esté presente la Eucaristía. Pero, a veces, los edificios de las iglesias, ocupados en una u otra cosa, no pueden asegurar la privacidad deseada, o bien la víctima no quiere o no puede acudir a una iglesia. Puesto que Catherine no podía tolerar estar en una iglesia, todo su exorcismo tuvo lugar en su propia casa.

Sobre un improvisado altar con dos cirios y un crucifijo colocado sobre una sábana blanca, el padre Jacques empezó a celebrar misa en el comedor. Aturdida y dolorida, Catherine inmediatamente se retiró a la esquina más lejana de la sala, todo lo lejos del altar y de la Eucaristía que permitía la casa. Su dolor aumentó durante la liturgia, y parecía alternar entre los estados consciente e inconsciente. Los expertos a veces reconocen este estado parcial de aturdimiento como una fase distinta y periódicamente recurrente, como el estado de trance total, que de igual modo viene y se va. Ninguno de los estados es predecible, aunque un exorcismo tiende a provocar ambos. En el estado de aturdimiento, una persona exhibe un menor control de sus facultades, aunque no tanto como durante un trance total, cuando la conciencia se sumerge por completo bajo la presencia de la entidad que ejerce la posesión.

Poco después llegó el párroco. Acostumbrado a realizar el Rito del Exorcismo Mayor, el padre B procedió de manera diligente. Después de evaluar a Catherine, el padre B le presentó una dispensa para firmar: un requerimiento para las sesiones de exorcismo en los Estados Unidos. La dispensa deja claro que la víctima se está sometiendo voluntariamente a un procedimiento espiritual. Catherine se levantó para firmarla. A pesar de sus temores o recelos, estaba claro que quería que se llevara a cabo el procedimiento. (Un exorcista español me dijo en una ocasión que, en su opinión, esta insistencia en la protección legal no fomentaba una atmósfera totalmente pastoral. «Bueno», le dije, «usted no se debe haber encontrado aún con la profesión jurídica estadounidense»).

Vestido como miembro de una orden religiosa, el padre B se puso una sobrepelliz blanca sobre su hábito para la ceremonia, con una larga estola de color púrpura alrededor del cuello que le llegaba hasta los costados, como estaba estipulado. Llevaba un gran crucifijo de oro y tenía agua bendita preparada, y utilizó las dos cosas al comienzo y a menudo durante la ceremonia. Cuando daba alguna orden al espíritu maligno, colocaba el crucifijo contra la frente de Catherine.

Ocho personas estuvieron presentes en esta sesión, incluida la hermana de Catherine. Una enfermera estaba presente para controlar el estado fisiológico de Catherine durante los agotadores rituales. Cuando un espíritu demoníaco aparece bajo la influencia de las oraciones dominantes del exorcismo, la víctima de forma invariable intenta atacar físicamente para infligir daño físico al exorcista y sus asistentes, o bien escapar de la sala. Para evitar las dos posibilidades, sentamos a Catherine en el sofá de la sala de estar, lo que permitió a Carl y a los demás sujetarla.

La selección adecuada de asistentes y participantes es importante. El exorcista principal decide quién debe asistir y quién no. Los exorcistas católicos prefieren que los legos que haya sean individuos sensatos y creyentes, aunque unos cuantos sacerdotes en mi experiencia no han sido tan insistentes. Cualquier persona con problemas vitales importantes, emocionales o de otra clase debe ser excluida. Durante los primeros exorcismos que presencié en Nueva Inglaterra, un lego asistente desarrolló serios problemas emocionales posteriormente. A los niños no se les permite asistir a los rituales, y a veces incluso los amigos íntimos o los parientes deben excluirse si no poseen la objetividad o ecuanimidad necesarias.

El padre B comenzó la sesión leyendo el Ritual Romano revisado, palabra por palabra, recitando una invocación en la que se pedía la asistencia divina: «Dios sagrado, quien, entre otras maravillas, se digna a ordenar, echa los demonios a volar. Reforzado por tu poder, puedo atacar con confianza al espíritu maligno que atormenta a esta criatura tuya. Oh, Dios, no dejes que el espíritu maligno more aquí, y deja que cada trampa del enemigo demoníaco quede en nada».

El padre B continuó esta bendición con la letanía de los santos y una lectura del evangelio. El padre Jacques y los legos asistentes, incluyéndome a mí, dimos las respuestas esperadas. Después se dirigió directamente al demonio. Preguntó su nombre al demonio y cuándo se marcharía, las dos preguntas clave repetidas y planteadas durante la mayoría de los exorcismos. Las dos preguntas se consideran importantes como parte del esfuerzo por ejercer una autoridad rotunda sobre el espíritu maligno. El demonio de Catherine solía decir que su nombre era algo que sonaba como «Scalias», aunque en sesiones posteriores tomaba un nombre distinto.

Entre series de oraciones posteriores, el padre B intercalaba órdenes para que el demonio se marchara, la segunda de las dos tareas más esenciales. Más allá de estas preguntas y órdenes, el exorcista raramente se involucra en un diálogo con el demonio. Durante la terrible experiencia, el padre B permaneció concentrado en su interrogatorio. Como todos los buenos exorcistas, él y el padre Jacques evitaron cualquier comentario generado por la simple curiosidad y los arrebatos de frustración.

A los diez minutos de iniciarse la sesión, Catherine pasó de su estado de aturdimiento a otro de trance completo. Entonces fue cuando el demonio empezó a manifestarse abiertamente. Bajo un control total por parte del demonio, se puso más agitada, luchando con fuerza contra todos los que la sujetaban. Pude ver a Carl y a los demás apretar su sujeción, luchando contra los esfuerzos de Catherine por liberarse.

El padre B volvió a preguntar al demonio cuándo se iría.

Una voz petulante contestó: «Nunca».

El padre B entonces le ordenó dejar sola a Catherine.

La misma voz contestó: «¿O qué?», e hizo que se formara una sonrisa burlona en el rostro de Catherine. «No nos iremos», dijo. «Vete *tú*. Nosotros no vamos a ninguna parte y te arrepentirás».

El demonio quiso decir –durante esta sesión y las siguientes a las que yo asistí– que tenía derecho a poseer a Catherine. «Ella nos permitió entrar», recordó al padre B. «Ella se nos entregó a nosotros y nunca podrá liberarse».

La voz se burlaba del sacerdote cuando retaba a este vínculo, a menudo con una expresión molesta, arrogante. Whining, el demonio, reclamaba que Catherine «nos hizo una promesa», indicando que ella había efectuado una especie de «matrimonio» con él, y ahora el demonio era su dueño.

Allí había una personalidad reconocible (quizás más de una) de un arrogante y risueño torturador. Para hacerse difícil de oír, el demonio a menudo susurraba, aunque, si yo escuchaba atentamente, podía captar fanfarronerías y agravios constantes, que venían intercalados con comentarios viles y blasfemos, burlándose sarcásticamente del sacerdote y sus rezos. El patrón de voz del demonio cambió en el transcurso de la sesión. Sin embargo, los modales generales eran los de un acosador obstinado, un adversario inmaduro y presuntuoso.

El demonio hablaba mayormente en inglés, pero, en un momento dado, detecté algo de griego antiguo. En una sesión posterior también intercaló un idioma vago que sonaba a asiático, y pudo contorsionar la cara de Catherine, especialmente sus ojos, formando una expresión facial marcadamente oriental.

A pesar de encontrarse físicamente sujeta, Catherine intentaba con claridad escapar de la escena, probando (sin éxito) a golpear y dar patadas a quienes la retenían. El padre B era, sin embargo, el principal objetivo del demonio, en lo verbal y en lo físico. Si no hubiéramos mantenido seguras las extremidades inferiores de Catherine aquel día, el padre B habría recibido patadas en numerosas ocasiones. La entidad también intentó repetidamente morder o arañar a las personas cercanas a Catherine. Resulta interesante que ella, a veces, evitara hacerlo sin que nadie le sujetase las manos o la cara. Muchos participantes creían que escapaban de los daños gracias a las órdenes del exorcista para el demonio de forma que nadie de la sala resultara dañado. Yo mismo tuve esa experiencia varias veces durante rituales posteriores, cuando adopté una posición para contenerla y su cara se detuvo a menos de un centímetro de mi brazo mientras se movía para morderme.

El Rito del Exorcismo Mayor normalmente dura alrededor de una hora, pero diferentes exorcistas eligen distintos períodos de tiempo para estas sesiones, o puede que repitan los rezos más de una vez. Ese día, la batalla duró unos noventa minutos. Los exorcismos de Catherine eran verdaderas pruebas físicas; cómo podía resistir ella ese esfuerzo fue algo sorprendente. La duración agotó a Carl y a los otros, que lucharon durante el mismo tiempo en su papel de protectores. En una sesión posterior, me pidieron que ayudase a sujetar a Catherine, y hacia el final del ritual, ella había resistido con tantas fuerzas que nosotros nos encontrábamos casi agotados. En una ocasión oí sobre el caso de una pequeña mujer que levantó fácilmente su pierna con un hombre de 110 kilogramos aferrado a ella, y le despegó del suelo.

He asistido a algunos exorcismos que han durado tres horas o más. Si las sesiones son demasiado largas y frecuentes, y parecen no ofrecer resultados, los asistentes se desaniman y algunos exorcistas creen que estas largas sesiones no constituyen un uso productivo del tiempo. La necesidad de sesiones tan largas puede indicar que el momento para la liberación no es aún oportuno o permitido por favor divino.

En varias posesiones que he presenciado, uno o dos exorcismos bastaron para la resolución del ataque demoníaco. Los de Catherine es evidente que no fueron tan eficaces. Esto no quiere decir que los rezos del exorcismo «fallaran». La mayoría de los exorcistas cristianos experimentados sostienen que ninguna oración de liberación y, desde luego, ningún exorcismo formal son una pérdida de tiempo. Todos esos rezos y rituales tienen un valor inherente. Sólo porque una oración no reciba una respuesta inmediata (o a veces no parezca ser respondida en absoluto), no quiere decir que no tenga valor. Los rezos, como el padre Jacques siempre me recordaba, «son contestados por Dios en sus tiempo y forma debidos».

Después del ritual, Catherine emergió lentamente de su estado, mostrando aturdimiento de nuevo durante algún tiempo. Cuando empezamos a conversar con ella, se volvió a quejar de que le dolían los oídos. Poco a poco fue saliendo a la superficie, el dolor desapareció y se mostró más activa, aunque un poco apagada.

Al final, se levantó del sofá y, sorprendentemente, hizo de anfitriona. Estaba tranquila y lenta de movimientos, pero intentó que nos sintiéramos como en casa. Sentí que le reconfortaba dirigirse a la cocina y calentar la comida que había preparado para nuestra visita.

Como médico muy ocupado y con mi propia familia, después del ritual estaba deseando echarme a la carretera y comenzar el largo camino a casa. Pero yo siempre estaba deseoso de disfrutar de la buena comida de Catherine y de sus deliciosas tartas. Nos ayudaba a relajarnos después del intenso ritual, ya que todos comíamos y conversábamos un rato. Entonces veía el lado bueno de Catherine, ya que ella parecía disfrutar la charla en esos momentos.

Después de este primer ritual, como muchos individuos poseídos, Catherine pasó a llevar una vida *parcialmente* normal durante otro período de tiempo, un hecho que sigue asombrándome. Ella apenas progresa, pero tampoco es totalmente disfuncional. En los días buenos actuales, ayuda en el complejo parroquial. No logra –o «no puede», como dice ella– entrar en la iglesia, lo que todavía le causa dolor físico.

Hasta este momento, continúan sus exorcismos, y Catherine y Carl siguen creyendo que cada sesión ejerce sus beneficios, aunque sea a corto plazo. Sus seres queridos persisten en esperar que los rituales debilitarán el dominio demoníaco lo suficiente para que algún día pueda volver a su ser normal.

## CAPÍTULO 8

# EL INVESTIGADOR SERIO

Mis preocupaciones sobre la salud decadente del padre Jacques estaban bien fundamentadas.

Mi familia se fue de vacaciones a Vermont, por lo que estuve sin comunicarme con mi oficina durante una semana y media. Cuando revisé los mensajes de mi contestador, oí dos del padre Jacques. El primero me hacía saber que no se sentía bien y que iba a tratarse en un hospital cercano a donde vivía. Parecía cansado, pero no muy afectado. Tenía un problema respiratorio que al principio no se había tomado muy en serio, lo que acostumbraba a hacer en los asuntos de salud. Pero en esta ocasión, la infección había ido empeorando y le produjo fiebre.

El segundo mensaje era más alarmante. Su voz sonaba más débil y más desesperada. Las cosas no iban bien en el hospital, y ahora me solicitaba más directamente mi opinión, pidiéndome que le llamara en cuanto llegara a casa. Yo tenía la impresión de que quería que le llevara al centro médico universitario donde yo trabajaba. Este mensaje subsiguiente lo había dejado unos dos días antes de nuestro regreso. Llamé inmediatamente al hospital e intenté localizarlo en su habitación, pero la enfermera que me atendió me dijo que estaba en un respirador y que no podía hablar. Inmediatamente fui en coche al hospital, donde las enfermeras a cargo me informaron de que su pronóstico no era bueno. También me dijeron que un pariente había solicitado una orden de no reanimación, lo cual puse en duda. Yo había dicho varias veces a Jacques que si él quería que yo tuviese la autoridad en ese tipo de situaciones, él tendría que hacerme su representante de salud. Como es habitual, él nunca había seguido esa indicación. Me sentí desesperanzado, e incluso más cuando le visité a la cabecera de su cama y vi sus ojos tristes, pero todavía inquisitivos. Parecía querer decirme algo, pero no pudo. Tuve una sensación tan mala como cuando hablé por última vez cara a cara con Julia. Mis presentimientos demostraron ser ciertos. El padre Jacques murió doce horas después por un choque séptico.

A veces no somos conscientes de lo importante que alguien es en nuestra vida hasta que perdemos a esa persona. Así fueron mis sentimientos en ese momento. Aunque nuestras vidas fueron muy diferentes, el padre Jacques y yo nos habíamos hecho estrechos colegas en muchos casos que implicaban individuos torturados en un campo raro de esfuerzo. Esto había fomentado un vínculo de amistad más fuerte de lo que creo que me había dado cuenta antes de su repentina muerte.

Yo sabía que él me había acogido bajo su ala, y me di cuenta en retrospectiva, creo, que parecía feliz de poder compartir gran parte de su enorme experiencia y, sí, su sabiduría con un colega profesional más joven. Creo que él también se sentía orgulloso de que yo me hubiese mostrado agradecido por haber aprendido tanto de él, hasta el punto de estar seguro de mi propio nivel de experiencia. Y justo cuando había desarrollado esa confianza en mí mismo, él se fue, inesperadamente. Le consideré mi primer guía incondicional en un mundo extraño, donde lo bueno y lo malo se enzarzan en una guerra sin fin. Después de todos estos años, aún sigo echándole de menos.

En su funeral conocí a Lorraine Warren, una notable y polémica «investigadora de lo paranormal». Con su marido, Ed, se convirtió en la pieza central de la serie de películas *The Conjuring*, que estaba basada en sus experiencias. La exitosa serie ha recaudado más de mil millones de dólares en taquilla, lo que demuestra el insaciable interés del público por este tema en todo el mundo. Antes de que el padre Jacques falleciera, él y el padre A habían comentado conmigo algunos de los casos de la pareja, dándome detallados y objetivos informes que las películas tuvieron poco interés en capturar. Lorraine era una mujer elegante y amable. Ella sabía lo cerca que yo había estado del padre Jacques y comentó que él había sido «siempre generoso con su tiempo». Este sentimiento era un eco de lo que yo escuché a muchas personas. Varias de ellas me comentaron que el padre Jacques «fue el hombre más amable que habían conocido». No es un mal legado para una vida.

Después de que Jacques muriera, yo a veces mantuve informado al padre A sobre mi trabajo en este campo, pero lo veía y hablaba con él con mucha menos frecuencia que con Jacques. Sus reflexiones seguían siendo valiosas, pero yo había llegado al punto de darme cuenta de que estaba solo. Al servicio de lo que pudiera aportar a los demás, necesitaba seguir aprendiendo, pero tenía que confiar mucho más en mi ingenio y en mi propia experiencia. Por suerte, sentía que había aprendido lo suficiente de estos dos buenos sacerdotes como para poder desempeñar ese papel con responsabilidad y confianza.

A pesar de nuestros poco frecuentes encuentros personales, aprecié que el padre A se hubiese convertido en algo más que sólo un colega. Pero, lamentablemente, también murió unos años después. Exmarine, siempre tuvo una presencia imponente, con casi 1,90 metros de altura. Tenía una forma de actuar sin contemplaciones, pero también un gran corazón.

Estos dos sacerdotes fueron a veces criticados por su singular vocación de exorcistas activos. Una vez vi en *Nightline* al padre Jacques destripar, para disfrute de Ted Koppel, a su flemático modo a un compañero sacerdote católico escéptico en el tema de los exorcismos. El padre A trabajaba más en privado y era más combativo por temperamento. Pero él también recibía más amenazas por parte de los satanistas. No es de extrañar que los adoradores del diablo, a menudo ruines pero dispersos, le despreciaran y, en mi opinión, los demonios también le odiaban.

Igual que al padre Jacques, varios miembros de la secta habían intentado intimidar durante mucho tiempo al padre A. La policía local, que apreciaba a este buen hombre y lo consultaban con frecuencia cada vez que se encontraban con ocultistas, le advirtió que tuviera cuidado. Como antiguo marine, tenía licencia de armas y llevaba un pequeño revólver en su bolsillo, pero en una ocasión reconoció que nunca pretendió utilizarlo. Años después, cuando confirmó a los medios muchos detalles de la dramática posesión de Julia, me preguntó si la secta seguiría persiguiéndole por hablar tan abiertamente. A pesar de ser la persona más valiente que he conocido, nunca supe si algún día el padre A pudo verse tentado a sacar esa pistola.

Un hecho poco conocido es que el padre A fue uno de los principales fundadores de la Asociación Internacional de Exorcistas, a comienzos de la década de 1990. El padre Jacques y yo viajábamos a menudo a Roma para asistir a las reuniones bienales de la asociación. El grupo se convirtió en un vehículo para que yo ampliara mi conocimiento de lo que ocurría internacionalmente en este ámbito. Muchas de las conferencias magistrales me resultaron fascinantes. La asociación, cuyos estatutos fueron aprobados por la Iglesia católica en 2014, representa uno de los esfuerzos más avanzados de la Iglesia para orientar y formar a más exorcistas y dirigir esa labor en direcciones prudentes. El Vaticano no hace un seguimiento de exorcismos internacionales ni de varios países, pero, por mi experiencia –y según los sacerdotes a quienes sigo consultando–, la demanda de exorcismos está creciendo en muchas áreas. En esta tendencia están incluidas múltiples solicitudes para la orientación profesional de psiquiatras. Los Estados Unidos es el hogar de alrededor de cien exorcistas «estables», es decir, los que los obispos han designado para combatir la actividad demoníaca de forma habitual. Este número ha crecido desde la docena de hace sólo una década y media, de acuerdo con el reverendo Vincent Lampert, un experto sacerdote-exorcista que vive en Indianápolis y que también es miembro en la Asociación Internacional de Exorcistas. (Dice que recibe unas veinte solicitudes a la semana, el doble de lo que su obispo le indicó en 2005). La Iglesia católica ha respondido ofreciendo más recursos para los clérigos que desean abordar el problema. En 2010, por ejemplo, la Conferencia Estadounidense de Obispos Católicos organizó una reunión en Baltimore para los sacerdotes interesados. Hay también actualmente un par de grupos de formación independiente en los Estados Unidos.

La mayoría de los miembros de la asociación son llamados constantemente a ayudar, ya que la demanda de este tipo de asistencia ha crecido de forma notable. Algunos expertos creen que esta tendencia se ha visto estimulada por el creciente declive de la práctica religiosa tradicional, especialmente en Europa y ahora también en Norteamérica. Otros señalan el supuesto aumento del ocultismo de diversos tipos en muchos países desarrollados. Y algunos opinan que la tendencia a culpar a lo demoníaco de los problemas de la gente es exagerada.

Ese tipo de debates son constantes, pero hay que tener cuidado de no generalizar en exceso las prácticas de países concretos a las tendencias mundiales. La variabilidad sigue siendo la norma. No obstante, sigue habiendo amplias zonas del mundo en las que los esfuerzos por combatir a los espíritus malignos son endémicos desde hace siglos y en las que la gente tiende a considerar el escepticismo occidental sobre esa realidad como ingenuo y etnocéntrico.

Un cronista de estas tendencias fue el padre Tené Laurentin, teólogo conservador francés, quien fue otro de los primeros miembros de la asociación de exorcistas, donde hizo de escriba semioficial. Actualmente ya fallecido, fue un prolífico escritor. Él y yo disfrutamos de muchos debates interesantes, aunque yo no siempre estuviera de acuerdo con algunas de sus opiniones sobre «revelaciones privadas» específicas, como se denominan a las supuestas apariciones sagradas. Su libro de 1995, *Le Démon: Mythe ou réalitié?*,[25] se basó en conferencias de la Asociación Internacional de Exorcistas, en las que garabateaba notas frenéticamente. Este libro –en concreto su defensa de la realidad de diablos y la eficacia de los exorcismos– causó sensación en Francia.

Muchos exorcistas ahora agradecen públicamente su participación en la Asociación Internacional de Exorcistas. Los médicos han participado desde el principio. He intervenido en las reuniones internacionales de la asociación sobre temas psiquiátricos relevantes y la necesidad de un discernimiento riguroso. El grupo acepta ampliamente la premisa de que siempre se necesita precaución médica, en especial en los casos confusos.

Desde su fundación, la asociación también ha aportado un foro para el debate erudito sobre la posesión y los procedimientos cuidadosos del ministerio del exorcismo. Su primer presidente fue el padre Jeremy Davies, sacerdote y psiquiatra inglés que fue sucedido por el padre Gabriele Amorth, quien se convirtió sin duda en el presidente más destacado, si bien a veces polémico.

El padre Amorth me dijo en una ocasión que recurría a los médicos para que le ayudaran a evaluar casos complejos siempre que fuera necesario. Pero pensaba que muchos sacerdotes europeos y estadounidense dudaban demasiado en lo relativo a efectuar exorcismos. No me sorprendió su afirmación, ya que había realizado muchos: afirmaba haber

25. Laurentin, René, *Le Démon: Mythe ou réalitié* (París: Fayard, 1995).

realizado unos sesenta y tres mil rituales de exorcismo. Descrito por alguno de sus críticos como un toro eclesiástico en una tienda china, el padre Amorth criticaba especialmente a los obispos que no autorizaban exorcismos. Les acusaba de grave negligencia en la ejecución de sus deberes, con lo que se ganó la antipatía de varios miembros de la jerarquía eclesiástica. En defensa de la cantidad de exorcismos que se decía que hacían algunos sacerdotes europeos, muchos sacerdotes extranjeros usan el término «exorcismo» cuando los americanos dirían «oraciones de liberación»: una diferencia de uso que suaviza ese número tan elevado. Más recientemente, muchos sacerdotes han empezado a llamar exorcismos «menores» a su serie modificada de oraciones para casos serios que son poco importantes para considerarlos posesiones formales, mientras conscientemente evitan el término «liberación».

He expresado algunas reservas sobre la cantidad de oraciones rituales que el padre Amorth realizaba a veces, una preocupación justificada, aunque comprensible, para un médico, dado el riesgo de animar inadvertidamente a posibles casos psiquiátricos a creer de forma errónea que sus dificultades son originadas espiritualmente. Pero el padre Amorth era un hombre inteligente y culto que se preocupaba de consultar a médicos cuando era necesario. En una ocasión me dijo que él simplemente sentía que había pocos inconvenientes en usar las oraciones de forma liberal.

El padre Amorth murió en 2016, si bien aún enredado en polémicas. El director y guionista de Hollywood William Friedkin, quien dirigió *El exorcista*, contó que llevaba años intentando hacer un documental sobre uno de los casos más llamativos de Amorth, que éste acabó permitiendo observar y filmar. La película *El diablo y el padre Amorth* se estrenó a finales de 2018.[26] Termina con un comentario ambiguo. A pesar de una celebración prematura de la liberación del sujeto de la película entre el gran grupo de testigos presentes en el exorcismo (otro aspecto debatido de los procedimientos de Amorth), el final de la película reveló que la mujer torturada volvía a su estado de posesión.

---

26. Friedkin, William, «The Devil and Father Amorth: Witnessing 'the Vatican Exorcist' at Work», *Vanity Fair*, 31 de octubre de 2016, www.vanityfair.com/hollywood/2016/10/father-amorth-the-vatican-exorcist

Fue desafortunado elegir un caso así, porque dejó la impresión de un exorcismo ineficaz (o un caso falso), cuando yo sabía que el padre Amorth había efectuado muchos exorcismos con éxito.

A pesar de la polémica, descubrí que el padre Amorth era un hombre generoso y sensato que tenía un buen sentido del humor, especialmente sobre él mismo. En una ocasión, me comentó que sus éxitos como exorcista (y eran muchos) pudieron deberse al hecho de ser «más feo que el propio Satán».

Mediante la Asociación Internacional de Exorcistas, conocí a otro buen sacerdote, el padre Giancarlo Gramolazzo, que sucedió a Amorth como tercer presidente de la asociación. Me nombró miembro de la junta directiva durante un tiempo. Creo que apreciaba que un profesor de psiquiatría estuviera involucrado y entendiera los objetivos de la organización, especialmente en la lucha contra los errores simplistas sobre los casos falsos.

El padre Gramolazzo murió en 2010. La asociación se encuentra ahora en las capaces manos del padre Francesco Bamonte, un exorcista experto y un verdadero erudito, y eficaz administrador durante su reciente crecimiento. Podría citar a muchos otros sacerdotes y legos asociados al grupo, incluido su representante para los Estados Unidos, el padre Roberto Cruz, quien sustituyó al padre Jacques. Ha hecho un maravilloso trabajo elaborando un programa modelo en los Estados Unidos, con la inclusión de una experiencia profesional sólida en el proceso de discernimiento y un amplio apoyo para las desafortunadas víctimas.

Algunos miembros de la asociación prefieren permanecer alejados del primer plano, aunque otros están deseosos de hablar o escribir sobre los casos públicamente. El padre Benigno Palilla, por ejemplo, ha descrito múltiples ejemplos de posesiones y exorcismos en un libro de 2018 titulado *Rescued from Satan: 14 People Recount Their Journey from Demonic Possession to Liberation*.[27]

Después de una convocatoria de la asociación, conocí a un periodista estadounidense que vivía en Roma, Matt Baglio, quien escribió el

27. Pallila, Benigno, *Rescued from Satan: 14 People Recount Their Journey from Demonic Possession to Liberation* (San Francisco: Ignatius Press, 2018).

libro de 2009 *The Rite: The Making of a Modern Exorcist.*[28] Me entrevistó durante una cena en Roma y quería mi opinión como psiquiatra sobre mis evaluaciones profesionales de posibles posesiones. El libro trata sobre la formación en la vida real del sacerdote estadounidense Gary Thomas para convertirse en exorcista. El padre Thomas, que ahora es un ocupado pastor en California, fue sorprendentemente abierto con Baglio a la hora de compartir su historia personal y sus emociones mientras se sometía a su entrenamiento. La película de 2011, también llamada *The Rite (El rito)*, estaba basada en líneas generales en el libro, pero es un ejemplo de la ridícula confusión del exorcismo en Hollywood. Los expertos italianos sobre quienes escribió Baglio son un grupo de hombres bien formados y dedicados; ni ellos ni el padre Thomas, a quien conozco, se parecen en nada al problemático sacerdote en formación ni al anciano y excéntrico exorcista retratado por Anthony Hopkins en la película.

Por todo el mundo se están haciendo múltiples esfuerzos para garantizar procedimientos de exorcismo seguros y sensatos, y para exponer al público de forma completa y abierta estos asuntos anteriormente secretos. Entre los católicos actualmente hay más exorcistas oficiales que nunca antes: una tendencia plenamente apoyada por papas recientes, incluso el «progresista» papa Francisco. Los exorcistas oficiales entre los católicos son sacerdotes. Los participantes laicos a veces asumen funciones de cuasiexorcistas, pero esta excesiva actividad se ha topado con la desaprobación oficial.

Los protestantes, especialmente los evangélicos, también han concedido una atención seria y detallada a instruir exorcistas y asegurar prácticas sólidas. Sus esfuerzos por formar nuevos exorcistas tienden a ser más informales, y a menudo implican sobre todo el aprendizaje y la inclusión de laicos. Las asociaciones oficiales de cristianos protestantes expertos en salud mental también se han puesto a disposición para su consulta.

---

28. Baglio, Matt, *The Rite: The Making of a Modern Exorcist* (Nueva York: Random House, 2009).

## CAPÍTULO 9

# LA HISTORIA DE LAS CREENCIAS EN LOS ESPÍRITUS MALIGNOS, LA APARICIÓN DE LA IDEA DE LO PARANORMAL Y LAS INFESTACIONES

A lo largo de la historia, las preocupaciones personales y culturales por los estados de posesión y el miedo a los espíritus malignos ha sufrido altibajos, un ciclo de fascinación y desinterés que probablemente continuará eternamente. No obstante, éstas son creencias verdaderamente perennes con el paso de los años.

En una notable demostración de erudición, Erika Bourguignon,[29] una importante antropóloga moderna, desenterró informes documentados de posesiones en unas tres cuartas partes de las 488 culturas que estudió. Teniendo en cuenta que la ausencia de evidencia no es la evidencia de ausencia, la creencia en las posesiones de las culturas prehistóricas primitivas era casi omnipresente; ciertamente, la creencia en espíritus malignos lo fue. Y, como demuestra el trabajo de Bourguignon, ese tipo de creencias aparece en probablemente toda época y también casi en toda cultura de la historia registrada. Subrayo este punto: parece que nunca ha habido una época en la historia de la humanidad,

29. Bourguignon, Erika, «Introduction: A Framework for the Comparative Study of Altered States of Consciousness», en *Altered States of Consciousness, and Social Change*, ed. Erika Bourguignon, 3-35 (Columbus: Ohio Univ. Press, 1973).

o en la prehistoria, en la que las creencias en los espíritus malignos o los esfuerzos específicos para combatirlos o exorcizarlos no estuvieran presentes dentro de culturas o subculturas específicas, independientemente de cómo se entendieran estos espíritus malignos o los actos de exorcismo.

Lo mismo ocurre hoy en día en los tiempos modernos.

La gran decepción del siglo XX, de acuerdo con muchos comentaristas, fue la «no desaparición» de la religión tradicional. Otros críticos han etiquetado la presente era como el «retorno del diablo». Los pensadores de la Ilustración y, posteriormente, los filósofos ateos del siglo XIX argumentaron que la religión representaba un estado infantil del desarrollo humano. Freud pensaba eso también. Muchos predijeron que hacía el final del siglo XX las religiones tradicionales, con sus creencias en seres sobrenaturales, incluidos los ángeles y los demonios, desaparecerían.

Estaban equivocados, y de forma espectacular.

Lejos de extinguirse, la preocupación por la espiritualidad se mantiene con fuerza en la mayoría de los humanos. Y más chocante es el amplio mantenimiento –incluso crecimiento– de la creencia en los diablos y los espíritus malignos, entre ellos Satán. Los Estados Unidos en particular siguen teniendo niveles elevados de práctica religiosa tradicional. La mayoría de los estadounidenses se siguen considerando cristianos; un porcentaje abrumador cree en Dios y una cantidad asombrosamente elevada acepta la idea del diablo.[30]

Mientras que partes del mundo han presenciado de forma simultánea un proceso de secularización, especialmente Europa, y más ahora que en el pasado también entre los jóvenes estadounidenses, se mantienen fuertes señales de que en muchas zonas las religiones históricas modernas reciben o sustituyen a las creencias paganas hasta un nivel sorprendente. Por ejemplo, hace cien años muchos países africanos eran paganos o islámicos, y sólo un 10 % eran cristianos. Actualmente, en todo el continente, el 50 % profesa la fe cristiana y la mayor parte

30. «In U.S., Decline of Christianity Continues at Rapid Pace», *Pew Research Center*, 17 de octubre de 2019, www.pewforum.org/2019/10/17/in-u-s-decline-of-christianity-continues-at-rapid-pace/

del resto son musulmanes. En toda África, y en muchas áreas de Asia y Sudamérica, ha prevalecido una sólida fe en los espíritus malignos. Una razón del crecimiento del cristianismo es que muchas culturas en proceso de desarrollo han acogido el pentecostalismo, la denominación cristiana de más rápido crecimiento del mundo. Paralela a este crecimiento está la constante creencia en los demonios y las prácticas encaminadas a combatirlos, que ha seguido aumentando en las últimas décadas en los países desarrollados y en vías de desarrollo de todo el mundo.

Mi interés por la historia de este asunto y la variedad de los sistemas de creencia pasados y presentes sobre los espíritus malignos no era solamente académico. La globalización, junto con los patrones de inmigración, ha generado tal mezcla de culturas en este país y por todo el mundo que consideré imposible ayudar a la gente afligida sin un conocimiento completo y una valoración profundamente respetuosa de diferentes identidades culturales y distintas prácticas religiosas. Sigo aplicando las lecciones que aprendí a fin de ayudar a aportar cambios positivos y duraderos para gentes de una multitud de orígenes y creencias diversas.

Mi inmersión en ese tipo de estudios fue útil, por ejemplo, cuando una pareja vietnamita trajo a mi consulta a su hijo, que acababa de ser diagnosticado con una enfermedad mental. Tanto la madre como el padre tenían buena formación y carreras profesionales, pero ninguno estuvo de acuerdo con el diagnóstico convencional de su hijo. Steve era su hijo menor; sus hermanos mayores estaban todos casados y con carreras profesionales satisfactorias. Cuando conocí a Steve, él tenía 23 años y era un joven talentoso, atractivo e inteligente, con unas habilidades sociales excelentes. Su estado de ánimo era normal y su pensamiento coherente. Igual que Sara, no parecía tener ninguna enfermedad mental, a pesar de informar sobre síntomas extraños que me llevaron a creer que sufría una posible combinación de opresión interna y externa. ¿Cómo un joven sano mentalmente de los alrededores de Connecticut pudo caer víctima de un ataque demoníaco de ese tipo? Como explicaba el padre, él mismo creció formando parte de una minoría étnica en su nativo Vietnam, y describía a sus antepasados como una familia pagana. La pareja se convirtió al cristianismo evangélico, pero les preocupaba que el linaje pagano de su familia estuviera relacionado con las dificultades de su hijo, o fuera la causa de las mismas, de alguna manera no especificada.

Steve había sido educado en la fe de sus padres y asistió a su iglesia hasta que tuvo 16 años. En ese momento, como muchos adolescentes, empezó a poner en duda la fe de su familia. También de muchas otras formas, se rebeló contra lo que consideró una educación demasiado conservadora y convencional. Igual que muchos jóvenes curiosos, empezó a buscar un sistema de creencias alternativo para llenar el vacío. Con el tiempo, empezó a practicar lo que algunos estudiosos denominan «neochamanismo», un término basado en un concepto tradicional, el chamanismo, ahora ampliado por antropólogos y especialistas para describir una serie de creencias y métodos de ver alucinaciones y de curar asociados históricamente con muchas culturas nativas de todo el mundo. Culturas indígenas supervivientes de América, África, el este y el sudeste asiático y Siberia aún valoran las tradiciones chamánicas, muchas de las cuales siguen influyendo en los sistemas de creencia de un número sorprendente de personas de las naciones modernas. Corea del Sur, por ejemplo, tiene más chamanes que psicoterapeutas.

El chamanismo es una serie de prácticas de distintas herencias espirituales que incluye un practicante (llamado chamán) que entra en un estado alterado de conciencia para interactuar con un mundo de espíritus. El chamán se considera un intermediario con ese ámbito espiritual, especialmente para facilitar la sanación. Lo que diferencia al neochamanismo de la práctica histórica del chamanismo es su eliminación de contextos culturales vitales y algunas creencias espirituales valiosas asociadas, la razón por la que suele criticarse como una distorsión del chamanismo tradicional y una forma inadecuada de apropiación cultural.

Con curiosidad por ese tipo de prácticas indígenas, Steve comenzó a relacionarse con seguidores neochamánicos de dentro y de alrededor de Nueva York, de los cuales asombrosamente hay muchos. Combinó su interés por el neochamanismo con el wiccanismo y otros principios neopaganos. Según Steve, al principio pasó por un amplio rango de estados paranormales; sin embargo, con el tiempo se desilusionó con estos movimientos y abandonó este período chamánico.

Por desgracia, el mundo espiritual no había roto con él. Incluso después de romper su relación con los devotos de esas prácticas esotéricas, siguió experimentando visiones de espíritus y otras imágenes en apariencia paranormales. Muchas eran imágenes totalmente extrañas: seres siniestros con forma de sombras oscuras o, como los describía Steve, «manchas». Y, como Stan y Maria habían informado, Steve me contó que estos espíritus se volvieron hostiles y violentos, y que golpeaban físicamente su cabeza. Para ser precisos, él no experimentaba dolores de cabeza; sentía golpes literales en su cabeza, aunque no le salían cardenales, como a Maria, ni mostraba ninguna señal de arañazos u otras marcas, como Stan. Nuestros enemigos demoníacos varían sus estrategias y métodos, una vez más para confundir y desorientar al máximo a los estudiantes curiosos.

Como Maria y Stan y muchos otros, Steve no mostró evidencia de problemas psiquiátricos. Sus síntomas no respondieron en nada a la medicación, no tenía ningún trastorno mental *per se*, y el contexto de su extraña condición estaba definido claramente por una fase de seria implicación con lo oculto. Se daban todas las características de un verdadero ataque diabólico, otro chocante caso de una opresión simultánea interna y externa, es decir, incluía imágenes internas y las llamadas vejaciones físicas por parte de espíritus malignos, o demonios, como Steve llegó a creer por sí mismo.

Después de descartar cualquier problema psicológico o físico, Steve regresó al cristianismo y empezó a trabajar con un sacerdote local para ayudarle en un proceso de liberación. Estoy contento de informar que ha mejorado tremendamente, aunque no se ha liberado aún por completo de sus opresores demoníacos.

Las experiencias paranormales extrañas, asociadas con diversas tradiciones espirituales o esotéricas, son inusuales, pero no tan raras como la gente cree actualmente. Muchos «buscadores» intentan experimentar lo que puede denominarse lo paranormal o el mundo de los espíritus, dependiendo del marco interpretativo de cada uno. Yo he hablado con muchos de estos autodenominados exploradores, que a menudo se meten en problemas, como describió su sorprendente resultado una arrepentida mujer.

El sufrimiento de Steve era similar a lo que experimentan muchas personas que han tenido la curiosidad de conseguir estados mentales pseudomísticos o estados mentales esotéricos; también a menudo quedaban atrapados en un mundo más allá de su imaginación. Luchan por comprender cómo surgieron sus problemáticos síntomas o por qué no desaparecen. Una mujer que conozco viajó a Sudamérica para pasar un tiempo con un chamán curandero indígena. Desde entonces, está sufriendo los efectos de los espíritus. La historia de Stan era similar, y llegó a interpretar a su opresor espiritual como explícitamente satánico. Ninguna explicación bastará para explicar estos extraños fenómenos. Y si alguien piensa que estas historias, tan frecuentemente asociadas con buscadores tipo New Age y similares, son siempre benignas o poco comunes, es porque no sabe mucho de historia o de vida espiritual.

Sin embargo, si supones que el mejor historiador de los estados espirituales de opresiones y posesiones fue un exorcista o un teólogo, o incluso un cristiano creyente tradicional, te equivocarías. El trabajo clásico de los estados de opresión y posesión a lo largo de la historia mundial lo escribió hace casi cien años Traugott K. Oesterreich, un profesor de la ciudad alemana de Tübingen. Polímata agnóstico alemán, Oesterreich se convirtió en uno de los primeros creyentes en la parapsicología, un campo que también fascinaba secretamente a Freud. La riqueza de detalles en la voluminosa traducción de 1966 de su obra de 1921 *Possession: Demoniacal and Other, Among Primitive Races, in Antiquity, the Middle Ages, and Modern Times*[31] no tiene igual. (El autor William Peter Blatty lo leyó antes de escribir *El exorcista*, y tomó gran parte del material de base para su relato ficticio).

Como Freud, quien en 1923 escribió una breve pero famosa monografía sobre el tema de la posesión, a la que llamó «neurosis demonológica», e igual que otros intelectuales seculares de aquel período, Oesterreich consideró originalmente los estados parapsicológicos como trastornos emocionales o enfermedades, interpretando ese tipo de condiciones como de naturaleza psiquiátrica. Él clasificó los trances y las

31. Oesterreich, T. K., *Possession: Demoniacal and Other, Among Primitive Races, in Antiquity, the Middle Ages and Modern Times* (Nueva York: Routledge and Kegan Paul, 1930).

conductas agresivas de las posesiones como resultado de estados disociativos relacionados con la hostilidad interior, proyectada hacia fuera como una personificación del mal, o como compulsiones. Al igual que Freud, en un principio interpretó los casos de posesión como histeria, neurosis severa y psicosis. Sin embargo, Oesterreich nunca pudo explicar cómo esos individuos con trastornos mentales podían levitar, poseer conocimientos arcaicos, hablar o entender idiomas extranjeros, o experimentar muchas de las otras características que citó en los innumerables casos históricos. Desconcertado por esas observaciones, cambió de opinión. Llegó a sentir que los fenómenos misteriosos eran tan inexplicables que extrajo la conclusión de que los estados de posesión deben ir más allá del mundo natural y material para reflejar las realidades «espiritistas» (palabra suya) o paranormales.

Y así, en su obra magna, Oesterreich admite que su enfoque anterior y más exclusivo en la patología mental era erróneo, y señala que «los investigadores de prestigio científico consideran esas explicaciones insatisfactorias... y toman las hipótesis espiritistas como válidas». Oesterreich incluyó miles de relatos y referencias a tales casos, mostrando una y otra vez cómo tanto los antropólogos como los cronistas históricos han encontrado amplias pruebas de que estos estados tan raros han existido siempre. No es de extrañar que Oesterreich, una y otra vez, ofrezca citas históricas de muchos de los fenómenos descritos en este libro. Por ejemplo, relata posesiones voluntarias e involuntarias y cómo los rituales paganos, a lo largo de los siglos, han solicitado a los espíritus, considerados benignos, que actuaran como guías y ayudantes espirituales. Pero estos episodios solían terminar mal. A veces –como presenciamos en el caso de Speedy, el miembro MS-13 del que se esperaba que solicitase conocimiento oculto del mundo espiritual para lograr los propósitos dañinos del grupo–, estas solicitudes «voluntarias» se vuelven contraproducentes y los suplicantes llegan a la conclusión de que son las verdaderas víctimas.

Osterreich cita cientos de ejemplos de posesiones involuntarias de culturas que son notablemente similares a muchos de los casos por los que he consultado. Entre ellos se incluyen casos relacionados con creencias animistas en África, en los que fuerzas espirituales poseían a seres humanos, que luego hablaban varias lenguas desconocidas o revelaban algún conocimiento oculto. Describe posesiones históricas hindúes, que se supone que ocurren por la actividad de dioses y «poderes menores», pero que, según este erudito completamente agnóstico, nos acercan «peligrosamente a la creencia en los demonios». También ofrece ejemplos de múltiples fuentes paganas y no occidentales de la historia reciente, así como informes de casos de posesión que son ampliamente similares a casos también presentados en las fuentes cristianas y judías que también cita. Incluye relatos dentro de textos de todas las religiones del mundo.

Algunos críticos modernos mal informados sobre la realidad de los estados de posesión y opresión afirman que sólo los miembros crédulos de las subculturas religiosas tradicionales experimentan esos estados. Nada podría estar más lejos de la verdad, como atestiguan informes históricos y contemporáneos. Según mi experiencia, las personas sin una verdadera formación religiosa que recurren a las prácticas ocultas son las más atacadas por los espíritus. Y, puesto que carecen de fundamento espiritual sólido, o «armadura espiritual», se engañan más sobre lo que les ocurre, lo que hace que la liberación de los opresores demoníacos sea mucho más difícil de conseguir. En su deseo por tener experiencias paranormales, se encuentran entre los más ingenuos respecto a un mundo espiritual.

Independientemente de la época o el lugar, a lo largo de la historia y de las diversas culturas, tanto seculares como religiosas, la gente sigue documentando la existencia de un mundo espiritual rico y activo y la muy real actividad depredadora de los espíritus malignos y los demonios. Yo presencio esta diversidad continua y compleja de expresiones demoníacas o relacionadas con espíritus hoy en día en las personas de todo el mundo que buscan mi asesoramiento.

• • •

Desde el amanecer de la historia, las culturas antiguas han creído claramente que el mundo espiritual, sin importar como se defina, pocas veces ha sido benigno. Existía una multiplicidad de creencias sobre los espíritus, conceptualizados habitualmente como dioses, espíritus «intermediarios», almas muertas. héroes caídos, gobernantes del pasado o miembros familiares fallecidos, por nombrar algunos conceptos comunes. El término griego *daimones*, del que procede «demonios», hacía referencia originariamente a espíritus de naturaleza más benigna, y después pasaron a ser un concepto más amplio, por ejemplo, empleado por Platón como un tipo de espíritu interior creativo. Con el tiempo, el término llegó a utilizarse en la Septuaginta para traducir las palabras hebreas *shedim* y *si'irim*, y después la literatura cristiana lo adoptó para referirse a espíritus malignos.

La primera sociedad que ha tenido registros escritos ha sido la sumeria. Desde el comienzo, la escritura cuneiforme del antiguo Sumer (actualmente Irak) hacía referencia a los demonios como *gid-dim*. Los asirios conquistaron a los sumerios y desarrollaron, a partir del politeísmo regional, la creencia en un dios supremo, Ashur. Junto con Ashur existían una serie de dioses menores, a menudo descritos como diabólicos.

*El exorcista* comienza con el anciano sacerdote Lankester Merrin excavando un emplazamiento asirio en Irak. Desentierra una estatua del demonio asirio de Pazuzu, quien acaba poseyendo a Regan. Los asirios habían elaborado técnicas de exorcismo, incluyendo fumigaciones, conjuros, amuletos y, según parece, drogas. Igual que los exorcistas actuales, la casta sacerdotal buscaba el nombre del demonio durante los ritos antiguos de exorcismo. Posteriormente, las ideas babilónicas y persas sobre religión también contribuyeron a desarrollar nociones de demonología, y probablemente influyeron en las poblaciones judías cautivas. Por otra parte, dado que se han encontrado «experiencias espirituales» de diversa índole, y especialmente posesiones, de forma independiente entre tantas culturas, estas creencias a menudo parecen entenderse mejor como espontáneas y «transculturales».

La religión dualista persa, el zoroastrismo, hacía hincapié en un reino cósmico de «poderes» competidores, en el que un lado es bueno y el otro malo. Estos dramáticos antecedentes históricos en Oriente Medio son importantes para apreciar las disputas que las primeras tribus hebreas tuvieron con las culturas circundantes antes de la era cristiana, y la variedad de opiniones sobre los «demonios» y sus orígenes, que posteriormente dieron lugar a nociones comunes en el cristianismo y el islam.

En un desarrollo único en la historia hasta entonces, por el cual sus textos antiguos siguen recibiendo poco crédito, durante siglos, la tradición hebrea central, con su singular enfoque en un elevado sistema de pensamiento ético y monoteísta, se resistió a lo que se consideraba contaminación oculta de las culturas y religiones paganas vecinas. Proteger su verdaderamente elevado conocimiento de Dios (además de despreciar las nociones dualistas) parecía implicar una carencia general de interés por otros espíritus menores.

La palabra «paganismo» en sí misma (originariamente un término peyorativo) se utiliza a menudo con demasiada ligereza, ya que abarca una gran variedad de creencias y prácticas. Y muchos de estos otros sistemas de creencias también tenían elementos nobles, por supuesto. Muchas prácticas paganas, como una especie de religión estatal, han ensalzado especialmente virtudes humanas, como el civismo, la honestidad y el valor marcial. Las que consideramos como nociones «orientales» y a menudo esotéricas de la espiritualidad han destacado de forma característica la compasión verdadera y el desinterés.

Un elemento común de paganismo tradicional y popular, sin embargo, han sido los rezos y los sacrificios ofrecidos a una amplia variedad de espíritus. El «Paganismo», en su sentido más amplio, incluso como acompañante común de ciertas religiones mundiales avanzadas, casi siempre se ha entrelazado con una cosmovisión general cubierta de supersticiones sobre dioses y diosas (difícilmente exentos de defectos), así como sobre espíritus totalmente malignos, independientemente de dónde se concibieran. Dentro de las culturas específicas más típicamente paganas, incluyendo a los cananeos y filisteos bíblicos, por ejemplo, existía una amplia creencia sobre la necesidad de propiciar estas fuerzas, esencialmente para «sobornarlas», incluso con maldades como los sacrificios humanos. Estas últimas prácticas, más prevalentes en las culturas más básicas y «oscuras» de la historia desgraciadamente no han sido infrecuentes. La Biblia hebrea, o *Tanakh*, no se anduvo con rodeos a la hora de oponerse y condenar ese tipo de «ocultismo» (otro término complejo) y la adoración de ídolos, como parte de lo que los hebreos pensaban, con razón, que era una variante malvada de las creencias espirituales. El libro de Deuteronomio, por ejemplo, califica de «abominación al Señor» a «un consultor de espíritus familiares, o un mago, o un nigromante» (alguien que convoca a las almas muertas para predecir el futuro) (Deut. 18:11-12, según su nomenclatura en inglés). La ley de Moisés, tal como se codifica en el Levítico, establece la pena de muerte por tales prácticas (aunque ese tipo de castigos parecen haberse aplicado pocas veces).

Esta antipatía hacia los vecinos que se implicaban en prácticas ocultas, así como otras peores, como por ejemplo el asesinato ritual de mujeres y niños, explica la condena belicosa de los antiguos hebreos hacia sus rivales (lo que no quiere decir que ellos nunca realizaran también tales prácticas). También los antiguos romanos y griegos llegaron a condenar los sacrificios humanos como algo bárbaro. Los romanos, por ejemplo, libraron varias guerras con los cartagineses del norte de África, de los que hoy se cree que realizaban sacrificios humanos, y eran considerados por los romanos como inmorales.

No obstante, casi todo el mundo antiguo, incluidos los israelitas, llevaban a cabo habitualmente sacrificios rituales, tanto de animales como de humanos. Incluso cuando en el Viejo Mundo estas atrocidades se abolieron en gran medida, durante muchos siglos después estas abominaciones continuaron en el «Nuevo Mundo», especialmente entre 1os mayas, los aztecas y los incas; esta última sociedad drogaba a las chicas jóvenes, después las congelaba y las momificaba. También se han descubierto evidencias claras de sacrificios de niños en amplias zonas de lo que se ha dado en llamar las culturas mesoamericanas, incluyendo partes de lo que hoy es el territorio continental de Estados Unidos. Las excavaciones de la Gran Pirámide de Tenochtitlán, actual Ciudad de México, han desenterrado los restos de numerosos niños sacrificados ritualmente para aplacar a sus «dioses». Las uñas de algunos de los niños fueron arrancadas para apaciguar a estas deidades espirituales. Se han desenterrado sacrificios humanos similares en el yacimiento precolombino de Teotihuacán, considerado el «lugar de nacimiento de los dioses». Estas diversas sociedades antiguas seguramente consideraban que tales rituales eran eficaces, de la misma manera que Julia creía que las propias ceremonias espeluznantes de su secta le procuraban favores de Satanás.

Por supuesto, los antiguos israelitas eran reprendidos a menudo por sus propias figuras proféticas por caer en la idolatría y la infidelidad a su sentido único de un pacto con Yahvé. Pero, sobre todo, la Biblia judía en sí misma refleja poca preocupación por la demonología y el ocultismo, utilizando la tecnología moderna.

Aunque la atmósfera típicamente pagana de la magia y su consiguiente preocupación por los espíritus malignos está en gran medida ausente de los textos judíos, unas pocas referencias bíblicas dispersas dan fe de creencias subyacentes en fuerzas personales menos benignas en el cosmos espiritual. Algunos pasajes aluden a espíritus intermedios más oscuros, a veces denominados «ángeles destructores» o «mensajeros malignos», pero pueden cumplir las órdenes de Dios y ser percibidos como agentes de su voluntad vengadora.

El papel de los espíritus malignos adquirió un mayor énfasis en los textos judíos durante el llamado período intertestamentario (desde aproximadamente el 420 a. C. hasta el 30 d. C.), en especial en los movimientos judíos sectarios inmediatamente anteriores a la era cristiana. Los escritos de este período se incluyen en el canon bíblico por algunos grupos, y no por otros. El Libro de la Sabiduría, que escribió un judío de Alejandría dos o tres siglos antes del nacimiento de Cristo, incluye una advertencia clara: «Porque Dios nos hizo inmortales.../ Pero por la envidia del diablo, la muerte entró en el mundo» (El Libro de la Sabiduría 2:23-24, nabre). El Libro de Jubileos y el Libro de Enoch cuentan historias extrañas de ángeles caídos. Enoch fue muy influyente en las creencias populares judías del siglo I d. C. Los esenios, una secta judía semimonástica, también insistieron bastante en la naturaleza cósmica de la batalla entre Dios y los ángeles contra Satán y sus seguidores. Existen varias referencias a los espíritus malignos en los textos judíos de la época, ahora llamados los Rollos del Mar Muerto, descubiertos en el siglo pasado en Qumrán, en la actual Cisjordania de Israel. A esto le siguieron muchos ejemplos de aceptación rabínica posterior de la noción de espíritus malignos. Y finalmente, las creencias judías más populistas sobre espíritus –como por ejemplo «dybbuks» (que se cree que eran almas muertas)– persistieron incluso en la era moderna en algunas ramas subculturales del judaísmo mundial.

Esta tendencia hacia un mayor énfasis en las fuerzas demoníacas se aceleró en los primeros textos bíblicos cristianos. Por la época de la vida de Jesús de Nazaret, una preocupación demonológica marcó muchas culturas mediterráneas, y los especialistas están de acuerdo en que proliferó en los siglos posteriores, ya fuera como reflejo de las formas de pensar paganas, judías o cristianas. No todo el mundo creía en los espíritus malignos y las posesiones diabólicas. Los saduceos, por ejemplo, no lo hacían. Sin embargo, a medida que surgía la literatura del Nuevo Testamento, segmentos significativos del judaísmo contemporáneo lo hacían. El Libro de los Hechos hace referencia a «exorcistas judíos itinerantes», al igual que el historiador judío del siglo I, Flavio Josefo.

Aunque el Nuevo Testamento no carece de polémica entre los investigadores, no hace falta decir que los estudiosos están de acuerdo en que Jesús vinculó explícitamente su papel mesiánico al derrocamiento del reino de Satanás, el «príncipe de este mundo» (Juan 12:31). El Nuevo Testamento cita unas trescientas veces al diablo, aunque estas referencias emplean una diversidad de términos para describir a Satán y a su reino. En aquella época, la enseñanza sistemática del Nuevo Testamento en este ámbito era escasa. Sin embargo, tres de los cuatro Evangelios relatan la famosa historia de la tentación de Jesús por parte de Satán en el desierto. Jesús incluso abre su ministerio público expulsando a un demonio de un hombre poseído en la sinagoga de Cafarnaúm, un claro indicio de su autoridad sobre los mundos espiritual y físico. Posteriormente, en otro relato del Evangelio, un demonio o «espíritu inmundo» se dirige a Jesús, preguntándole: «¿Qué tienes que ver tú con nosotros, Jesús de Nazareth? ¿Has venido a destruirnos?» (Marcos, 1:24, según su nomenclatura en inglés). Jesús entonces le reprende y expulsa al espíritu maligno.

Hay siete episodios en los cuatro Evangelios sobre casos específicos de posesión. El patrón más común consta del reto del demonio, la orden de Jesús para que el espíritu se vaya y la rápida salida del espíritu maligno. A pesar de las declaraciones de algunos historiadores modernos, no hay pruebas de que Jesús estuviera hablando de forma metafórica, ni hay evidencia de que simplemente tomara prestadas las creencias de su tiempo. Los historiadores prudentes, sean cristianos o seculares, están totalmente de acuerdo en que el Jesús histórico tenía fama de exorcista. Y no obstante condenó otras supersticiones contemporáneas, como la idea de que la enfermedad la causaban los pecados personales o los pecados de nuestros padres. Además, en la literatura evangélica, «curar al enfermo» se ponía siempre en una categoría distinta de «expulsar los demonios».

¿Son creíbles estas historias? Después de haberlas estudiado durante muchos años, considero que son importantes, aunque complejas. Además, me parecen fiables al describir detalles sobre posesiones que de otro modo serían difíciles de creer, ya que yo mismo he sido testigo de fenómenos similares y de un amplio éxito de tales prácticas que continúan hasta el día de hoy.

El Nuevo Testamento sin duda indica que Jesús hablaba sobre este asunto con una confianza y una autoridad sin precedentes. Con el tiempo, pidió a sus discípulos que expulsaran también a los demonios, una prerrogativa que asociaba con el inicio del tan esperado «reino de Dios», que sus seguidores suponían que se les predijo en el Libro de Daniel. Esta creencia tuvo una fuerte influencia en los entonces contemporáneos debates sobre la llegada del Mesías, que incluían afirmaciones, según los cristianos, del propio Jesús de que expulsar a los demonios era una señal de su estatus mesiánico como «Hijo del Hombre» y un precursor indicador de la inminente llegada del reino de Dios.

Desde entonces, las Iglesias cristianas han ordenado que llevar a cabo el mandato de Jesús de expulsar a los espíritus malignos es importante para su misión. Esta labor exigía prolongados esfuerzos por parte de los seguidores de Jesús, pero con gran éxito, hasta el extremo de que la Iglesia antigua usaba sus triunfos como prueba de la superioridad de su religión frente a los esfuerzos menos efectivos de los sacerdotes paganos (de forma muy parecida al modo en que Moisés reivindicó un poder superior de la asistencia de Yahvé en comparación con la de los sacerdotes-magos egipcios).

Al mismo tiempo, el judaísmo rabínico se fue apartando lentamente de algunas de las fuentes judías anteriores que aceptaban la idea de una batalla cosmológica entre Satán y sus diablos contra Dios. La demonología no tuvo ningún papel central en las enseñanzas rabínicas oficiales, aunque, como se ha comentado, las creencias populistas en los ataques de demonios, o al menos en las almas muertas dañinas, persistieron largo tiempo.

Esta evolución hacia el escepticismo judío fue gradual, según los historiadores judíos y seculares. Por ejemplo, el historiador judío Flavio

Josefo, en sus *Antigüedades judías*, menciona a un exorcista judío que trabajaba «por la utilidad y la salvación de otros». En el siglo IV, el obispo cristiano Atanasio atestigua que los judíos seguían realizando exorcismos con el uso de lecturas de la Biblia hebrea. El Halajá, el cuerpo de leyes religiosas judías, seguía aceptando la realidad de los demonios. La observancia de la ley se consideraba la mejor prevención contra su influencia, como en algunas sectas judías hasta nuestros días.

Muchos filósofos judíos medievales tampoco cuestionaron la existencia de espíritus malignos, con una notable excepción, la del médico y filósofo Maimónides. Posteriormente, los cabalistas místicos revivieron las ideas expresadas en el libro no canónico de Enoch y otros antiguos escritos judíos sobre demonios, aunque con una insistencia más frecuente en el papel de las almas muertas errantes. En el folclore judío, estos *dybbuks* pueden ser benignos o maliciosos y se dice que habitan en un huésped humano para cumplir algún propósito. Todavía en el mundo moderno, algunos rabinos de la tradición cabalista siguen haciendo exorcismos. He hablado con algunos individuos de ambientes judíos que han descrito tales rituales en su persona. Los judíos más convencionales critican gran parte de estas prácticas cabalistas o las de otros grupos heterodoxos y desestiman su importancia. Pero algunos judíos ortodoxos creen en algún tipo de actividad demoníaca, aunque pueden interpretar que lo demoníaco está tan mezclado con las inclinaciones malignas de los humanos (*yetzer hara*) que resulta difícil separar los dos reinos. Sin embargo, no puede decirse que haya una postura judía «unificada» u oficial; un importante rabino me dijo que mantenía una postura agnóstica sobre el tema y afirmó que esa actitud era la más sensata para los judíos.

Después de la decadencia del Imperio romano, otra fuerza cultural vino a dominar el Oriente Medio y Próximo, y con el tiempo gran parte del sur y el oeste del Mediterráneo: el islam. El profeta Mahoma nació en La Meca en el año 571. Durante su vida, se extendió la creencia en los djinn, o jinn (genios), que se mencionan en el Corán. En los principales textos islámicos también aparecen términos para referirse a los ángeles y los demonios, y se promovía la creencia en ambos; los jinn se concebían como criaturas de naturaleza intermedia entre los ángeles (y los ángeles caídos) y los humanos. En el Corán (72:11) se cuenta que un jinn dice que «algunos de nosotros somos buenos y otros no». La terminología en estos temas, a lo largo de los siglos, ha sido históricamente compleja, pero tanto los estudiosos islámicos como los no islámicos confirman la diferenciación islámica común de los espíritus en ángeles, jinn y demonios (shayatin); los tres podían afectar a los humanos, y tanto los jinn como los demonios podían poseer a las personas.

La creencia en los demonios entre los musulmanes devotos sigue siendo la norma actualmente. Aunque la mayoría de los musulmanes cultos que conozco creen que hay que descartar las enfermedades médicas antes de pensar en la noción de un ataque diabólico, aceptan la posesión como un hecho. Sin embargo, por mi experiencia, la mayoría de los clérigos islámicos, como la mayoría de sus homólogos cristianos, advierten de los peligros de un uso excesivo del exorcismo y creen, como yo, que las sospechas de ataques demoníacos suelen ser perturbaciones psicológicas y no un ataque de un mundo espiritual.

A lo largo de los siglos, las tres religiones monoteístas –el cristianismo, el judaísmo y el islam– han ritualizado sus intentos de exorcismo más formales. Aunque emplean materiales como agua bendita y aceites, la noción de exorcismo entre estas religiones dio un giro más «espiritual» que en la mayor parte de las otras tradiciones religiosas. La idea clave que se desarrolló en estas tres religiones es que se deben utilizar medios principalmente espirituales para combatir y expulsar a las entidades poseedoras o acosadoras porque son enemigos espirituales: son espíritus, no seres materiales.

El cristianismo es una religión con un enfoque «teórico» o «teológico». Su principal enfoque intelectual no se centra tanto en los comentarios o las normas jurídicas sobre sus prácticas, como ocurre en el judaísmo ortodoxo y el islam tradicional, como en la sistematización de sus creencias en fórmulas y catecismos doctrinales. Por tanto, no es de extrañar que la «teología» más elaborada del ámbito demoníaco se haya dado en el cristianismo. Se desarrolló una enseñanza doctrinal ortodoxa sobre la rebelión de Satanás y otros demonios y los continuos esfuerzos de este reino por acosar y tentar a los humanos. A lo largo de los siglos, se siguieron realizando exorcismos en todo el mundo católico. Durante ciertos períodos, se concedían con poca frecuencia autorizaciones para efectuar exorcismos. Sin embargo, en las últimas décadas, los exorcismos católicos han experimentado un renacimiento, como hemos visto.

El mundo protestante llegó a confiar menos en los exorcismos formales, pero los reformadores siguieron convencidos de la fuerte influencia del diablo y de la cruda realidad de sus ataques manifiestos. Se dice que Martín Lutero se preocupó por Satán y los demonios, quienes, según él, se materializaban con frecuencia. Habitualmente narraba sus propias experiencias con apariciones demoníacas. Se dice que una marca negra en la pared de una habitación en Wartburg, Alemania, es el lugar donde arrojó un tintero a un supuesto intruso demoníaco.

Aunque incluso algunas Iglesias protestantes conservadoras se han interesado en las últimas décadas en la realidad de lo demoníaco, los llamados movimientos entusiastas dentro del cristianismo moderno son los más preocupados por estos ataques, incluidos los católicos más carismáticos.

Los que promueven esfuerzos para ayudar a las personas afligidas suelen llamarse «ministerios de liberación». Esta tendencia, con sus ventajas y desventajas, no es menos evidente en los Estados Unidos, aunque sea preciso decir que nunca hubo un período en la historia estadounidense en que la creencia en Dios y los diablos fuera de algún modo un punto de vista inusual.

• • •

Muchas épocas pasadas de la historia de la humanidad han estado impregnadas de males como la esclavitud, el trato a las mujeres como si fueran una mercancía, las guerras constantes y a menudo brutales, e incluso los sacrificios humanos. Pocas personas de verdad desean actualmente volver a las creencias y a algunas de las prácticas de esos tiempos, incluyendo la propiciación de los dioses y diosas en ocasiones caprichosos o malevolentes; las ansiedades por los traviesos duendecillos de la antigüedad; y el miedo generalizado a las misteriosas y oscuras fuerzas del mundo antiguo, todo lo cual pareció contribuir a estos abusos. Pero algunas personas sí lo desean.

Las creencias paganas tradicionales – ampliamente definidas como ya hemos señalado, y sin descartar sus virtudes– persisten en algunas culturas antiguas. Pero hoy en día, algunos practicantes modernos se describen a sí mismos como «neopaganos», y adoptan una mezcla de nociones paganas, intentando evitar cualquiera de los antiguos abusos, pero conservando creencias espirituales típicamente paganas.

Como afirman muchos expertos, una vuelta al paganismo es un asunto muy distinto de los sistemas originarios de pensamiento. En mi opinión, estas variantes «neopaganas» raramente son un camino racional ni una simple reversión a culturas que en su día no tenían alternativas. La regresión moderna a ese tipo de creencias normalmente parece surgir principalmente de una rebelión personal contra las religiones monoteístas, junto con algunos de sus códigos morales y exigentes sistemas de credos. Julia, por ejemplo, celebraba sus llamadas ideas paganas como un rechazo explícito a la moralidad más estricta del cristianismo.

Experiencias y motivos extraños, sin embargo, siguen impulsando a algunas personas hacia formas más crudas de neopaganismo, que históricamente a menudo han promovido experiencias paranormales y lo que la mayoría de la gente ahora considera «oculto» (del latín «occultus» o encubierto). Y los seguidores de los paganismos «más nuevos», y otros buscadores de curiosidades, se ven atraídos por fenómenos que nunca han desaparecido del todo.

Pero, según mi experiencia, lo oculto y lo paranormal nunca están demasiado lejos. Una combinación de ideas y actos neopaganos –adivinación, clarividencia, comunicación con los muertos e incluso raros sacrificios rituales de animales– puede parecer a primera vista intrigante y novedosa. Pero la mezcla de ideas que caracteriza a los movimientos neopaganos –a menudo poco diferentes de las concepciones de la llamada New Age– en realidad no es nueva en absoluto. Y estas prácticas han sido condenadas sistemáticamente como una necedad por las principales religiones del mundo durante milenios.

Incluso la revista *The New Yorker* publicó un artículo en 2019 sobre el interés actual en la astrología, una creencia pseudocientífica tradicional y de la New Age. Una carta posterior al director señaló la curiosa omisión del artículo de cualquier reconocimiento de que «la astrología es una necedad». El autor de la carta comentaba lo inquietante que es que «un número cada vez mayor de estadounidenses tome decisiones vitales basándose en ese sistema de creencias».[32] La encuesta anual de la Universidad de Chapman sobre los temores de los estadounidenses encontró en 2018 que el 25 % de estadounidenses cree en la astrología, el 41 % piensa que los extraterrestres han visitado la vida en el pasado (y el 35 % creen que lo han hecho recientemente), y más de tres cuartas partes dan credibilidad a al menos una o más nociones paranormales definidas (como la existencia del Yeti, espíritus embrujados y telequinesis).[33]

Gran parte de Hollywood parece creer en una serie de opiniones de este tipo, a juzgar por la avalancha de películas y celebridades que defienden las nociones de la New Age. Un buen ejemplo de este género es la película de 1999 *El sexto sentido*, con Bruce Willis como protagonista haciendo de psicólogo, de quien al final se revela que es un fantasma. Un comentarista dijo que cuando la gente deja de creer en enseñanzas religiosas sólidas, no pasan a creer en «nada»: llegan a creer en «todo».

Los últimos tiempos confirman con precisión este dicho. En los Estados Unidos y Europa, la creencia en las ideas de la New Age está creciendo. Montones de programas de televisión y de libros sobre lo paranormal inundan los medios, un buen indicador de que este tema sigue fascinando. Ese interés incluye consultar a videntes, tal vez la forma más común en que un ciudadano común contacta con los «profesionales» de lo paranormal. En casi todas las ciudades del mundo hay escaparates en los que se anuncian adivinos y videntes, y también se anuncian a través de otros medios de comunicación y en Internet.

Las vagas conjeturas o las técnicas de adivinación a primera vista empleadas por muchos «videntes» pueden atraer a mucha gente, pero algunos se adentran de verdad en el ámbito de las fuentes diabólicas de

---

32. «The Mail», *New Yorker*, 18 de noviembre de 2019, p. 5, en respuesta a Christine Smallwood, «Astrology in the Age of Uncertainty», *New Yorker*, 28 de octubre de 2019.

33. «Paranormal America 2018: Chapman University Survey of American Fears», Chapman University, Wilkinson College of Arts, Humanities, and Social Sciences, 16 de octubre de 2018, www.blogs.chapman.edu/wilkinson/2018/10/16/paranormal-america-2018/

conocimiento que son características de las actividades y habilidades de los demonios.

Una joven doctora que conocí me dijo que una adivina a la que había visitado le había revelado información notablemente precisa sobre su pasado. La «vidente» conocía muchos detalles privados de la historia de uno de sus padres fallecidos. La joven quedó «entusiasmada», pero luego se sintió desolada cuando la vidente le anunció que nunca encontraría un marido. Yo le dije que no había forma de que nadie, ni siquiera un adivino ni ningún espíritu, pudiera saber el futuro con seguridad, y mucho menos algo como eso. Me dio las gracias por mi consejo y en unos años se casó.

Ningún vidente puede predecir el futuro porque los espíritus malignos tampoco pueden hacerlo. Sin embargo, a veces pueden hacer buenas predicciones basadas en el conocimiento oculto que hemos visto que muestran los demonios en casos de posesión. Por supuesto, también se equivocan a menudo.

Algunos practicantes de lo paranormal incluso se han erigido en exorcistas de pago, un escándalo que se ha hecho público recientemente en Francia y que se ha extendido a Hollywood. Tanto en California como en Manhattan hay practicantes neochamánicos que realizan «limpiezas» y autoproclamados exorcismos. Por mi experiencia, son ineficaces y a menudo llegan a una situación difícil al final, si no inmediatamente.

Los exorcismos paganos de estilo antiguo tampoco han desaparecido. Por ejemplo, un chamán de Siberia fue arrestado en septiembre de 2019 después de caminar unos mil quinientos kilómetros hacia Moscú para exorcizar a Vladimir Putin y expulsar del Kremlin a las fuerzas «demoníacas».[34] Con mucha algarabía, incluido un vídeo en YouTube con más de un millón de reproducciones, invitó a la gente a apoyar su causa y acompañarle en su misión. Para exorcizar a Putin, propuso una hoguera pública en la Plaza Roja con leche de yegua fermentada y pelo

34. Troianovski, Anton, «A Shaman with a Plan to Cure Russia's Ills: Exorcise Putin», *New York Times*, 10 de octubre de 2019, A4, publicado online como «"An Exorcism Must Be Done": An Anti-Putin Shaman Sets Off Unrest», 9 de octubre de 2019, www.nytimes.com/2019/10/09/world/europe/shaman-putin-dissent.html

de caballo que se quemaría con el acompañamiento de un tambor de cuero. Él predijo que este ritual pagano ayudaría a Putin a «recuperar la sensatez y dimitir tranquilamente».

Hay una proliferación similar de brujería. Julia es un ejemplo extremo, pero muchas figuras menores –algunas frívolas y culturalmente críticas, otras bastante repelentes– pueden encontrarse en todas las culturas actuales. A pesar de las oportunas advertencias históricas sobre cómo mujeres inocentes pueden verse envueltas en histerias de brujas, el interés por la práctica del «oficio» sigue creciendo en popularidad. Ese interés suele justificarse por una atracción por la «magia blanca», en oposición a la dañina magia «negra». Pero estas prácticas no pueden separarse tan claramente; la brujería blanca puede atrapar a los insensatos o a los ingenuos, porque, al igual que su homóloga la magia negra, surge de las mismas fuentes demoníacas. Un artículo reciente[35] en el *New York Times* destacaba a una mujer autoidentificada como bruja que organizó una concurrida conferencia en 2019 para estudiantes de brujería pertenecientes a la Universidad de Nueva York. Tras grabar una lección de su popular *podcast* sobre el antiguo oficio, mostró su altar casero –con una estatua de la diosa Diana, velas, cristales, colgantes y un libro de hechizos– en su casa de Park Slope.

Lo que hace tan interesantes para el público actual todos los temas neopaganos es que mucha gente cuestiona ahora la explicación religiosa tradicional de ese tipo de fenómenos, a la que consideran demasiado doctrinal y rígida; pero tampoco pueden descartar esos fenómenos como inexistentes, porque simplemente han oído muchas historias creíbles. Atascados entre lo que consideran dos explicaciones insatisfactorias, se embarcan en su propia búsqueda de la verdad. Los más inquisitivos pueden sumergirse en estas búsquedas, se ven sobrepasados y buscan desesperadamente a quien creen que puede ayudarles. A menudo, en medio de su insatisfacción, recurren a mí.

Muchos observadores reflexivos e intelectuales de todos estos fenómenos han tratado de estudiarlos «científicamente» como temas natu-

35. M. Holson, Laura «Witches Are Having Their Hour», *New York Times*, 11 de octubre de 2019, última actualización 24 de octubre de 2019, www.nytimes.com/2019/10/11 /style/pam-grossman-witch-feminism.html

ralistas. Igual que Oesterreich, algunos llegan a ver que ese tipo de eventos tiene una base auténtica de realidad. Reconociendo que ese tipo de cosas se han documentado a lo largo de la historia, luchan por entenderlas. En los dos últimos siglos, estos buscadores se han centrado principalmente en uno de los dos principales marcos explicativos. El primero, adoptado por secularistas y materialistas dogmáticos como Freud, patologiza estas experiencias y considera a las víctimas como enfermas. Sin embargo, esta rápida desestimación deja de lado las cuidadosas valoraciones diagnósticas necesarias para distinguir entre enfermedad y actividad demoníaca o preternatural.

El segundo marco explicativo etiqueta estas experiencias como «paranormales», un término que puede parecer científico, pero que en esencia no explica nada. Oesterreich lo llamó una «etiqueta sin significado», y él, entre otros, se convirtió en el principal defensor del campo de la «parapsicología», que fue concebida como un tipo de alternativa o suplemento al campo más convencional.

Junto con la palabra «paranormal», el término vago «parapsicología» se acuñó en la era moderna para explicar los llamados fenómenos psíquicos y las «lagunas» en nuestras explicaciones científicas de las posesiones, los embrujos y las historias de fantasmas. Por supuesto, este ámbito de estudio nunca avanza porque, como fenómeno espiritual, estas experiencias no pueden estar sujetas al examen científico y experimental tradicional. Y, no obstante, la pseudociencia de la parapsicología sigue avanzando. Recientemente me consultó un médico que confesó su deseo de encontrar una universidad donde pudiera convertirse en un experto en «parapsicología». Rápidamente le quité la idea de la cabeza.

A pesar del ridículo de los escépticos, los más serios estudiosos de la «comunicación espiritual» o de la presunta comunicación con los muertos a menudo buscan cada vez más pruebas. Su supuesto estudio «neutral» de ese tipo de fenómenos es relativamente reciente en la historia. En épocas pasadas se daba por sentado el reino de los espíritus, aunque se concibieran de forma diversa. Pero cuando el materialismo surgió como una filosofía distinta y luego se impuso en el siglo XIX, muchos intelectuales seculares tuvieron que lidiar con el resto de estos extraños episodios «no materialistas» que las épocas pasadas –paganas y religiosas por igual– habían entendido como de naturaleza sobrenatural o demoníaca. Los relatos de todos estos fenómenos llenan los textos populares y académicos, incluidos los voluminosos registros de la Sociedad para la Investigación Psíquica, fundada tanto en Inglaterra como en Estados Unidos a finales del siglo XIX. A pesar de su compromiso con el materialismo, Freud también estaba fascinado con estos fenómenos, junto con uno de sus colegas más cercanos, Sándor Ferenczi. Freud y Ferenczi creían en la telepatía, un término también acuñado a finales del siglo XIX, al que los dos hombres, en las cartas que se escribían mutuamente, llamaban «transferencia de pensamiento». Según algunos de sus biógrafos, el psiquiatra suizo Carl Jung era una especie de ocultista; sin duda se interesaba seriamente por esos asuntos, incluyendo creencias esotéricas como el gnosticismo, la alquimia y la magia renacentista. Odiaba a su padre pastor y al cristianismo ortodoxo, un antagonismo que compartía con Freud.

Estos hombres y otras eminencias de esa época prestaron mucha atención al establecimiento de la Sociedad para la Investigación Psíquica, que intentó estudiar las experiencias «espirituales» como una nueva ciencia. Su primera conferencia tuvo lugar en Londres en 1882. Unos años después se fundó la sección estadounidense, que incluyó a William James, el gran psicólogo de Harvard y filósofo del «pragmatismo», quien estaba intrigado por varios tipos de experiencias religiosas y escribió el libro clásico de 1902 *Las variedades de la experiencia religiosa.* Muchos importantes investigadores ingresaron en la sociedad inglesa, incluido el Premio Nobel Charles Richet. Tal vez el miembro más importante fuera Alfred Russel Wallace, quien, como Darwin, defendió la teoría de la evolución mediante la selección natural. Comenzó siendo materialista, pero finalmente decidió que el «espíritu» existía como un reino separado del mundo material.

La Sociedad para la Investigación Psíquica aún existe, con sucursales en por lo menos otros doce países. Uno de los principales objetos de estudio de la sociedad llegó a llamarse «espiritualismo», que fue un movimiento enormemente popular durante el siglo XIX y comienzos del XX, con millones de devotos estadounidenses y europeos. En su punto cumbre, a comienzos del siglo XX, el espiritismo contaba probablemente con unos diez millones de adeptos a ambos lados del Atlántico. La gente se adhería a las ideas espiritualistas con la esperanza de obtener una ventana a realidades no materialistas. A medida que las creencias religiosas tradicionales disminuían, algunos buscaban pruebas de supervivencia después de la muerte. Se decía que su popularidad se originó a partir de las descripciones en los periódicos de los «golpes» de la mesa de los espíritus fallecidos informados por las notorias hermanas Fox del norte del estado de Nueva York a mediados del siglo XIX. Después de muchos años de actuación como médiums y de hacer dinero con sus giras y conferencias, Margaretta, Kate y Leah Fox fueron acusadas de fraude. El creciente movimiento espiritualista las rechazó, y pronto la tres murieron sumidas en la pobreza.

El movimiento espiritualista persiste en nuestros días. A comienzos de 2020, dos producciones teatrales de Nueva York se centraron en temas espiritualistas. En particular, Brasil, con sus tradiciones mixtas de sincretismo espiritual, permanece como refugio especial de variantes contemporáneas de prácticas espiritualistas. Un famoso defensor y fundador del «espiritismo» (una variante del espiritualismo que insiste con fuerza en la reencarnación), llamado Allan Kardec, sigue siendo una figura de culto en Brasil, especialmente en los centros urbanos de clase media.

En los Estados Unidos, también ha vuelto a aparecer un número creciente de espiritualistas, aunque no siempre usen ese término para describirse a sí mismos. Un amigo mío que se autodenomina con orgullo espiritualista explica que, como médium, puede facilitar, a través de la canalización telepática del mundo espiritual, el contacto con las almas muertas para que se comuniquen con los mortales. Él mantiene que intenta ser riguroso en su trabajo, pero se queja de que la ciencia convencional ignora tales esfuerzos. «Así debe ser», le digo yo. Le doy a mi amigo cierto crédito por su perspicacia en un aspecto: tiene la inteligencia de reconocer que, desafortunadamente, muchos de estos contactos espirituales parecen volverse hostiles y antagónicos. De hecho, algunas «comunicaciones espirituales» son decididamente desagradables, ya que provienen de demonios.

En mi papel de consultor he interactuado con defensores de todas estas diversas tradiciones espirituales. El conocimiento de esta compleja historia ha demostrado ser muy valioso. Ha sido crucial para poder ayudar a las muchas personas que, a lo largo de los años, han acudido a mí para comprender mejor su inmersión, a menudo ingenua, en actividades paranormales. Este esfuerzo puede resultar totalmente peligroso si se hace sin ninguna apreciación de la verdadera naturaleza de algunas de las fuerzas espirituales con las que uno está jugando. A su manera, Stan y Steve aprendieron esta dolorosa lección del modo más difícil, antes de su definitiva liberación.

Queda un último tipo de ataque demoníaco, lo que los pensadores cristianos han llamado tradicionalmente «infestaciones», del latín *infestare*, «atacar o perturbar». Definidas como actividades espirituales, las infestaciones no son ataques directamente sobre personas, sino sobre locales y objetos específicos. Las posesiones, las opresiones y las infestaciones comprenden lo que se denomina en conjunto «ataques demoníacos extraordinarios», en oposición a las creencias extendidas sobre las tentaciones o «influencias diabólicas ordinarias». A lo largo de la historia, a las infestaciones se las ha asociado comúnmente con lo inquietante y se ha creído que surgen de espíritus malignos o, quizás más comúnmente, de almas muertas.

Una mujer poseída cuyo estado conocí bien me dijo que los objetos religiosos, como las cruces, se rompían o se retorcían en su presencia. Una vez, un rosario que estaba en un estante de su salón se rompió y las cuentas se esparcieron por la habitación. Una noche, su cómoda se volcó mientras dormía; sus pesados cajones cayeron sobre ella. Inexplicablemente, su cama temblaba por momentos, como en el incidente que se describe en *El exorcista*. Sus hijos mayores confirmaron todos los detalles e incluso me enseñaron fotografías de los objetos rotos.

Fantasmas, *poltergeist*, sombras oscuras. Cosas que chocan en la noche. Objetos sagrados que se rompen o cuadros religiosos cayendo al suelo. Ruidos inexplicables, gritos, mesas que se elevan y después se caen, armarios de dormitorio que se vuelcan sobre las víctimas. Todo eso se ve mejor como infestaciones, que se han reportado en todas las épocas. Anunciada como «no apta para cardíacos», Hobo Hill, en Jefferson City, Missouri, es una de las más visitadas de cientos de supuestas «casas poseídas» en los Estados Unidos. Como «atracción» turística para ganar dinero, los alquileres cuestan desde 275 dólares la noche, «con capacidad para ocho personas», como se explica en sus folletos.

Muchos huéspedes han informado no sólo de las extrañas figuras oscuras y de los crujidos del suelo, sino también, lo que quizás sea revelador, de un claro olor a azufre.

Estos sucesos y otras manifestaciones paranormales son motivo de interminables documentales y análisis por parte de pseudoexpertos en los canales de televisión por cable y en Internet.

A veces, el término «infestación» también se aplica a los ataques espirituales sobre los animales. Lo que ocurrió la noche en que antes de conocer a Julia nuestros gatos enloquecieron podría llamarse una breve infestación. Los informes sobre la influencia de los espíritus desde hace mucho tiempo se han asociado con los gatos; todos reconocemos el estereotipo de la bruja vestida de negro y su gato negro, a veces llamado «familiar» en los círculos ocultistas. El término «espíritu familiar» puede también describir un demonio que finge hacerse amigo o incluso enamorarse de un humano.

Los informes convencionales sobre la influencia del espíritu han estado asociados mucho tiempo; todos reconocemos el estereotipo de la bruja vestida de negro y con su gato negro: a veces llamado «familiar» en los círculos ocultos. La expresión «espíritu familiar» también puede describir un demonio que se hace amigo, o incluso se enamora de un humano.

Las colecciones convencionales de historias de fantasmas, no tan populares hoy en día, pero nunca un género literario extinto, proporcionan quizás los ejemplos clásicos de infestaciones. También ha surgido una industria artesanal que refuta su existencia, pero los relatos de apariciones y avistamientos de espíritus nunca pasarán completamente de moda. El jesuita especializado en este género, Herbert Thurston, creía que «la enorme cantidad de pruebas disponibles» en relación con las infestaciones «apenas es valorada». Él también señaló que «a menudo es difícil ver cómo personas sencillas, que claramente no saben de la existencia de otros fenómenos similares, describen una y otra vez justo los mismos sucesos peculiares que son atestiguados en otros lugares por testigos oculares del más alto crédito».[36]

36. Thurston, Herbert, *Ghosts and Poltergeists* (Chicago: Gateway, 1953).

La misma observación puede hacerse también sobre las opresiones y las posesiones. Thurston creyó que la explicación diabólica de su génesis era la más verosímil, especialmente en los casos más graves y destructivos.

Los testigos de estas infestaciones, a menudo aterradoras, rara vez acuden al médico. Suelen solicitar al sacerdote de su localidad para que bendiga su hogar, y a veces consiguen buenos resultados. Normalmente escucho ese tipo de teorías en el contexto de evaluación de individuos cuyas preocupaciones más acuciantes incluyen posesiones u opresiones. Pero ha habido excepciones en las que una infestación ha sido la única queja ofrecida para mi consulta. Por supuesto, algunas personas son demasiado sensibles o supersticiosas y malinterpretan ruidos peculiares o, por ejemplo, las corrientes de aire o las sombras vagas en sus casas como inducidas por los espíritus. Pero no todo el mundo.

Hace unos diez años, acudió a mí una mujer que no daba indicios de ninguna característica de una posesión u opresión, pero que ciertamente experimentaba una infestación en su casa. Se quejaba sobre todo de «molestias». Unos cuantos objetos, como saleros y utensilios de cocina, se movían alrededor de la mesa de la cocina, y ella oía ruidos inexplicables. Parecía bastante normal mentalmente, y varios de sus hijos adultos confirmaron todos los detalles, insistiendo en que habían sido testigos directos de algunos de estos extraños sucesos. Ella también informó que oía a veces raras formas de habla, de nuevo principalmente en la cocina. Decía que se parecían a los gemidos de una persona en apuros, aunque le resultaba difícil distinguir las palabras. Otros miembros de la familia oyeron esos sonidos en varias ocasiones, aunque tendían a ocurrir más a menudo cuando la mujer estaba sola.

¿Era su imaginación, estaba enferma mentalmente o era hipersensible? No dio ningún indicio de sugestionabilidad ni de angustia personal o síntomas anteriores. ¿Y por qué los demás, en su casa, experimentaban lo mismo, aunque en un grado menor? Nunca la atacaron físicamente de ningún modo, pero las experiencias se podrían describir como un acoso intencionado hacia ella. Llegué a pensar en un ataque menor sobre ella, aunque sin ser técnicamente una verdadera opresión. Se lo conté, y estuvo de acuerdo en que parecía ser algo demoníaco. Su propia teoría era que la estaban molestando porque recientemente había tenido una «profunda experiencia de conversión religiosa», como decía ella misma. Después de años de descuidar su fe, iba a misa todos los días, y supuso que a los espíritus malignos no les gustaba mucho esta evolución. Casi a punto de morir, mencionó cómo, siendo adolescente, había tonteando con un tablero de ouija y unas cartas del tarot. Pero no estaba segura de que estas prácticas tuvieran alguna relevancia para sus dificultades actuales.

Éste fue un ejemplo típico de cómo nuestros enemigos demoníacos, si no pueden atacarnos seriamente, son capaces de molestarnos. En lo relativo a esta mujer, sus esperanzas más profundas pueden haber sido simplemente inquietarla, quizás hasta el punto de agobiarla o preocuparla para que ella pudiera apartarse de sus nuevas prácticas religiosas. Pero estas experiencias, como se vio, tuvieron el efecto contrario. Intensificó su compromiso espiritual, buscó el consejo de su sacerdote local e hizo bendecir la casa. Poco después, sus extrañas experiencias desaparecieron.

Una infestación más grave ocurrió en la casa de otro individuo que viajó hasta Nueva York desde Kansas para consultarme. Este joven se describió a sí mismo como un «médium natural» y me contó que había visto espíritus desde que tenía cinco años y había exhibido otros poderes paranormales, incluidos fragmentos de información que no tenía otro modo de conocer. No se consideraba especialmente «atacado»; sin embargo, sí informó de un incidente durante el cual aparecieron arañazos en su cuerpo, y de otro en el que fue «empujado por un espíritu» constantemente: un suceso no tan inusual, que se atribuye comúnmente a algún tipo de entidad vengativa de naturaleza indeterminada.

Sin embargo, en la mayoría de los casos creía que estaba inusualmente «dotado». Sus padres, decía, siempre habían sabido lo que ellos también consideraban sus «habilidades», pero no tenían ni idea de cómo aconsejarle o advertirle a lo largo de los años de su educación, por lo demás bastante normal. Era un chico robusto, había jugado al fútbol americano mientras estaba en el instituto, tenía amigos e iba a ir a la universidad. No obstante, se quejaba de una tendencia perturbadora. Se encontraba cada vez más preocupado por todas las apariciones que veía en su habitación y en el sótano; esto estaba interfiriendo en su vida, por lo que se preguntaba qué debía hacer, si es que debía hacer algo al respecto.

Temía que estas experiencias espirituales, que él atribuía principalmente a humanos fallecidos, pudieran llegar a distraerle y no le dejaran concentrarse en sus estudios. Cuando hablé por teléfono con sus padres, verificaron todo lo que él me había dicho. Confirmaron que ellos y su hijo también habían visto espíritus oscuros en su casa. Todos ellos habían oído ocasionalmente ruidos extraños e inexplicables, aunque no con tanta frecuencia como su hijo.

Resulta interesante que todos tuvieran su propia teoría sobre la causa de estos episodios. Habían llegado a saber que la casa que habían comprado muchos años atrás había sido propiedad de un ministro protestante expulsado y de su familia. Los vecinos llegaron a creer que este clérigo había perdido su fe cristiana y que se dedicaba a adorar a Satán. Había una fuerte sospecha, decían, de que por el celo de su nueva adhesión a la adoración del diablo, este hombre había matado a su joven hija en un sacrificio ritual en la misma casa.

Soy muy consciente de las exageraciones y de la histeria cultural que rodea a ese tipo de relatos, pero se trataba de un razonamiento verosímil para una infestación, y los miembros de la familia parecían informantes sanos y sensatos. Pude asegurarles que, a pesar de la inmersión de su hijo en experiencias paranormales en su juventud, me pareció que estaba completamente libre de cualquier trastorno mental manifiesto, salvo quizás algunos síntomas de estrés postraumático. Puesto que eran declaradamente cristianos, les aconsejé que consultaran a un miembro de la parroquia de su localidad para que bendijera su casa.

Para su sorpresa, las bendiciones de un ministro evangélico experimentado resultaron mucho más eficaces de lo que esperaban. No sólo cesaron esos episodios en su casa, sino que su hijo volvió a su fe y sus prácticas religiosas. Sin embargo, se sintió decepcionado porque perdió su capacidad de ver espíritus y discernir acontecimientos remotos. Esto es también lo que Julia había temido, que era una de las muchas y complicadas razones por las que nunca se comprometió del todo con sus exorcismos. Meses después, el joven me dijo que nunca se había sentido mejor y que su mejora en el estado de ánimo y la actitud con menos distracciones valía el precio de su aptitud perdida como «médium natural».

Algunos expertos espirituales que conozco sí creen que los seres humanos fallecidos pueden producir esos efectos, incluso una posesión o al menos el embrujo de una casa. Muchas personas creíbles han mantenido siempre que han tenido visiones de parientes muertos o de santos y similares, pero éstos no aparecen como «fantasmas». Algunos de los primeros pensadores cristianos postularon que las almas de los muertos, quienes en su opinión habían sido objeto de acoso o abusos, podían vagar por la tierra en forma de fantasmas buscando venganza sobre sus enemigos, y posiblemente poseer a algún individuo.

La principal objeción a este punto de vista es la frecuencia con la que los observadores que han presenciado casos en los que los espíritus dicen ser humanos muertos testifican que los espíritus se ven obligados más tarde a admitir que han mentido y que en realidad son demonios. Sólo después de las afirmaciones iniciales de que eran ángeles o almas muertas, los demonios admitieron inequívocamente que eran demonios. Y sólo después de esa admisión fueron expulsados con éxito.

Esta observación común entre los exorcistas llevó a un escritor espiritual a expresar la opinión de que los eventos paranormales de todo tipo deben siempre suponerse diabólicos hasta que se demuestre lo contrario: un objetivo difícil, sin duda. No obstante, yo estoy de acuerdo con esa opinión. Nadie ha ofrecido, ni probablemente ofrecerá, ninguna prueba de que los humanos, tras la muerte, tengan ninguna de esas capacidades. También sabemos que los demonios mienten y pueden disfrazarse asumiendo una asombrosa variedad de formas diferentes. ¿Por qué no esperar que hagan lo mismo jugando con el miedo de los humanos a los fantasmas y similares? En cualquier caso, creo claramente que la carga de la prueba recae en cualquiera que intente cuestionar la opinión consagrada entre la mayoría de los expertos religiosos de que las extrañas habilidades del mundo demoníaco tienen como objetivo engañarnos y aterrorizarnos, incluso a través de la gran variedad de infestaciones de las que se ha informado a lo largo de la historia.

# CAPÍTULO 10

# ALICE

***Un caso de exorcismo exitoso y una explicación más extensa sobre causas y soluciones***

Poco después de mi conversación con mi amigo médium y del caso del joven «médium natural», una mujer de la costa oeste vino a verme para una evaluación. Su caso presentaba los tres elementos de una historia de espiritismo, una infestación diabólica clara y una posesión completa.

Alice entró en mi consultorio con su serio y sensato sacerdote-exorcista. Yo no podía estar más sorprendido. Era una mujer profesional, divorciada, que residía en California con su hija adolescente. A diferencia de muchos de los casos que he visto, nada en su aspecto elegante sugería ningún nivel de angustia, y mucho menos ningún indicio de que estuviera poseída por un demonio.

Desde el momento en que empezó a hablar, demostró unos modales articulados, expresivos y sofisticados. Cuando le pregunté por sus relaciones, me habló de su cercanía con los miembros de su familia y con sus amistades de siempre. Había salido de un pequeño pueblo de Centroamérica, se había doctorado aquí en Estados Unidos y, en los últimos años, había desarrollado una exitosa carrera.

No había ningún motivo aparente para que apareciese en mi consultorio.

Alice no había terminado con las sorpresas. Cuando empezó a sentirse atacada, investigó sus propios síntomas, que según sus amigos incluían estados de trance periódicos y prolongados y desapariciones de su casa durante largos períodos. A pesar de lo preocupante que resultaba, Alice no recordaba estas experiencias. Mediante un proceso de eliminación y alguna investigación más profunda, llegó a creer que estaba poseída porque no había otra explicación que tuviera sentido. Más concretamente, ella creía que estaba poseída porque su madre la había criado dentro de círculos de ocultismo. La madre de Alice fue en su tiempo una importante curandera espiritualista, practicante del *espiritismo*. Esperaba que ella ocupara su lugar porque, según Alice, creía que su hija debía ser «la portadora de sus dones».

Alice dijo que en un momento concreto su madre le «asignó» un espíritu, y que ella estuvo «consagrada» al mundo espiritual en varias ocasiones, incluido el período anterior a su nacimiento. A pesar de la exposición de niña y adolescente «a sesiones secretas», tal como dijo, se resistió los esfuerzos de su madre. Relató sobre varios encuentros peligrosos de joven con miembros de grupos satánicos o espiritualistas. Avergonzada o ignorante de los detalles de estos breves encuentros, ella no los contó, y yo nunca escuché toda la historia, si es que había alguna. Todo lo que Alice me dijo fue que pudo escapar de grandes peligros, incluida la amenaza de ser violada por miembros de esta banda ocultista. Después de sobrevivir a este peligroso período de su vida, Alice continuó en el camino del crecimiento personal y el éxito profesional. Describió cómo, siendo joven, se sentía en el camino de convertirse en una profesional satisfecha y con éxito.

Sin embargo, en su treintena surgieron problemas. Empezó a experimentar opresión demoníaca y recibió los mismos golpes, por parte de espíritus invisibles, que Maria, Stan y Steve habían soportado. Las palizas le provocaron numerosos moratones y arañazos. En un momento dado, una fuerza invisible la empujó contra una puerta. Sus propios amigos me contaron sus sentimientos de desconcierto y desesperanza al ser incapaces de emprender ninguna acción contra esos asaltos invisibles.

En el caso de Alice, los demonios no estaban satisfechos con sólo presionarla. Querían invadir su cuerpo y tomar el control completo de él. Mientras describía su caso, Alice empezó a informar de signos clásicos de posesión. En sus trances, surgió una voz demoníaca. Ella también experimentó un cambio periódico de personalidad. Esta mujer independiente, que mantenía un firme control de sí misma, empezó a actuar de forma errática y arriesgada. Cuando la gente intentaba ayudarla, se volvía violenta y les atacó en más de una ocasión. Alice me dijo que se sintió atraída, contra su voluntad, por una reunión local de autodenominados brujos y satanistas. Al salir del trance, se horrorizó del lugar donde se encontraba y de lo que ella había hecho en medio de la sesión. Alice también describió signos de infestación. Contó que los objetos religiosos se hacían pedazos en su presencia, y que cuadros sagrados y crucifijos, que estaban colgados por toda la casa, se caían constantemente de las paredes.

Sorprendentemente, la mayor parte del resto del tiempo funcionaba de forma satisfactoria, incluso a un nivel elevado. Se podría decir que su condición representaba una posesión menos severa, pero sin embargo verdadera. Esto era otro prueba de que durante períodos los demonios pueden «pasar desapercibidos», mientras que toman el control total durante otros períodos. No obstante, Alice defendía que estas interrupciones, durante las cuales podía realizar su trabajo, eran un indicio de su fuerte salud mental y espiritual. Yo estaba de acuerdo. Era un hecho notable que, en apariencia, nadie de su oficina detectase que le pasaba algo. Nunca fue excéntrica en su trabajo.

Alice argumentó con vehemencia su creencia de que estaba poseída. Varios clérigos y expertos en psicología confirmaron su punto de vista. Recopilé diversos informes escritos de otros colegas, incluido uno de un experto psiquiatra de San Francisco. Todos, de forma unánime, documentaron las valoraciones de su buen estado mental. Me informaron independientemente de que, en su opinión, sólo una causa paranormal podría explicar sus hallazgos en un individuo por lo demás estable, aunque me dijeron que no sabían lo suficiente sobre posesiones como para mantener esa posibilidad. Alice y su sacerdote querían sobre todo que yo confirmara que lo que ella experimentaba era una posesión.

Posteriormente, el primer gran exorcismo, autorizado tras nuestra larga reunión, duró varias horas, aunque no pareció cambiar mucho para Alice. El demonio que llevaba dentro bramaba expresiones características y tópicas de prepotencia, odio y rabia hacia todo lo religioso, una actuación típica de nuestros enemigos demoníacos.

Para ayudarse a sí misma, Alice redobló sus esfuerzos con oraciones e intensificó su vida devota. Otro exorcismo «maratoniano» de mayor duración, que se extendió durante dos días, demostró su eficacia. El demonio fue claramente sometido. Igual que muchos exorcismos exitosos, el final pareció decepcionante: el demonio se marchó con un gemido y no con un estallido, sin fuegos artificiales cerrando la exhibición, como a veces ocurre. Alice emergió con una mirada tranquila en su cara. Todos supimos que el final había sido positivo.

Rápidamente, para casos de este tipo, su situación se había resuelto.

Alice hoy en día se considera liberada por completo de todo ataque demoníaco. Me he mantenido en contacto con ella, y ahora es una mujer muy funcional de nuevo, satisfecha con su vida y su trabajo. No muestra signos de consecuencias persistentes de su ataque por espíritus demoníacos. Las personas que ayudaron a Alice creyeron que su propia motivación y sus redoblados esfuerzos espirituales contribuyeron en gran medida al rápido éxito de los exorcismos. Desde el comienzo, esta resiliente mujer mostró un potente deseo de volver plenamente a su anterior práctica de vida devota. Con valentía, ella persistió en rezar y pasar tiempo en la iglesia para asegurarse de estar libre de influencia demoníaca. Su exorcista se esforzó en animarla en esta lucha espiritual y sintió que ella le ayudó mucho en su esfuerzo.

• • •

¿Por qué unas personas son blanco de los demonios y otras no? ¿Atacan más a las mujeres que a los hombres? ¿O a los delincuentes que nunca han tenido problemas legales? ¿Cuáles son los factores comunes implicados?

La mayoría de los exorcistas informan de que los hombres solicitan exorcismos por igual, pero las mujeres probablemente están más dispuestas a recibir ayuda, lo que también ocurre en el campo de la salud mental. Por eso, algunos exorcistas creen que las mujeres son más atacadas. Esa percepción persiste, aunque a mí esa creencia siempre me ha parecido un poco sesgada contra las mujeres.

A pesar de que la mayoría de casos que he expuesto en detalle han tenido causas evidentes, lo cierto es que siempre hay preguntas de por qué algunos individuos en lugar de otros, que pueden tener pocas diferencias aparentes en sus antecedentes, se convierten en víctimas de ataques demoníacos. Como suele ocurrir cuando se trata de asuntos espirituales, a menudo nos quedamos con una especie de misterio. En última instancia, no se puede responder a esta pregunta. No es casualidad, por supuesto, que las posesiones que he presentado en este libro ocurrieran en individuos con una implicación «satánica» o, al menos, ocultista seria y explícita en sus historias personales. Todos se habían convertido, o «habían sido convertidos», al mal. En la mayoría de las posesiones graves, uno ve estos escenarios una y otra vez.

A veces, la gente admite esa implicación sólo con reticencias. Stan fue un buen ejemplo de cómo a veces hay que arrancarle esa información a alguien.

De manera similar, una mujer chino-americana me dijo hace unos años que estaba siendo acosada por espíritus; pero sólo después de muchas reuniones, como Stan, finalmente reconoció su fuerte inmersión durante años en varias prácticas paganas y ocultas. Cuando le pregunté por qué no me había contado estos antecedentes en un principio, admitió que le resultaba muy embarazoso hablar de ello y que a menudo había sido juzgada con dureza por su comunidad antes de venir a Estados Unidos.

Sin duda, la razón principal por la que la gente queda poseída es porque tienen historias de este tipo.

Sin embargo, para complicar la cuestión, Alice resultó ser una gran excepción a esa regla. Al parecer, nunca se había implicado directamente en el satanismo, el ocultismo o el mal. Más bien, su madre, como practicante del *espiritismo*, le había *asignado* un espíritu y, por lo tanto, es de suponer que ése fue el principal factor instrumental en el desarrollo del problema de su hija.

A muchas personas les resulta difícil creer que los ataques demoníacos puedan ocurrir incluso a quienes parecen ser inocentes, como Manny y Sara. Algunas personas muy piadosas también pueden recibir ataques, como Maria, aunque raramente hasta el extremo de una posesión completa. Aquí la estrategia demoníaca (y siempre hay una, lo aprendí bien del padre Jacques) parece ser pura venganza, o al menos obstaculizar las buenas obras de una persona.

Esta afirmación de que incluso gente buena y religiosa puede ser atacada es algo que muchas personas suelen negar. Por ejemplo, me consultó una mujer de Georgia que tenía signos de una pequeña opresión. Ella experimentaba ser empujada y arañada por los demonios. Su madre fue testigo de estos fenómenos y verificó que estas muestras de una opresión externa se producían sin lugar a dudas. Sin embargo, extrañamente para mí, la madre parecía tener poca compasión por la situación de su hija.

Incluso la culpaba de ello. La hija, que por entonces tenía unos veinte años, estaba psicológicamente sana, tenía un buen trabajo y se relacionaba con muchos amigos. Pero ella estaba muy disgustada porque su congregación religiosa, e incluso su padre, que era pastor, expresaran su vergüenza hacia ella y considerasen expulsarla de su comunidad. Creían que ella debía ser «anticristiana» de alguna forma grave porque la atacaban espíritus malignos. Esta creencia es análoga a cómo algunas sociedades han rechazado y perseguido a cualquiera que pensaran que albergaba un espíritu demoníaco.

Yo la consideraba una joven adorable que en general se esforzaba por vivir una vida digna y guiada por principios espirituales. Había tenido algunas experiencias triviales con sus amigas, de adolescente, jugando con un tablero de ouija, pero no había hecho nada de naturaleza similar desde ese período, ni se había implicada en ninguna otra práctica oculta.

Aquí tenemos otro caso en el que los demonios acosaban a una buena persona, incluso haciendo que sus amigos cristianos la rechazaran. Esta falta de apoyo entre los correligionarios es a menudo dolorosa y confusa para las buenas personas que se convierten en víctimas, ya que se sienten juzgadas y a veces son tratadas con dureza por sus compañeros. Una vez más, estos individuos pueden ser victimizados porque sirven como ejemplo para los demás y, quizás, pueden ser vistos como «el enemigo» principal de los demonios. Pero debido a que las buenas personas suelen imponerse a sí mismas mayores exigencias morales, o más que a otras personas con menores aspiraciones, y debido a que pocas personas realmente cumplen con todos los ideales morales que tratan de vivir, estas víctimas a menudo pueden llegar a creer, en su sincera humildad, que deben «merecer» tal acoso.

También he llegado a oír hablar (y este factor es ciertamente muy raro) de almas devotas que, en circunstancias inusuales, incluso se han ofrecido a sí mismas para que los demonios las ataquen como una especie de penitencia o sacrificio compensatorio por el bienestar de los demás. Estos motivos ayudan a explicar que algunos individuos verdaderamente santos sean al menos temporalmente poseídos. Esas «ofrendas», aunque sean bienintencionados, tienden a ser desaconsejadas por la Iglesia por considerarlas imprudentes y potencialmente autodestructivas, del mismo modo que los primeros líderes cristianos intentaban disuadir a los mártires de arrojarse imprudentemente en el camino de las autoridades romanas en tiempos de persecución.

Una anciana que conocí me dijo que ella había realizado una «ofrenda» de este tipo a los espíritus malignos en el culto como sacrificio «espiritual» para los miembros de la familia y la iglesia en su conjunto. Es posible que Anneliese Michel hiciera lo mismo. Pero esta mujer había acudido lamentándose de su decisión ya que decía que los espíritus dominaban sus palabras, y sufrió dolores durante varios años que la dejaron prácticamente incapacitada. Sentía que los demonios se habían aprovechado cruelmente de su decisión de servir como «víctima para los demás» y creía que su decisión impulsiva había sido prepotente. Al final, llegó a la conclusión de que su acción fue «probablemente contraria a lo que nuestro Señor habría querido de verdad». Yo estaba de acuerdo con ella.

El ejemplo de Alice también ilustra los puntos más cruciales sobre la consecución del alivio de estos estados problemáticos. Es un tema en el que he insistido repetidamente, pero que, sin embargo, merece una discusión más profunda. Quienes tienen un conocimiento superficial del exorcismo tienen la tentación de considerarlos como ceremonias mágicas o una serie de misteriosos conjuros, como vudú de tipo benigno. Si se emplean las frases adecuadas (o el uso correcto, por ejemplo, de la sal bendita y el agua bendita), todo irá bien. Yo llamo a esto el modelo de «San Jorge expulsando al dragón» para liberar almas asediadas. Igual que los pacientes con enfermedades físicas o mentales, las víctimas de posesión y opresión quieren la «bala mágica», la «píldora rápida», la fórmula ritual que hará todo mejor con menos esfuerzo de su parte. Éste es un deseo humano natural, pero corto de miras. Los pacientes con enfermedades crónicas no mejoran en un momento; la mayoría de las enfermedades requieren tiempo y esfuerzo para recuperarse. Y así suele suceder con los ataques demoníacos.

Las películas que pretenden representar exorcismos refuerzan la visión estereotipada de estos rituales. Si sólo se reúne el ministro más sagrado o la serie exactamente correcta de oraciones, todo irá bien. Si sólo se recurre al ministro más sagrado o a la serie de oraciones exactamente correctas, todo irá bien. Los individuos que se dan cuenta de que pueden estar bajo un ataque demoníaco están asustados y desesperados. A menudo recurren a fuentes de ayuda inapropiadas o ineficaces antes de acudir a un exorcista o a un evaluador experto. Algunos son aconsejados por sus conocidos para que busquen la ayuda de curanderos indígenas o «videntes» supuestamente útiles. Aunque tienen buenos propósitos, muchos de estos profesionales no ortodoxos demuestran ser inútiles o incluso perjudiciales. Algunos son mercenarios y manipuladores. Otros pueden ser ocultistas serios. Y otros, que se autodenominan «parapsicólogos» o incluso «demonólogos», no saben manejar la situación. He conocido una serie de casos en los que alguien que se autodenominaba parapsicólogo o sanador psíquico se ha encontrado con un individuo en apuros y la situación se ha deteriorado, quizás tras un breve respiro.

Una característica común es que estos practicantes suelen cobrar cierta cantidad de dinero, a veces considerable. Una mujer que conozco prácticamente se quedó sin dinero por visitar de forma habitual a una persona a quien llamaba su «sanador psíquico». También se sabe que algunos ministros o telepredicadores de este país esperan un pago lucrativo o el eufemístico «donativo». Como médico, normalmente atiendo este tipo de consultas sin cobrar, y, por supuesto, no ofrezco asistencia o consejo espiritual. Recomiendo a las víctimas de ataques demoníacos que busquen a alguien comprometido de verdad y espiritualmente avanzado para que les ayude, y les aconsejo que desconfíen mucho de cualquiera que les cobre dinero. La ayuda pastoral debe ser una vocación, no un negocio.

Como sucede en el campo de la salud mental, las soluciones rápidas son raras. El padre Amorth solía decir que «la ayuda espiritual, como la oración seria y la confesión de los propios pecados, suele ser más valiosa que los exorcismos». De igual modo, su sucesor como presidente de la Asociación Internacional de Exorcistas, el padre Gramolazzo, me dijo una vez que «el 90 % de lo que ayuda a los individuos poseídos tiene lugar en el exterior de los rituales de exorcismo».

Los exorcistas más expertos saben esta verdad y la expresan claramente. Sus rezos rituales no son encantamientos mágicos. El aspecto más importante del curso de acción recomendado a los individuos afectados es su propio desarrollo espiritual y su esfuerzo. Este consejo de ninguna manera «culpa a la víctima» ni disminuye el valor de los exorcismos para aflojar el control de los espíritus malignos. Sin embargo, el estímulo a las personas oprimidas y poseídas para que recen cuando puedan, cultiven las virtudes y eviten y se arrepientan de sus faltas puede ser primordial. El exorcismo, incluso en sus formas más elaboradas, no sustituye el valor del papel de la propia víctima en la resistencia a las acciones del demonio. Se ha descrito al exorcismo como parte de un «viaje». Aquí, como en cualquier otra parte de la vida espiritual, hay pocas reglas estrictas.

Muchos autores protestantes han señalado que los exorcismos realizados por Jesús en los Evangelios parecen asuntos bastante sencillos y directos, órdenes concisas sin fórmulas elaboradas. Pero nadie más en la historia tuvo éxitos tan rápidos y frecuentes, en mi opinión, como la figura evangélica de Jesús, se crea o no esa afirmación.

Y esto no quiere decir que las oraciones más elaboradas no tengan mérito. Más allá de un amplio reconocimiento de que las oraciones y otros medios tradicionales, como por ejemplo el ayuno, puedan ser eficaces, hay una gran variabilidad en los índices de éxito. Sabemos que los esfuerzos de las propias víctimas suelen ser decisivos para el éxito de un caso de posesión, pero aquí, como siempre, es difícil generalizar o predecir resultados individuales. Los exorcismos parecen «debilitar» el dominio demoníaco para que los individuos puedan después desarrollar los recursos internos para luchar por sí mismos, normalmente por medios espirituales más ordinarios.

Los exorcismos, en cualquier caso, no son una forma de *negociación*, es decir, fórmulas rituales o promesas para un resultado asegurado. La liberación de un estado de posesión no es un producto, no es algo que se pueda comprar a un supuesto experto o asegurar con las palabras y la metodología adecuadas. Es un extraño desarrollo de un plan que escapa a nuestra comprensión, aunque con un presunto significado providencial.

Lo que sí sabemos es que *no* estamos tratando con las antiguas nociones de una transacción en este esfuerzo espiritual. Los estudiosos de la religión han definido la mentalidad de algunas ceremonias religiosas y paganas de la antigüedad –una mentalidad en absoluto ausente en nuestro mundo moderno– como la de un intercambio o «apaciguamiento» de los dioses o de un mundo espiritual impreciso. Esta transacción se concebía como un intercambio y una obligación mutua entre las partes – en palabras de la expresión latina *do ut des* (Te doy [a ti] para que tú me des [a mí])–, tanto si la parte se concebía como de naturaleza benigna como oscura.

El rápido éxito de Alice muestra un universo moral totalmente distinto. El ritual de exorcismo parecía una *parte* importante de su liberación, pero la propia batalla espiritual de Alice contra las fuerzas que la atrapaban fue evidentemente crucial. De hecho, la mayoría de las personas que asistieron a su liberación concluyeron que sus esfuerzos fueron el componente más importante de su rápido y exitoso resultado.

# PARTE TRES

# CONSEJERO Y ERUDITO

***La defensa y las precauciones de un médico***

*Hay dos errores iguales y opuestos en los que nuestra especie puede caer con respecto a los demonios. Uno es no creer en su existencia. El otro es creer, y sentir un excesivo y malsano interés por ellos. A ellos mismos les complacen por igual ambos errores y saludan con el mismo deleite a un materialista o a un mago.*

— C. S. Lewis, The Screwtape Letters

## CAPÍTULO 11

# BARBARA Y EL PÁNICO SATÁNICO GENERALIZADO

***Recuerdos verdaderos frente a recuerdos falsos***

Desde hace una década aproximadamente, se me consulta con más frecuencia que nunca porque estoy más dispuesto a hacer declaraciones y a ser entrevistado por los medios de comunicación. También doy clases sobre este tema. Con cierta reticencia, decidí que debía asumir esas funciones más abiertamente.

Hacía tiempo que confiaba en mi capacidad para entender lo que funciona y lo que no para liberar a las personas de los ataques demoníacos. Quería ayudar en todo lo que pudiera a las personas que sufrían y que cada vez se ponían más en contacto conmigo, hasta el punto de tener que establecer algunos límites, dada la falta de tiempo. Dado que ahora se dirigían a mí personas de todo el mundo, me convencí aún más de que, aunque estas graves afecciones siguieran siendo raras, en conjunto no se trataba de un número trivial de casos, como ya sabía por los registros históricos.

Pero muchos otros individuos, además de las víctimas, también solicitaban mi opinión. Y cada vez estaba más dispuesto a responder públicamente. Por ejemplo, conscientes obviamente del gran interés público, el *The Washington Post*, la CNN, varias cadenas estadounidenses y servicios de noticias extranjeros, y muchos sitios web y de *podcasts*, entre otros medios de comunicación, se dirigieron a mí para pedirme mi opinión.

Ciertos grupos de personas estaban preocupados por el tema, mientras que otros simplemente descartaban todo el asunto como una tontería supersticiosa. Estas diversas audiencias tenían actitudes y preguntas muy diferentes. Pero yo sabía bien que una obsesión con el tema era tan imprudente como un rechazo petulante.

Las personas más escépticas no estaban convencidas o estaban indecisas sobre si todo este tema tenía alguna credibilidad científica. Otras, a las que llamo los verdaderos buscadores –no pocos sufriendo ellos mismos tras una historia de precarias búsquedas paranormales– querían tener una mejor idea de a dónde acudir en busca de orientación y ayuda directa. Los más sensatos de ellos buscaban sinceramente entender cómo estas creencias tenían un sentido más amplio.

Aun otros –los creyentes más tradicionales– querían conseguir una mejor perspectiva de este complejo campo con sus legítimas controversias y sus muchas exageraciones y conceptos erróneos. Probablemente estaban de acuerdo intuitivamente con las advertencias que C. S. Lewis hizo en el epígrafe anterior, pero querían que alguien les ayudara a distinguir la compleja verdad en medio del ruido y las tonterías.

Y, por último, aquellos propensos a ver demonios por todas partes con excesivo temor y credulidad también acudían a mí, sobre todo para aliviar sus ansiedades y reacciones exageradas. Ellos también merecían una respuesta respetuosa. La importancia de mantener una perspectiva equilibrada, humana y científica al tratar con todos estos tipos de personas es fundamental, además de suponer un reto. Deben evitarse los dos extremos, especialmente la histeria de ver satanistas y posesiones por todas partes, incluso sacando a la luz falsos recuerdos sobre ellos; el daño infligido por quienes explotan y abusan de las víctimas o de aquellos que sólo se creen que lo son; y el habitual diagnóstico erróneo de casos de posesión y otros conceptos científicos equivocados.

La trágica historia de Barbara y su intratable posesión destaca las espinosas cuestiones de los falsos recuerdos y del pánico satánico generalizado en la época en que quedó poseída. El caso de Barbara encapsulaba aspectos de muchas de estas preocupaciones de los diversos públicos que me asedian. A veces la he llamado la «chica del retrato» de una típica víctima de una «secta», así como de alguien duramente sometido a lo paranormal entendido de forma adecuada.

Su prolongado caso, que llegué a conocer bien, proporcionaba pruebas claras de cada uno de los siguientes aspectos: una demostración de los tres tipos de ataques demoníacos extraordinarios –infestación, opresión y posesión–; pruebas evidentes de la verdadera naturaleza subyacente de lo llamado paranormal; y un ejemplo creíble del tipo de satanismo del que todavía se duda con frecuencia en ciertos círculos y del que se exagera mucho en otros.

Este último caso demuestra otro punto, creo yo. Añadir más y más ejemplos de posesión no convencerá a algunas personas, por muy impresionantes que sean las pruebas. Y algunos nunca se convencerán aunque hablen directamente con los individuos citados en este libro. Resulta demasiado aterrador para unos, demasiado desafiante para otros, quizás demasiado incomprensible para algunos. Muchos simplemente prefieren no enfrentarse a estas inquietantes y, como ahora las veo, obvias realidades.

• • •

Los feligreses de la pequeña iglesia luterana de su comunidad rural de Indiana se preguntaron por qué un día las puertas de la iglesia estaban cerradas. Dentro del anodino salón se reunió un joven alto y corpulento con unos cuantos feligreses. A decir verdad, estaban nerviosos porque estaban tratando de ayudar a una mujer que se encontraba bajo un severo ataque demoníaco.

En el centro de su grupo de oración había una mujer que parecía nerviosa y su atento marido germano-americano. Este hombre, inmigrante cuando era niño, pero ahora exitoso contratista de la pequeña ciudad, se encontraba agobiado. Desde hacía mucho tiempo había observado el sufrimiento de su mujer con una creciente sensación de impotencia. Él y Barbara habían acordado ponerla en las manos de este experimentado diácono cuyo aire de confianza desmentía su juventud.

A pesar de la seriedad de la ocasión, el diácono intentó fomentar un ambiente de afabilidad. Había leído cómo eran los individuos demonizados, y aunque ése era su primer encuentro serio con alguien que podía estar poseído, disfrutaba de su papel y del reto. «¿Qué podía salir mal?», se preguntaba. Era un joven con buena forma física, y el marido de la mujer era alto y fuerte. Dudaba de que esa mujer pálida y delgada, que en su breve entrevista anterior se había mostrado agradable y cooperativa aunque terriblemente ansiosa, se resistiera. Él no había considerado necesario consultar a ningún médico o a clérigos más expertos, convencido, por su lectura privada y su breve entrevista con esa mujer, de que él, como verdadero guerrero espiritual, podía manejar el asunto.

«¿Cuán difícil puede ser esto con el buen Señor de mi lado?», pensaba él. No llamó «exorcismo» a lo que estaba haciendo. Ésa era terminología católica, y él pensaba que la manera ritualizada de trabajar de la Iglesia católica era demasiado formal. Para él, una mezcla de oraciones y súplicas menos estereotipadas por parte de todos los reunidos de una manera más espontánea debería servir. El «optimismo» cristiano impregnaba el aire del gran local de reunión.

Comenzó con las oraciones, pero las cosas no salieron según lo previsto.

Él sólo se sorprendió un poco por la rapidez con que la mujer cayó en trance y surgió la voz del demonio. Ése era el objetivo, después de todo, y sabía, gracias al marido de la mujer, que posiblemente se trataba de una posesión dramática. No obstante, la vehemencia de la hostilidad del espíritu malvado y el nivel de su agitación eran impresionantes. El intento del diácono de parecer no inmutarse no duró mucho.

Casi antes de que empezara a dar órdenes al demonio en nombre de nuestro Señor, la mujer se abalanzó. Y fue tras él. Lo levantó y lo arrojó por la mitad de la habitación. Su cuerpo golpeó la pared, con fuerza. Él gimió. Todos en la iglesia lo miraron a él y a la mujer con horror.

La sesión había terminado claramente. Desplazado hacia atrás y mortificado, el diácono admitió que debió haber sido más precavido. El grupo no había tenido la precaución de sujetar a Barbara durante las sesiones de oración, como es habitual en posesiones más graves y con ministros más expertos. Barbara no recordaba nada. Cuando ella salió del trance después del incidente, se sintió avergonzada al saber lo que había hecho. Todos le aseguraron que no tenía por qué culparse.

La experiencia en estos asuntos importa. Ella y su marido decidieron acudir a otro lugar.

Cuando Barbara llegó a mi consultorio, la realidad de su condición de poseída no parecía poder ponerse en duda. La acompañaban su marido y un agradable y experimentado sacerdote, menos ingenuo que su serio diácono. Él me dijo que su obispo había insistido en una evaluación psiquiátrica y había tenido problemas para encontrar un médico local que aceptara evaluarla.

Barbara, su marido y el sacerdote hacía mucho tiempo que estaban convencidos de que ella estaba poseída. Me dijeron que en sus estados de posesión entendía idiomas extranjeros que nunca había estudiado, incluido el ruso. Otro signo clásico era que ella demostró conocer las vidas de quienes realizaban el exorcismo. También me contaron sobre la enorme fuerza que había exhibido cuando empujó al diácono por el vestíbulo de la iglesia.

Barbara era una mujer de edad media que aparentaba ser más joven. Tenía una voz dulce y un tatuaje grande de un tigre en la parte superior del brazo. No tenía antecedentes psiquiátrico. Había sido una niña devota, y la habían criado en el protestantismo. Tuvo una vida relativamente feliz hasta que, recordaba ella, cumplió nueve años. A esa edad, el matrimonio de sus padres se estaba desmoronando y, en busca de consuelo, recurrió a una pareja vecina que se hizo amiga de ella y parecía generosa con su tiempo y atención. Sin embargo, Barbara no tardó en darse cuenta de que los dos, que eran bastante mayores que sus padres, practicaban «rituales de artes negras», como los llamaba ella. En uno de esos ritos la «consagraron» a Satanás y, según Barbara, «le *dieron* un demonio».

Cuando Barbara tenía catorce años, sus padres se mudaron y ella perdió el contacto con esta pareja. En nuestra primera entrevista, ella describió que posteriormente tuvo una vida bastante normal como adolescente y como joven adulta. Se involucró en varias actividades de la Iglesia luterana, de las cuales disfrutaba. Por lo que contaba, volvió a estar contenta y en paz.

Sin embargo, en los últimos años de su veintena sintió que se volvía antagonista a la práctica religiosa. Entonces experimentó lo que describió como un asalto casi constante por parte de los poderes ocultos: dolores, voces, amenazas y órdenes constantes, con la amenaza de algo peor si no «obedecía». Además, la gente le decía que entraba en estado de trance sin ser consciente. Los trances duraban aproximadamente media hora, y los demás sentían una «presencia» allí, aunque no hablaba. Cuando Barbara salía de este estado, no recordaba nada.

Barbara también declaró haber sido atacada físicamente mediante arañazos y golpes en su cuerpo sin que se manifestara ninguna presencia visible. De repente aparecía llena de moratones, aunque ni ella ni nadie presente pudiera ver o detener al aparente atacante. Como sucedía con el marido de Maria, el esposo de Barbara insistía en que él había visto directamente esas marcas «aparecer de la nada» en muchas ocasiones. Naturalmente, él se sentía horrorizado.

Estos episodios normalmente tenían lugar de noche, pero también podían ocurrir de día. En otras ocasiones, Bárbara había sido arrojada al suelo o empujada contra otros por lo que ella llamaba «fuerzas invisibles». Varios testigos afirmaron haber visto tales sucesos y haberse quedado desconcertados e incapaces de ayudarla.

Bárbara reconoció que su forma de enfrentarse a la situación no siempre había sido la ideal. Luchó durante mucho tiempo para resistir lo que ella sentía que eran sugerencias y deseos demoníacos, una prueba nada habitual para los poseídos. Pero a veces ella sucumbía porque, dijo: «Yo sufría mucho si no accedía a lo que los espíritus querían y no les obedecía».

En consecuencia, Barbara frecuentaba los cementerios, cuando se sentía mandada, obligada, a su juicio, por los espíritus a sentarse en medio de las tumbas. «Simplemente pasaba el rato allí», me contó, «temiendo más ataques». Pasar el tiempo en los cementerios, entre los muertos, un hábito extraño y deprimente, tiene el sabor de una novela gótica, pero era totalmente real en el caso de Barbara. De igual modo, en el Nuevo Testamento, Jesús expulsa a un demonio, que da su nombre como «Legión», de un hombre que viene a su encuentro huyendo, según se cuenta, de su habitual «morada en las tumbas». Igual que Barbara, no podía ser sometido e incluso rompía los grilletes con los que la población local intentaba retenerlo.

Otras perturbaciones paranormales en la casa de Bárbara también eran frecuentes y casi de la misma manera que ocurrían en las infestaciones de Alice. Los objetos religiosos se rompían o caían de la pared espontáneamente. Un día, un rosario colocado sobre una estantería se partió. Su tocador se caía; su cama se agitaba.

Todos estos hechos, que incluían muchos de los signos clásicos de una opresión, y después una posesión y una infestación, fueron suficientemente persuasivos para que el obispo de la diócesis autorizase un exorcismo formal. En estos rituales, se necesitaban cinco o seis personas para sujetarla, ya que ella luchaba durante varias horas en las sesiones para liberarse. En cada una, las supuestas entidades demoníacas de nuevo volvían a hacer gala de su típica terquedad arrogante. En respuesta a las órdenes para que se fuera, el presunto espíritu decía: «Nunca saldré».

En los rituales, la capacidad de la entidad para hablar y entender idiomas extranjeros era evidente. El mejor ejemplo de este signo de actividad demoníaca que encontré con Barbara era un intercambio entre el exorcista y la voz demoníaca durante un ritual nocturno presenciado por siete personas. El exorcista decidió añadir a sus rezos la versión latina del Credo de los Apóstoles. A las primeras palabras, «*Credo in Deum Patrem omnipotentem*» (creo en Dios Padre, omnipotente), el demonio contestó (en el idioma de la víctima, como suele suceder): «Pues ¡yo no!». A la frase «*descendit ad inferos*» (descendió a los infiernos), el demonio dijo: «Y aún está allí». A «*tertia die resurrexit a mortuis*» (al tercer día se levantó de los muertos), la respuesta fue: «No, no lo hizo». A la frase final de la oración, «*Credo... in vitam aeternam*» (creo... en la vida eterna), la voz del demonio expresó con excitación extenuante: «No hay vida».

El tono triste o, con más exactitud, la desesperación con la que se entonaron estas últimas palabras podría haber suscitado un mínimo de compasión si uno no se diera cuenta de que el demonio no sólo se negaba a abandonar a su desventurada víctima, sino que parecía estar empeñado en torturarla todo lo posible mientras tanto.

Bárbara no había recibido educación superior y no fue educada como católica. Como hemos comentado, nunca había estudiado ningún idioma extranjero, y menos aún el latín, y se asombró cuando le dijeron después que había entendido y comentado esta oración en latín.

Muchos exorcistas exigen que los demonios declaren sus nombres para saber bajo qué «autoridad» tiene lugar la posesión. A menudo se obtienen nombres «genéricos» de demonios tradicionales o de individuos históricos muertos, como Judas Iscariote en el caso de Earling, una estratagema sensacionalista. Los demonios pueden representar su presencia como única o múltiple –a menudo como lo que parece un número ridículamente masivo–. Algunos afirman ser demonios especialmente poderosos, como Belcebú. Julia adoraba a Asmodeus, un demonio tradicionalmente asociado con la lujuria. Yo presto poca atención a estos engaños y frecuentes mentiras, aunque la mayoría de los exorcistas consideran que la revelación de un nombre particular es una parte integral del eventual proceso de liberación. Cuando la entidad de Barbara habló, se resistió a los esfuerzos por identificarse. «No, dime tú tu nombre», dijo varias veces en respuesta al ruego del sacerdote.

El (Los) espíritu(s) que poseían a Barbara siguieron siendo obstinados hasta el fin, y ella continuó luchando durante el resto de su vida. Antes de poder ser liberada, falleció. Algunos investigadores han sugerido que debe estar en el infierno con los espíritus malignos. Pero nadie puede saber eso. La enseñanza principal es que incluso los humanos poseídos pueden esforzarse sinceramente por hacer lo correcto bajo una coacción tremenda, como hizo Barbara de forma clara. Aunque es evidente que se mostró impotente para luchar plenamente y con éxito contra su enemigo demoníaco, en cualquier caso, sólo Dios puede juzgarnos. Uno espera que finalmente encuentre una paz en la otra vida que nunca experimentó durante tantos años de su aflicción.

• • •

Había estado en contacto con algunos pacientes que aludían a su participación en actividades diabólicas manifiestas, incluso antes de sentirme atraído por este campo, pero había descartado sus historias en su mayoría. Como psiquiatra profesional con experiencia en una amplia gama de pacientes, normalmente había descubierto que estos individuos eran psicóticos o sugestionables y que sufrían de lo que en ese momento se llamaba «falsos recuerdos».

Justo antes de que se me pidiera que evaluara este tipo de casos sospechosos de ser demoníacos, existía un escepticismo comprensible entre los médicos más experimentados, especialmente durante los años ochenta y principios de los noventa, cuando las historias de sectas satánicas que secuestraban niños parecían surgir con regularidad en los periódicos sensacionalistas y en los informativos nocturnos. Había una exageración generalizada, incluso histeria, sobre un número entonces creciente de informes de satanistas en el país. Los grupos satánicos altamente organizados que cometen crímenes atroces son sin duda poco frecuentes en los Estados Unidos. Eso no significa que no haya un cierto número de ocultos, aunque autodenominados, satanistas que puedan cometer delitos menores, como destrozar iglesias y cosas por el estilo. Conozco directamente ese tipo de acciones, y muchos policías me lo han confirmado desde entonces en conversaciones privadas. Asimismo, parece que hay cierto número de grupos –como la Iglesia de Satán– que afirman abiertamente adorar a Satán.

Por otra parte, es indudable que ha habido un revuelo popular en relación con la supuesta presencia generalizada de las actividades altamente influyentes y truculentas de algunos satanistas, incluidas las afirmaciones de que secuestran niños. Estos temores persisten en algunos sectores, aunque en un grado mucho menor, entre los que destaca la afirmación de que los secuestros conducen a los llamados abusos rituales satánicos. Éste último tiene incluso su propio acrónimo, ARS, y recuerda a las acusaciones de asesinatos rituales contra las comunidades judías durante la Edad Media, a menudo con pruebas igual de poco creíbles.

La acusación más destacada de ARS se produjo en la década de 1980 en la guardería Virginia McMartin de Manhattan Beach, California. La pareja que dirigía el programa de la guardería fue acusada de extrañas ceremonias diabólicas y horrible maltrato sexual a sus jóvenes clientes. Las acusaciones incluían salas secretas bajo la escuela, donde se realizaban ritos satánicos, y se decía que los niños fueron acosados y fotografiados desnudos. Esas fotos nunca se encontraron. El juicio se convirtió en el más largo y costoso de la historia de Estados Unidos, y terminó sin una sola condena.

Los ingenuos creyentes en los secuestros generalizados de niños y en los abusos sexuales ritualizados por parte de los satanistas causaron daños bien documentados a personas inocentes. Un autor evangélico, Michael Warnke, simplemente se limitó a inventar ese tipo de historias para su libro de 1972 *The Satan Seller*, aunque los principales medios de comunicación le citaron profusamente durante un tiempo. Los malos métodos de investigación y el exceso de celo de los fiscales alimentaron la histeria. Muchos libros y monografías documentaron estas farsas. Un comentarista señaló que en un año hubo más informes de secuestros satánicos en los Estados Unidos que desapariciones reales de jóvenes comprobadas *en total*, muchas de las cuales eran simplemente chicos que escapaban de casa.

Para tratar la cuestión de la magnitud de esta supuesta amenaza de la forma más rigurosa que permiten estos grupos, a menudo clandestinos, la doctora Gail Goodman, de la Universidad de California, Davis, dirigió el mayor estudio sobre este asunto para el Centro Nacional del Abuso y Negligencia Infantil. «Después de explorar todo el país», concluyó, «no hemos encontrado pruebas de sectas a gran escala que abusen sexualmente de niños». Sin embargo, reconoció que había «pruebas convincentes de delincuentes solitarios o parejas que dicen que están implicadas con Satán o que usan proclamas para intimidar a las víctimas».

El caso de Barbara era una variante de esto último, aunque, a juzgar por su posesión, fue mucho más que tan sólo una intimidación humana. No obstante, los defensores de la realidad de al menos algunas de las historias ARS siguen poniendo en duda cualquier minimización completa de los informes más horribles, ahora ampliamente reconocidos, sobre el satanismo organizado hasta el día de hoy. Voces solitarias continúan reclamándome su propia evidencia anecdótica. En su mayoría, considero dudosos esos informes, aunque unos pocos parecen sin duda auténticos, como el de Julia.

Una verdadera industria cultural de críticos y desacreditadores, especialmente incrédulos de los relatos más fantasmagóricos y escabrosos del fenómeno de la ARS, ha seguido hablando. Aunque algunos practicantes inocentes, supuestamente satánicos, fueron acusados falsamente, la mayoría de las condenas se decidieron por motivos más simples de acusaciones de abuso individual, no por las acusaciones de abuso ritual. Algunos de estos delincuentes eran realmente abusadores, aunque después utilizaron una exageración de la implicación satánica como cortina de humo. Los juzgados parecen haber aprendido de la polémica, y la mayoría de las acusaciones sensacionalistas ya han desaparecido.

Sin embargo, cada lado de los debates sobre los satanistas frecuentemente carecía de cualquier matiz o experiencia en la vida real con esos practicantes de sectas, como la que teníamos por ejemplo el padre Jacques, el padre A y yo hasta ese momento. Esos grupos más clandestinos a veces son criminales; Speedy y Juan fueron ejemplos vivos de individuos que sin duda se volvieron hacia Satán y, para su pesar posterior, obtuvieron resultados reales.

Por mi experiencia, creíble o no, sigue habiendo un número no despreciable de personas que todavía afirman haber estado expuestas a los satanistas y haber sido abusadas por ellos. He tenido una buena cantidad de experiencia clínica directa con personas que demuestran tener claras alucinaciones sobre el tema.

Sin embargo, igual de importantes que estos delirios manifiestos son los casos en los que se estimularon los llamados recuerdos falsos. Igual que la destacable historia de Lily, quien era muy propensa al poder de la sugestión sobre ella siendo directamente atacada por un espíritu maligno (aunque sin ningún recuerdo erróneo obvio de ningún abuso humano satánico), otros individuos sugestionables, en apariencia bien intencionados y del todo coherentes, pueden llegar a creer que recuerdan haber presenciado o experimentado prácticas satánicas años más tarde cuando nunca ocurrió tal cosa. Lamentablemente, sus historias han sido, y todavía son, con frecuencia aceptadas al pie de la letra por terapeutas con mala preparación o demasiado crédulos.

El ejemplo de Raymond, un joven de 19 años de las Carolinas, ilustra cómo pueden crearse estos falsos recuerdos. La familia quería consultarme sobre su prolongada actitud destructiva, un episodio de suicidio y un trastorno de personalidad diagnosticado recientemente. Raymond me dio permiso para contar su historia con el propósito de compartir cómo se puede entender la posible generación de un recuerdo falso impresionantemente extraño.

Junto con el diagnóstico de trastorno de personalidad, Raymond había sido diagnosticado de trastorno del ánimo, sufría ataques de pánico y en una ocasión abusó de las drogas. Basándome en la información que yo había recibido de su tío materno, un cardiólogo que conocí en Yale, pensé que Raymond estaba sobremedicado. El tío llamó fanática religiosa a su hermana, la madre de Raymond, quien, según su opinión profesional, sufría un trastorno límite de personalidad. Ella había querido el niño modelo. «No lo consiguió», dijo él con toda naturalidad. «Pero mi sobrino, un buen chico, intentó durante años ser el hijo perfecto». Él creía que Raymond principalmente se estaba rebelando. Añadió que el padre de Raymond, su cuñado, había estado en las Fuerzas Aéreas, con frecuencia se encontraba en el extranjero y rara vez estaba en casa durante los años en que el chico había ido creciendo.

Cuando Raymond y sus padres me visitaron, el propio padre parecía tenso y deprimido. Era agradable y respetuoso, pero distante. La madre, que su hermano me describió como sobreprotectora y de tipo nervioso, fue quien más habló. Mientras tanto, Raymond parecía malhumorado. Dio una impresión de falta de interés, pero me di cuenta de que estaba prestando mucha atención a la discusión. A pesar de su comportamiento inicial, cuando los dos hablamos a solas, él revelaba un carácter agradable, señal de buen pronóstico. También parecía muy brillante.

Revisé su historial en profundidad. En aquel tiempo, él raramente salía de casa y se pasaba casi todo el día viendo la televisión. Había sido campeón de natación, pero hacía poco que se había ido del equipo. Contrariamente a su habitual rutina de verano, no había intentado conseguir un empleo. Aunque había tenido un episodio suicida en el pasado, Raymond juraba que no era suicida en la actualidad, una afirmación que respaldaban sus padres, quienes lo calificaban de «muy sincero». «Otro signo favorable», pensé, «si fuera verdad». Pero seguía haciéndose cortes, aunque de forma superficial, como pude comprobar por las tenues cicatrices que me mostró en ambos antebrazos.

La Westchester Division del Hospital de Nueva York era entonces un centro conocido por tratar a pacientes con trastorno límite de personalidad. Atraíamos a esos pacientes de todo el país y les dábamos un tratamiento excelente. Incluso habíamos empezado a contemplar la posibilidad de realizar un estudio en el que se compararan las técnicas psicodinámicas modificadas para pacientes con trastorno grave de la personalidad desarrolladas por el doctor Otto Kernberg, que por aquel entonces seguía siendo el director clínico del centro, con la versión emergente de un enfoque más cognitivo-conductual conocido como terapia dialéctica conductual, o DBT. La creadora del DBT, Marsha

Linehan, igual que Kernberg, fue una prolífica y elocuente defensora de su enfoque terapéutico. Había venido a la Westchester Division en cierta ocasión para explicar sus métodos recomendados, y yo había recibido alguna formación directa de ella. Por tanto, yo dominaba tanto el modo de terapia psicodinámica más tradicional como los enfoques cognitivo-conductuales más recientes para tratar a estos pacientes.

Al final de nuestra visita, dije a Raymond y a su familia que yo creía que él tenía varios rasgos fuertes de personalidad límite, pero también otras características de su personalidad, como por ejemplo algunas vulnerabilidades neurobiológicas que llamamos técnicamente «trastornos del eje yo». Como no tenía tendencias suicidas y su estado de ánimo parecía haber mejorado ligeramente en las últimas semanas, creí que podría ser tratado con éxito como paciente externo. Al tener confianza en nuestra unidad de hospitalización para pacientes de personalidad límite, le dije que podría ser hospitalizado en cualquier momento en el futuro, si era necesario, pero que lo consideraba innecesario en ese momento, siempre y cuando, subrayé, recibiera el tratamiento adecuado en alguna instalación cercana a su vivienda. Raymond se relajó visiblemente. Me di cuenta de lo mucho que había temido que sus padres lo hospitalizaran contra su voluntad.

Yo quería desarrollar un plan mejor para pacientes externos. Fui cortés, pero firme y un poco enérgico en mis indicaciones terapéuticas porque la madre de Raymond, que parecía la que tomaba las decisiones más importantes, ya había menospreciado la psiquiatría. «La medicación está bien», decía, «pero no voy a enviarle a uno de esos tipos freudianos. Sólo quieren hablar de sexo y culpar a la madre».

Me di cuenta de que tenía mucho trabajo por delante. Decidí hacer primero mis recomendaciones psicofarmacológicas. Me sorprendió que la madre de Raymond me dijera que ella misma obtenía las recetas para su hijo de su médico de familia. Les dije que los cambios de medicación que sugería podían ser controlados de forma ambulatoria, pero que debían ser prescritos por un psiquiatra en lugar del médico de familia. Les animé especialmente a implicar a Raymond en un curso de terapia psicodinámica a largo plazo, que sentí que era el tratamiento preferente, cuando él volviera a casa.

Para mi sorpresa, su madre aceptó la idea. Me pregunté si ya tenía alguien en mente. Dije que lamentaba que no conociera ningún psiquiatra en su área, pero recomendé a Raymond que hablase con su tío, quien tal vez podría ayudarle a encontrar a alguien en una facultad de medicina cerca de ellos.

Si los problemas empeoraban, les dije, debían llamarme.

Unos tres meses después, Raymond viajó para vernos, tal como habíamos programado. En esta ocasión vino solo, lo cual era un buen signo. Estaba menos estresado, había dejado de autolesionarse y se había vuelto más activo apuntándose a un curso en la universidad de su zona.

«Estoy funcionando mejor», dijo. «He conocido a una mujer de la que me he hecho buen amigo. Ella también se autolesiona, y con más profundidad de lo que solía hacer yo, pero por fin tengo a alguien para hablar. Eso ayuda».

Decidí hablar primero de la medicación y luego de cómo iba su terapia.

«Sigo teniendo ataques de ira, pero tenía usted razón », dijo. «Yo estaba sobremedicado. Al máximo. Cuando me vio por primera vez el nuevo psiquiatra que mi tío había conseguido, dijo: "¡Vaya! Tenemos que bajar algunos de esos antipsicóticos de alta potencia. También estás tomando demasiados benzos [tranquilizantes menores]". Así que me dio un nuevo antidepresivo y, *voilà*, los efectos secundarios desaparecieron en una semana. Él dijo que estaba de acuerdo con todo lo que usted había recomendado. Mi tío le había contado lo que usted había sugerido».

Le pregunté si su tío también había conseguido un terapeuta competente o si el psiquiatra también desempeñaba esa función.

Raymond me contó que el psiquiatra le dijo que él «no hacía terapia», pero que su madre lo «regañó» cuando intentó sugerirle un psicólogo del centro médico. Ella se buscaría uno por su cuenta, dijo. Él pensó que esto era típico de cómo la madre de Raymond mantenía el control sobre él, «y sobre todo lo demás», añadió. Más tarde, le dijo al psiquiatra que se encargaría de conseguir un buen «consejero», como ella lo denominó.

Posteriormente, cuando dirigí una unidad de pacientes internos adolescentes durante un año, me di cuenta de que ésta era una queja común sobre los regímenes de medicación para los adolescentes en particular. Me horrorizaba la cantidad de adolescentes que tomaban tantos fármacos psiquiátricos a la vez; Raymond había tomado siete.

Pero en ese momento yo quería saber algo sobre la psicoterapia de Raymond. Me dijo que su madre había conseguido que viera a alguien en el pueblo donde vivían. Llamó al psicoterapeuta «el conocido de un conocido», y le gustaba. Lo describió como cálido, a diferencia de su distante padre. También era «más barato», dijo su madre.

Le pregunté si conocía la disciplina de este terapeuta.

«¿Disciplina? ¿Quieres decir experiencia? Él sólo se considera un psicoterapeuta, creo. ¿Importa eso?».

En realidad, yo no quería hablar mal del consejero o terapeuta sin conocerlo. Raymond parecía estar mejor y había conectado con el hombre. Yo no pretendía causar problemas, pero tenía mis dudas.

Resultó que su madre había acordado que se tratase en una clínica local para veteranos, donde los honorarios estaban cubiertos por las prestaciones de la Administración de Veteranos del padre de Raymond. Y parece que ella eligió a este terapeuta en concreto principalmente porque era miembro de su grupo de Biblia de su iglesia. Ella pensó que el terapeuta era un hombre agradable, aunque no supiera más sobre él.

Yo me estaba preocupando cada vez más. Ella había insistido en que Raymond fuese tratado por alguien especializado en el tratamiento del trastorno de estrés postraumático (TEPT). Ella había dicho a Raymond mucho tiempo atrás que su único problema «real» era que había quedado traumatizado y que su padre había causado todos sus problemas, debido a sus ausencias y a la rara, pero intensa, inestabilidad que el padre podía expresar cuando estaba en casa.

Raymond me dijo que sus padres «solían pelear todo el tiempo, y de hecho se golpearon mutuamente unas cuantas veces. Sin moratones ni nada. Él nunca me ha pegado. Pero ella se asusta mucho. Yo la golpeé una vez, y ella me castigó todo un mes».

Yo sabía que tratar pacientes con personalidad límite no era un paseo por el parque, y que cuanto más experto fuera el terapeuta, más probable sería que el resultado fuese mejor. Como Kernberg, descubrí que una terapia «dinámica» sensata dirigida de una forma flexible y empática normalmente funcionaba mejor para este tipo de pacientes.

De nuevo sopesaba mis palabras. «¿Supiste después algo más sobre tu psicoterapeuta? ¿Su cualificación o su experiencia?».

Raymond entonces recordó que una vez se había llamado a sí mismo «consejero compañero». Dijo a Raymond que había obtenido un certificado por Internet en «estudios del trauma». Había abandonado la universidad porque no le gustaba el ambiente académico, ingresó en el ejército y le enviaron a Vietnam. Principalmente estaba en la clínica para tratar a los compañeros veteranos, ayudándoles a «procesar su trauma» y a tratar los problemas de drogas, como él mismo había hecho.

De nuevo, nada de esto era reconfortante.

«Ah, sí», continuó Raymond, «él también se llama a sí mismo "traumatista". Afirma haber estado traumatizado durante la guerra, y dijo que había aprendido que eso podía provocar un montón de síntomas diferentes, como los míos». Raymond dijo que el consejero le había explicado que el trauma es la clave para muchos de los problemas de todo el mundo. También reveló que él mismo tenía TEPT y que aún sufría pesadillas. Quizás si Raymond pudiera también «encontrar su trauma», como le dijo a Raymond, se recuperaría rápidamente.

Entonces Raymond se detuvo.

«¡Y ahora he encontrado mi trauma!», anunció.

Pensé que para ser un joven tan inteligente, Raymond no tenía ni idea de lo que necesitaba. Pero me recordé a mí mismo que él aún era joven e inmaduro. Además, procedía de una familia anuladora que no le había ayudado a identificar estados emocionales, y mucho menos a canalizar su ira adecuadamente. Asimismo, su madre había denigrado tanto la psicología que no era de extrañar que se perdiera en el laberinto. Pero entonces Raymond me alarmó de verdad.

«Él hace un poco de hipnosis conmigo», dijo. «Fue entonces cuando recordé por primera vez el recuerdo que está en la raíz de mis problemas». El consejero sabía que Raymond estaba obsesionado por el juego *Dragones y mazmorras*, y que veía muchas películas sobre el diablo. Dijo a Raymond que esta fascinación debía basarse en algún evento anterior.

El consejero había empezado a hipnotizarle para ver si podía tener algún recuerdo alarmante sobre este asunto. «Creo que hemos dado con la clave», me dijo Raymond con regocijo. «Ha surgido un recuerdo. Es vago, pero el consejero me dijo que tenía mucho sentido. Efectivamente, creo que recuerdo una tarde en la iglesia de mi madre. Tenía seis años, supongo, porque fue cuando ese pastor estuvo allí. De todas formas, mi madre estaba cotilleando con algunas de las mujeres de los bancos de la iglesia y yo me alejé, y llegué a la sala donde este pastor aconsejaba a la gente. La puerta estaba entreabierta. Recuerdo vagamente haberle visto coger a un bebé en una especie de ritual y degollarlo».

Me quedé atónito, pero no demostré ninguna emoción. Dije a Raymond que quería oír más.

«Por lo menos *creo* que ocurrió. Mi consejero me dijo que tenía sentido. Incluso mi madre, cuando se lo mencioné a ella, me dijo que probablemente había ocurrido. Sus amigas del oeste le han enviado historias como ésa, y ella ha leído algunos libros sobre ese asunto. Piensa que es un gran problema en este país y que el FBI lo está encubriendo».

Creo que se dio cuenta, por mi falta de reacción inmediata, de que probablemente no daba mucho crédito a su historia. Preguntó si yo le creía o si yo pensaba que parecía improbable. Sentí que debía elegir con cuidado mis palabras, pero también decidí que tenía que ser más proactivo en ese momento, ya que Raymond estaba buscando sinceramente mi opinión profesional y había viajado tanto.

«Bueno, me parece una pequeña palmadita», le dije. «Parece que buscas una "solución" sencilla a una serie compleja de problemas y has dado con una idea que para mí es un tanto inverosímil. Creo que tal vez deberías hablarlo más profundamente con el terapeuta, y quizás también con tu padre y tu tío, quienes podrían tener algunas ideas sobre ese recuerdo; ya sabes, para ver la probabilidad de que otros lo crean cierto, no sólo tu madre».

Le sugerí que no se centrara demasiado en este supuesto recuerdo de forma tan exclusiva. Él había luchado con muchos problemas, y las causas de dificultades como las suyas raramente se determinaban de modo tan simple. Le dije que incluyera en las conversaciones con el terapeuta sus propias dudas sobre si este incidente había ocurrido de verdad, puesto que sentí que él ya tenía algunas. «Por supuesto», añadí, «puedes hablar con tu consejero sobre esto, pero incluye tus propias dudas, y entonces quizás decidas lo que quieres hacer con esta terapia».

Pensé para mis adentros: «No es el término que usaría sobre lo que está haciendo».

Dos semanas después, me llamó Raymond. Dijo que había hablado inmediatamente y en profundidad tanto con el consejero como con su tío, al que yo sabía que siempre había respetado. Después de informar de su conversación con su tío, Raymond dijo que incluso el consejero admitió que no estaba exactamente «seguro» de que el incidente hubiera ocurrido en realidad, aunque seguía pensando que era una fuente no improbable de los problemas de Raymond. «El tiempo lo dirá», había afirmado.

«Sin embargo, mi tío pensaba que todo era un sistema de creencias», dijo Raymond. «Él me contó que conocía un poco al pastor y que en realidad era un buen tipo, no un "monstruo satánico". Me dijo que toda la acusación le parecía absurda».

Raymond se relajó. «Leyendo entre líneas, pensé que usted también estaba diciendo eso, pero sé que usted quiere que decida por mí mismo».

Me sentí aliviado al ver la rapidez con que este inteligente joven había llegado a esta sensata conclusión. Le pregunté qué pensaba hacer al respecto. Él contestó con más confianza. «Tengo que estar de acuerdo en que todo el asunto ahora me parece un poco ridículo. También me hizo poner en duda la competencia del terapeuta. Otra cosa me convenció. Yo recordé algo que él me dijo una vez. Creo que no le di este detalle específico sobre las atrocidades a las que se había referido. Dijo que lo peor que vio en Vietnam fue la brutal muerte de unos niños pequeños causada por algunos soldados de su pelotón. Comentó que no lo denunció en su momento y que nunca lo superaría. Parecía sentirse muy culpable, como si debiera haber evitado que sucediera». En resumen, Raymond creía correctamente que las propias experiencias de guerra del consejero habían influido sobre su visión de las raíces de los problemas de Raymond, y que había ayudado inconscientemente a sacar a la luz unos «recuerdos» erróneos.

• • •

A pesar de la rareza de estos eventos, la historia de Raymond no es tan inusual como podría pensarse. El consejero había sentido que presenciar un episodio tan violento que incluye niños era la principal causa de su propio distrés y TEPT, y así había proyectado sus ideas en Raymond durante un tiempo, pensando que algún trauma similar debió también ocurrirle a él. Emparejado con la preocupación de su madre por las celebraciones supuestamente comunes de rituales satánicos, la propia culpa de Raymond sobre su interés por los juegos, lecturas y películas de ocultismo probablemente contribuyeron a su credulidad.

Los detalles de la historia de Raymond incluyen todos los elementos que tan a menudo explican la génesis de esa clase de cuentos «satánicos» salvajes y falsos: miedos subculturales exagerados, problemas familiares que contribuyen a los problemas, el dudoso y mal informado uso de la hipnosis, un consejero poco preparado y simplista, y razones internas como la culpa y la confusión que tenía Raymond sobre su supuesto papel en la generación de sus complejos problemas. Todos estos factores contribuyeron a que lo que podría parecer una creencia totalmente extraña y casi psicótica –en un joven no psicótico, pero sí vulnerable– fuera demasiado explicable.

En caso de que alguien crea que esta historia es demasiado singular, a continuación ofrezco otra, más breve, que demostró ser similar.

Unos años después de las consultas de Raymond, acudí a una conferencia que incluía debates sobre el abuso y el trauma, así como recomendaciones de tratamientos supuestamente innovadores, muchos de ellos cuestionables en mi opinión. También se incluyeron de forma destacada los autoinformes de los pacientes, en los que varias personas ofrecían sus testimonios. El ambiente parecía desanimar cualquier puesta en duda de estos testimonios, lo cual los organizadores consideraban invalidante y perjudicial. No era una conferencia académica, y muchas de las historias me parecieron poco creíbles.

Pero yo estaba investigando falsas historias de diversas experiencias abusivas en aquel momento, por lo que tuve interés en asistir a este encuentro «centrado en el paciente». La reunión incluía informes de supuestas víctimas que afirmaban haber experimentado incidentes extraños, incluyendo abducciones por extraterrestres. Por supuesto, yo no creí ni una palabra de todo aquello. Algunos pacientes también informaron de lo que me parecieron dudosas historias de abuso ritual satánico. Me parecía que algunos ponentes competían con otros para contar la historia más sórdida y extravagante.

El testimonio que mejor recuerdo es el de una joven. Se levantó y relató su larga historia de haber sido obligada a asistir a una serie de complejas ceremonias satánicas y de haber sufrido abusos en ellas. Su padre, supuestamente «satanista», la había llevado repetidamente –varias veces a la semana– desde sus ocho hasta sus doce años de edad.

Como es habitual, y de hecho predecible para tales supuestos recuerdos, ella insistió en que había olvidado totalmente estos dramáticos recuerdos durante muchos años después. Posteriormente, ocurrió que un día a su terapeuta se le ocurrió la idea de hipnotizarla. Casi de inmediato, la joven sacó a la luz esos supuestos recuerdos de abusos satánicos con detalles tan sangrientos que yo podía sentir incluso que los otros participantes consideraban increíble su historia. Sin embargo, nadie dijo ni una palabra. Pero su silencio no disuadió a la mujer, un tanto inconsciente, que admitió que tenía un diagnóstico de trastorno grave de la personalidad y de abuso de sustancias de larga duración. Ella estaba contenta por primera vez en años, concluyó, después de que «su maravilloso consejero» hubiera aceptado trabajar con ella varias años antes.

Muchos especialistas, terapeutas y pacientes han destacado adecuadamente la importancia de los traumas y sus efectos nocivos en el desarrollo psicológico humano. Yo ya había escrito un artículo en una revista documentando los altos índices de abuso en los historiales de la mayoría de los pacientes internos de nuestra unidad de pacientes con trastorno límite. Pero teniendo en cuenta mi experiencia clínica con los caprichos de la memoria y la histeria que había entonces sobre el satanismo, pensé que la historia de abusos de la mujer era tan ridícula como la de Raymond sobre el pastor. El hecho de que tanto Raymond como esta mujer afirmaran haber recuperado sus recuerdos satanistas bajo la influencia de la hipnosis y sólo después de muchos años de haberlos olvidado por completo eran señales de alarma.

La hipnosis, una forma dudosa de intentar ayudar a la gente a recordar, es un elemento común en muchos casos de falsos recuerdos. Algunos los han calificado como «recuerdos reprimidos». Pero cuando se obtienen en tales condiciones, se ha demostrado repetidamente que no son fiables, especialmente después de largos años de ausencia total de recuerdos de ese tipo de episodios dramáticos.

Por supuesto, los informes dudosos de recuerdos falsos pueden aparecer también en informes sobre una amplia variedad de otros eventos. Pero hay que poner una seria carga de prueba sobre los informes de personas que afirman haber olvidado por completo la existencia de años de esos eventos espectaculares, incluyendo supuestos rituales satánicos. El sentido común indica que esas historias reconstruidas parecen inverosímiles, hasta que se demuestre realmente lo contrario.

Para ayudar a explicar la magnitud y la persistencia de estos debates sobre los falsos recuerdos de acciones satánicas, debemos examinar más detenidamente los puntos de vista globales del campo de la salud mental sobre los llamados recuerdos reprimidos y el abuso, y luego dirigir nuestra atención al personal encargado del cumplimiento de la ley, para conocer su perspectiva sobre estas polémicas. Es una historia compleja, y muestra que no todos los profesionales de la salud mental estaban exentos de sus propios prejuicios y que no todos los fiscales estaban tan equivocados y eran tan ingenuos como a veces se les presentaba. Los caprichos de la memoria humana y la tendencia de ciertos pacientes a exagerar o a hacerse ilusiones o sugestiones sobre supuestas experiencias pasadas de abuso en seguida me llevaron a dedicar varios años a estudiar estas cuestiones. En el marco de mis investigaciones, también investigué la exactitud de los recuerdos de las víctimas de fenómenos como las posesiones y el satanismo. Las diversas formas de abuso no son infrecuentes y son ciertamente una fuente seria de daño psicológico. La mayoría de informes de abuso son probablemente ciertos, pero, por desgracia, una cantidad menor no lo son. Lo mismo es aplicable a los informes sobre sectas satánicas y ataques demoníacos, generalmente, aunque, por mi experiencia, la proporción de informes falsos en relación con los verdaderos es mucho mayor en estos últimos casos. Según mi experiencia, la mayoría de los profesionales de la salud mental bien preparados que escucharon relatos fantásticos de sus pacientes sobre abusos rituales no salieron convencidos y concluyeron, al igual que yo, que estos informes eran exagerados, especialmente los que implicaban «recuerdos recuperados».

Los especialistas expertos en memoria han seguido felicitándose a sí mismos por reconocer las imprecisiones de la memoria humana (evidente a veces) y por destacar el gran poder de la «sugestión» en las mentes humanas vulnerables. Pero varios escritores se subieron al carro y parecieron dar lecciones a lo que consideraban un público ignorante y supersticioso de cómo no dejarse llevar por ninguna afirmación sobre la existencia de satanistas.

Una perspectiva más matizada de estas polémicas complejas y a menudo incomprendidas requiere una breve digresión sobre los temas relevantes de la represión y la memoria distorsionada. La variada fiabilidad de los informes sobre el satanismo, al igual que los relativos a otros traumas, requiere un análisis considerable teniendo en cuenta estos antecedentes.

• • •

Las llamadas guerras académicas de la memoria se libraron sobre todo durante los años ochenta y principios de los noventa. Las polémicas se remontaban a un debate técnico sobre la forma en que Freud trataba el olvido humano y las distorsiones de sus primeros pacientes, un «problema» que en gran parte es culpa del mismo Freud. Al igual que muchos debates justificados en el campo de la psicoterapia, las discusiones sobre la represión y los recuerdos de abusos se originaron con él.

Al principio de su carrera, Freud ofreció sus conclusiones de que dieciocho casos de lo que él llamaba histeria que había tratado en los primeros años de su experimentación con la hipnosis y las técnicas psicoanalíticas estaban todos causados por recuerdos reprimidos de abuso sexual. Su investigación clínica, según él, había revelado que estos pacientes habían olvidado sus primeros episodios de abuso. Sólo bajo el método de descubrimiento del psicoanálisis, afirmó Freud, habían sido capaces de tomar conciencia de estos traumas.

No estaba en lo cierto, como se sabía entonces y se sabe actualmente.

Durante muchos años, sin embargo, muchos de sus seguidores defendieron a Freud y elaboraron una explicación estándar para sus teorías erróneas. Tanto los psicoanalistas como los historiadores argumentaron que Freud, durante la última década del siglo XIX, buscaba enérgicamente su *caput Nile*, es decir, en latín la «fuente del Nilo». Su propósito había sido encontrar el principal factor causante de los trastornos, a menudo gravemente neuróticos (y probablemente a veces casi psicóticos), que veía en su consulta. Al comienzo, Freud creía en los informes «espontáneos» de sus pacientes que decían que habían sufrido abusos sexuales. Sin embargo, según esta representación idealizada de muchos de esos primeros seguidores, con el tiempo Freud se convenció de que la psique excesivamente imaginativa de sus pacientes había creado estas historias y que tales relatos se explicaban más bien por fantasías profundamente establecidas y reprimidas durante mucho tiempo, ahora descubiertas por su novedosa metodología. Las biografías favorables a Freud, como la de Ernest Jones (*The Life and Work of Sigmund Freud*, publicada en la década de 1950 en tres volúmenes, y luego en un volumen en 1961) y la de Peter Gay (*Freud: A Life for our Time*, 1988), por ejemplo, ofrecían esta visión. Gay escribe que Freud «durante un tiempo» aceptó las escabrosas historias de sus pacientes como ciertas, pero con el tiempo las consideró «una colección de cuentos de hadas».

Sin embargo, una lectura más atenta de los escritos de Freud de la década de 1890 podría haber hecho más evidente lo que realmente estaba sucediendo. Podemos ver en sus escritos que Freud, inconscientemente, se involucró durante un tiempo en el mismo comportamiento que muchas décadas después se hizo tan sospechoso entre los defensores entusiastas de los «recuerdos recuperados», incluidos los de rituales satánicos.

Una lectura imparcial del artículo de Freud de 1896 «La etiología de la histeria» sugiere que él estaba guiando a los testigos, no lo contrario. Allí, Freud comenta sobre sus pacientes que, antes de sus análisis, ellos no sabían nada sobre las escenas que relataban. Por regla general, se «indignaban» si les advertía de que tales escenas podían surgir. «Sólo la compulsión más fuerte [el énfasis es mío] del tratamiento podría inducirlos a embarcarse en la reproducción de las mismas», escribió Freud.

Después de haber afirmado que él había «forzado laboriosamente varios fragmentos de conocimiento» sobre sus pacientes, Freud, con su colega Jofef Breuer, escribió en otro artículo anterior, *Estudios sobre la histeria* (1895), que incluso cuando los pacientes llegaron a aceptar este aspecto, seguían insistiendo en que «no podían recordar haberlo pensado».

Las conclusiones de Freud parecían obviamente impulsadas por sus propias teorías y metodología tempranas. Según su propia lógica, Freud pensaba que estaba trabajando con recuerdos que se encontraban en un nivel inconsciente, estaban sujetos a una fuerte resistencia y, por lo tanto, no se generaban espontáneamente. Parece inevitable concluir que Freud estaba sacando a la luz lo que después hemos llamado «falsos recuerdos».

No es de extrañar que la generalización injustificada de Freud no fue bien recibida en el congreso local de médicos vieneses, donde presentó estas primeras ideas. Sus descubrimientos fueron rotundamente criticados y no aceptados, y se le consideró monomaníaco en su teoría sexual. Para su fortuna, Freud aprendió de sus errores y cambió sus puntos de vista. Sin embargo, en lugar de aceptar la responsabilidad de este vergonzoso episodio y de su error de apreciación inicial, siguió culpando a sus pacientes.

Un triste resultado de este primer capítulo de la historia del psicoanálisis fue que durante muchos años se restó importancia a los traumas de la vida real como factor que contribuye al desarrollo de los problemas psiquiátricos. El sentimiento general entre los terapeutas a mediados del siglo XX era que el abuso y el trauma en el historial de los pacientes eran bastante raros; un texto de esa época citaba que la tasa de incesto era sólo de uno en un millón de niños. Incluso cuando comencé como psiquiatra, muchos médicos con experiencia descartaron en gran medida cualquier papel significativo o prevalencia del abuso.

La inevitable reacción a esta opinión se produjo en las décadas de 1970 y 1980. Para muchos de los que tratamos con pacientes más perturbados, se hizo evidente que las tasas de diversas categorías de abuso en sus antecedentes eran enormes. Varios grupos de pacientes con diagnóstico, y especialmente aquellos con trastorno límite de la personalidad, habían sufrido con frecuencia abusos sexuales, físicos y emocionales, un hallazgo ahora ampliamente aceptado. También se ha desarrollado una mayor comprensión de las consecuencias neurobiológicas de ese tipo de historiales.

Sin embargo, como ocurre a veces, el péndulo osciló entonces demasiado en la dirección opuesta. En algunos círculos terapéuticos (y entre algunos profesionales de la salud mental con poca preparación hasta este momento), descubrir y «curar» el yo «traumatizado» se convirtió en el principal, y a veces en el único, objetivo del tratamiento. Algunos terapeutas incluso preferían llamarse «traumatistas», como hacía el consejero de Raymond.

Fue en este momento cuando un buen número de psicoterapeutas parecían presionar a sus pacientes, de forma sutil o incluso evidente, para que recuperaran recuerdos que no reflejaban en realidad acontecimientos pasados reales, al igual que hizo Freud, como muchos creen ahora. En su mayoría, se trataba de informes sobre abusos. Algunos terapeutas llegaron a estar tan convencidos de la importancia de los abusos que, al igual que Freud casi un siglo antes, animaron a sus pacientes a buscar en los recovecos de sus recuerdos con la creencia de que debían haber reprimido tales recuerdos.

En nuestra investigación publicada, tuvimos cuidado de excluir los recuerdos equívocos. Creíamos que los pacientes víctimas de abusos sí recordaban el trauma; no necesitaban terapia para «recuperarlo», aunque los detalles pudieran haberse desvanecido un poco. No recuerdo que ninguno de mis colegas psiquiatras de las cuatro facultades de medicina con las que he estado asociado haya afirmado creer a los pacientes que repentinamente «recuperaban» recuerdos tras años de olvido de traumas graves, y mucho menos de abusos rituales.

Otra paciente hospitalizada que conocí bien afirmó haber sido torturada por su madre y otros miembros de un grupo satánico cuando era niña. No se trataba de un recuerdo recuperado, dijo, sino de un recuerdo que siempre había conocido. Sin embargo, como había trabajado durante muchos años con un psicólogo que la había hipnotizado y le había dicho que tenía un trastorno de personalidad múltiple, yo era algo escéptico con respecto a su afirmación, aunque ella mantenía constantemente su realidad y yo no podía refutarla, por supuesto. Estas anécdotas clínicas son un buen recordatorio no sólo de los caprichos de la memoria, sino también de la observación de que muchos individuos, como Raymond y su consejero, buscan desesperadamente una razón única pero simplista para sus problemas. Es más fácil creer que puede haber un acontecimiento definitivo que explique sus problemas que una compleja mezcla de vulnerabilidades y múltiples causas. En la unidad para pacientes con trastorno límite de personalidad, donde tantos tenían historias traumáticas, a veces oía un dicho común de los pacientes que no recordaban haber sufrido abusos. Varios me dijeron que deseaban que también ellos tuvieran una «buena razón de por qué soy un desastre».

En este contexto, es fácil entender por qué ciertos pacientes y consejeros llegaron a aferrarse a excéntricas afirmaciones sobre secuestros satánicos y abuso ritual. Pero hay que hacer distinciones. Como he comentado, hay efectivamente al menos unos cuantos «satanistas» por ahí, aunque de diferente índole y niveles de seriedad. No todos son peligrosos para los niños y para los demás, pero tampoco todos ellos se limitan a jugar a *Dragones y mazmorras*.

En mi experiencia, la realidad sobre el trabajo de algunos policías y fiscales siempre fue más compleja de lo que se les atribuye o de lo que suponen muchos de los expertos académicos Como consultor suyo en ocasiones, probablemente he aprendido sobre esas quejas a lo largo de los años más de las fuerzas del orden que de cualquier otra persona. Por ejemplo, un detective de la policía de Nueva York me contó su experiencia de que las sectas intentan pasar lo más desapercibidas posible, como la Mafia, porque algunas de sus actividades son delictivas. Otros expertos opinan que la mayoría de las sectas son pequeñas y tienden a existir en zonas rurales. La primera implicación de Catherine en ese tipo de práctica «satanista» fue sin duda de esta variedad.

Según este argumento, sus miembros suelen ser personas marginadas y descontentas que buscan una oportunidad y un poco de emoción en sus a veces mezquinas vidas. Los informes sobre las prácticas de los aficionados o las actividades más notorias y a veces repugnantes de los seguidores serios de las nociones satánicas dispersas aparecen en muchos artículos de prensa y en Internet, aunque su alcance es discutido. En Canadá, en el verano de 2019, se celebró una rara misa negra pública cerca de la catedral diocesana de Ottawa, para la evidente consternación de la comunidad católica local.

En los casos de sospecha de abuso ritual satánico, la policía y los fiscales de distrito a veces fueron retratados injustamente como simples incautos de los cuentos exagerados contados por los niños. Aunque las técnicas de investigación en ciertos casos con niños sugestionables eran sin duda demasiado agresivas y engañosas, el sistema legal acabó por encontrar un equilibrio. El mayor problema frecuentemente fue el opuesto. Según algunos fiscales con los que he hablado a lo largo de los años, el problema consistía con menos frecuencia en liberaciones (o acusaciones) injustificadas de satanistas que las condenas por abuso por otros motivos. De los casos de acusaciones de abusos satánicos y rituales que llegaron a los tribunales, muchos comenzaron como simples acusaciones de abuso sexual respaldadas por pruebas. Pero, no obstante, muy pronto los cargos se exageraron, no siempre debido a un exceso de celo del fiscal. Igualmente, según esta perspectiva, los acusados adultos manipuladores y sus astutos abogados utilizaron esas historias para confundir a los jurados.

Según este punto de vista común entre los fiscales experimentados, algunos acusados realmente culpables se dieron cuenta rápidamente de que las pruebas contra ellos eran sólidas. Pero en lugar de admitir su delito, intentaron enturbiar las aguas admitiendo todo tipo de acusaciones extrañas y absurdas, como el abuso ritual, con la esperanza de crear confusión. En esta interpretación de la polémica, los «expertos de la memoria» (al menos a veces) reforzaron inconscientemente una estrategia de defensa calculada. Al enfatizar el gran poder de la sugestión sobre las vulnerables mentes humanas, los expertos que testificaban a veces sólo confundían a algunos jurados al reconocer que los niños en cuestión habían sido engañados por un interrogatorio inadecuado. Los acusados y sus abogados esperaban entonces que el jurado concluyera que el testimonio general se había visto tan comprometido por las acusaciones exageradas que las acusaciones reales más creíbles quedaban confusas.

Y así, los fiscales bien informados pensaron que estos expertos estaban siendo manipulados. No sé si esta visión revisionista era la más acertada. El sistema judicial es tan complejo por naturaleza que es difícil para cualquier observador externo ordenar todos los hechos y los testimonios contradictorios, y no faltaron esos casos controvertidos. Sin embargo, tuve conocimiento de información privilegiada sobre un caso notorio y públicamente denunciado en la Costa Oeste en 1988, que siempre me ha dado que pensar.

En este caso particular, un antiguo oficial de policía, Paul Ingram, fue acusado de abusar de sus hijos y de practicar el satanismo, junto con otros importantes miembros de su comunidad. Ingram al principio admitió el abuso, pero después empezó, de la forma mencionada, a añadir todo tipo de admisiones absurdas, como por ejemplo que él, otros hombres y otros miembros de su familia habían participado durante años en violaciones, orgías y asesinatos rituales durante ceremonias satánicas. Cuando sus hijos corroboraron por primera vez estas historias, el caso obtuvo una enorme publicidad. Muy pronto, los expertos en memoria testificaban que este hombre estaba confuso y que hacía esas confesiones debido sólo a un distorsionado sentimiento de culpa, una extrema sugestión y un deseo de «agradar a la autoridad».

Las fuerzas del orden locales creyeron que Ingram sólo quería salvar su propio pellejo. Llegaron a la conclusión de que en realidad era culpable de algunos abusos y que entonces mintió a la policía sobre los aspectos más rocambolescos de su historia para despistar a las fuerzas del orden. En cualquier caso, fue procesado con éxito por los cargos menos espectaculares y fue a la cárcel.

Más tarde me informaron directamente de que las acusaciones de abuso ritual nunca se probaron en los tribunales, pero que sí existían pruebas adicionales de la participación de Ingram en un círculo satánico. La acusación de que el satanismo fue un factor en el caso, aunque rigurosamente discutida por la mayoría de los analistas, sigue siendo indiscutible en la mente de, al menos, algunos de los implicados en el caso, o eso es lo que siguen alegando ante mí.

Acusaciones parecidas, algunas de ellas muy bien fundamentadas, se remontan a siglos atrás, dando credibilidad en la actualidad a la posibilidad de su existencia. En el siglo XV, por ejemplo, Gilles de Rais, un noble francés, fue llevado a juicio y le ejecutaron por acusaciones similares de asesinatos de decenas de niños en ceremonias satánicas. Los historiadores no dudan de la veracidad de esta sórdida historia.

Cuando viajo a Italia, oigo las mismas historias y las mismas polémicas. Italia tuvo su propio caso al estilo McMartin en 2007, en una escuela de Rignano Flaminio, un pueblo a unos treinta kilómetros al norte de Roma. Estaban implicados seis miembros del personal. En otra denuncia tristemente célebre, en 1966, el presidente de un grupo llamado Bambini di Satana (los Niños de Satán) fue acusado de violar a una adolescente y a un niño de dos años durante un ritual satánico. Ninguno de los cargos dio lugar a penas de prisión, y muchas personas cuestionan la idea de que el satanismo esté tan extendido en Italia como algunos creen y alegan.

Y así los debates continúan en ambos lados del Atlántico. Yo mantengo algo de escepticismo ante las acusaciones más sensacionalistas, aunque a lo largo de los años he hablado con supuestas víctimas de satanistas que me juraron que abusaron de ellos ritualmente y que no tenían dificultad para recordar los horrores. Sin embargo, ellos admiten que pueden presentar pocas pruebas de su abuso.

La historia más común detrás de la mayoría de los satanistas modernos puede ser, más bien, la de un delito menor o la de un giro hacia el ocultismo. Juristas expertos me han dicho que los «rastros» de las sectas satánicas aparecen frecuentemente en la escena del delito. Por ejemplo, una vez vi símbolos satánicos pintarrajeados en el seminario de una localidad: ¿hechos por bromistas o por adoradores verdaderos? Aquí parece ser donde los expertos dejan de estar de acuerdo y donde comienza la evidencia anecdótica. Por mis entrevistas con diversos especialistas en el cumplimiento de las leyes y con testigos más creíbles, estoy convencido de que al menos unos cuantos de los macabros relatos podrían ser ciertos.

Por supuesto, la historia moderna ofrece suficientes relatos de horror y crueldad –desde asesinos en serie hasta Hitler y Pol Pot– para convencer a casi todo el mundo con sentido común de que el verdadero mal existe. El mal no necesita del satanismo explícito para declararse. Del mismo modo, el pasado está repleto de relatos espantosos del comportamiento humano, desde prácticas antiguas como las crucifixiones y empalamientos en masa hasta el asesinato generalizado de bebés mediante la «exposición», los terrores de la guerra y la práctica habitual de la subyugación de pueblos enteros por parte de conquistadores sádicos, y los horrores inimaginables de toda la historia de la esclavitud, incluyendo la práctica común de hacer servir a los esclavos como objetos de explotación sexual. El fenómeno de los enemigos demoníacos por sí solo difícilmente explica la depravación humana, como recuerdo a quienes intentan etiquetar erróneamente como «poseído» a este o a aquel asesino en serie o individuo que dispara en los colegios.

A todos nos gustaría creer que nuestro mundo occidental moderno ha dejado atrás ese tipo de creencias y escenarios estremecedores. Pero los extraños y espantosos informes de atrocidades, que al menos ocasionalmente se consideran de naturaleza diabólica, siguen resurgiendo en todas las épocas, incluida la nuestra. La motivación de sus delincuentes hacia el secreto ha dificultado su detección y ha hecho problemática la estimación de su prevalencia. Pero ningún hecho contradice la realidad ocasional de esa clase de atrocidades, por mucho que se exageren los temores sobre su existencia.

# CAPÍTULO 12
# POLÉMICAS FINALES

### *Abuso de los exorcismos y nota final para críticos, buscadores y medios de comunicación sobre el estatus científico de las posesiones y lo llamado paranormal*

Dado que los exorcismos y las creencias en los demonios nunca se extinguirán, y que el desacuerdo humano es tan generalizado, tampoco lo harán las controversias sobre el alcance ideal, el discernimiento y la formación de los exorcistas y los ministros de la liberación. Siempre ha habido disputas sobre esos temas en todo el mundo. Una perspectiva sobria y equilibrada es siempre necesaria. Una preocupación excesiva por los exorcismos y la creencia en los demonios, o las nociones ignorantes y las malas prácticas al respecto, sólo producirán resultados poco acertados. Tal vez lo más preocupante en la época contemporánea han sido los criterios erróneos. Una de mis funciones principales en los últimos años ha sido intentar combatir esas distorsiones.

No me he encontrado directamente con episodios de abuso por parte del clero porque normalmente sólo admito consultas en casos en los que sé que hay un consejero espiritual sensato. Si no hay implicado ningún consejero espiritual, o si una víctima me pide consejo, recomiendo los nombres de practicantes religiosos prudentes y bien informados que conozco.

Sin embargo, más allá de los ámbitos considerados, la incidencia y la variedad de los abusos no son triviales. Quizá lo más visible en nuestra cultura saturada de medios de comunicación es que curanderos interesados manipulan a víctimas inocentes para exhibirse y obtener beneficios.

Recientemente, en Francia, una amplia gama de autodenominados exorcistas hicieron eso mismo; sus esfuerzos fueron tan terribles como ineficaces al final. Los ejemplos más públicos de este tipo de comportamiento en los Estados Unidos provienen de algunos telepredicadores, muchos de los cuales se han hecho multimillonarios. Robert Tilton, por ejemplo, se dedicó a «sacudirse» ante las cámaras e intentó convencer a la gente de que ellos también podían «sacudirse» el diablo y sus enfermedades, siempre que le enviaran dinero por adelantado. Del mismo modo, el mediático Benny Hinn afirmaba que podía expulsar a los demonios con sólo «soplar» sobre la gente y liberarles de sus adicciones a las drogas eliminando a los espíritus malignos responsables con un soplo de aire. Mi telepredicador favorito, sin embargo, era el que proclamó que un grupo de fieles estaban poseídos con unos quince diablos, y después les dio una palmada en la frente, momento en que los quince diablos salieron disparados en masa.

Pero aún más preocupantes son los episodios en los que falsos curanderos o ministros irresponsables abusan físicamente o dañan a las personas, ya sea intencionadamente o por ignorancia. Algunas personas perturbadas pueden tomar el control del asunto en sus propias manos y usar la violencia contra otros para atacar a supuestos enemigos demoníacos.

Esto pudo ser lo que sucedió, por ejemplo, cuando el exnovio de la nieta de Morgan Freeman la mató en un ataque de ira. Afirmó que estaba expulsando a los demonios, pero tras un examen más detallado, parecía sufrir delirios paranoicos, quizá provocados por su consumo de drogas. Mientras apuñalaba a la joven, afirmó que Dios quería que muriera porque estaba poseída por el diablo. Posteriormente, se declaró inocente por razón de demencia, alegando que la ingestión de PCP estimuló su paranoia.

Los exorcismos violentos y abusivos siempre han existido. Tienen lugar con mucha más frecuencia entre los ignorantes y en las sociedades más primitivas. Pero, a medida que la ciencia moderna y las oportunidades educacionales se han expandido por todo el mundo, los calvarios físicos destinados a expulsar los demonios, largamente empleados por las culturas antiguas, están en clara decadencia. Sin embargo, todavía tienen lugar a veces incluso en los países más avanzados.

Como ya he subrayado, el principal error subyacente es la creencia de que los problemas espirituales pueden ser ayudados por medios físicos. Los métodos físicos violentos o inapropiados empleados para expulsar a los demonios son arriesgados y supersticiosos. Los métodos físicos no pueden influir en los seres espirituales como los demonios, aunque cosas como el agua sagrada u otros objetos también sagrados, cuyo carácter físico contiene un significado sacramental, difícilmente pueden ser peligrosos o perjudiciales.

La prensa y otros medios de comunicación han documentado recientemente episodios en los que los llamados exorcismos han dañado de forma física a gente de todo el mundo. Los problemas mentales pueden quedar sin tratamiento, e incluso se puede llegar a morir si se comprenden inadecuadamente los criterios relevantes o se ignoran las prácticas sugeridas, sobre todo cuando se trata de establecer la distinción adecuada entre enfermedad y posesión. Practicantes ignorantes y codiciosos, o simplemente familias desesperadas, se han visto implicados en ese tipo de farsas.

La mayoría de las veces, las prácticas supersticiosas y abusivas son realizadas sobre la marcha por laicos; es aún más inexcusable cuando el infractor es un clérigo.

En 2003, durante una ceremonia de «liberación», un niño de ocho años fue trágicamente asfixiado hasta la muerte. Después del incidente, el ministro oficiante, Ray Hemphill, fue detenido. Había creado una Iglesia fundamentalista, conocida como Iglesia del Templo de la Fe de los Apóstoles. Bajo su dirección, él y los participantes se habían tumbado encima del chico para sujetarlo mientras Hemphill intentaba expulsar al supuesto demonio. El chico había recibido el diagnóstico del extremo más grave del espectro autista; esas personas no suelen hablar y se comunican de formas que los mal informados podrían considerar «demoníacas». De acuerdo con el testimonio del tribunal, muchas personas de la iglesia de la familia creían que el niño estaba poseído, y todos pensaban que un exorcismo lo «curaría».

En otro ejemplo, una pareja en cierta ocasión me trajo a su hija autista, que en ese momento sufría agitación, porque pensaban que podría estar poseída por los demonios. Tuve que desengañarles de esa idea con rotundidad. Los pacientes autistas a veces se presentan como muy agresivos, al igual que algunos pacientes con deficiencias orgánicas con daños en los centros inhibitorios clave del cerebro, especialmente el lóbulo frontal. Una vez más, a menudo he tenido que decir a algunos padres confundidos que estos síntomas patológicos raramente indican que el paciente está controlado por espíritus malignos. Ese tipo de individuos, cuyos cuidadores suelen estar desesperados por «intentar cualquier cosa», según mi experiencia son especialmente vulnerables a los practicantes marginales y las teorías extravagantes de la causalidad.

El interés de los medios sobre las posesiones y los «exorcismos» ha crecido exponencialmente. En informes de todo el mundo y en todas la religiones, se encuentran casos de «exorcismos» con malos resultados: una niña suiza de 12 años que fue golpeada hasta la muerte durante un violento exorcismo; una mujer de 22 años, en Nueva Zelanda, que murió ahogada durante un ritual para expulsar a un espíritu maorí maligno; una mujer alemana a la que se le ordenó beber litros de agua salada durante un supuesto ritual islámico de exorcismo; una joven musulmana que fue golpeada y muerta de hambre tras ocho días de «esfuerzos» para expulsar un espíritu; una mujer en Tailandia a la que los monjes budistas obligaron a beber dos enormes recipientes de «agua bendita» para limpiarla.

Es inevitable que los medios de comunicación se hagan eco de la tendencia a realizar más exorcismos que nunca en todo el mundo. Junto con eso, tenemos una mayor difusión de posibles abusos. Pero, a pesar de la adecuada y creciente atención de los medios de comunicación, en líneas generales estos abusos no están aumentando proporcionalmente.

Aunque cualquier práctica abusiva, por supuesto, debe identificarse, detenerse y perseguirse inmediatamente cuando sea apropiado, la necesidad de precaución exige, más bien, una mejor formación y una comprensión más ilustrada de este complejo campo.

El argumento de los detractores del exorcismo es que esos abusos justifican la supresión total de los exorcismos. Pero eso es como decir que la solución a las lesiones en la construcción es prohibir los edificios nuevos. La solución es una enseñanza y un aprendizaje más sensatos en este ámbito, no menos, y no prohibir la práctica adecuada del exorcismo o esconder las necesidades reales bajo la alfombra. Se están llevando a cabo muchos esfuerzos para formar a más practicantes cualificados. Sin embargo, es interesante que los líderes de las distintas tradiciones religiosas se opongan a algunos de estos esfuerzos, un ejemplo de que los ciegos guían a los ciegos.

La ignorancia y la exageración compiten constantemente con la racionalidad y la prudencia entre los humanos. Tal vez no sea sorprendente que esto sea cierto en este complicado ámbito donde la gente se asusta y hay disponible muy poca información veraz. Viene al caso otra antigua frase latina: *abusus non tollit usum* («el mal uso de algo no elimina su propio uso»). Difícilmente todos los autodenominados exorcistas tienen siempre buen juicio. Pero, de nuevo, no prohibimos los coches porque existan conductores borrachos. No deberíamos negar el valor de los exorcismos por culpa de unas pocas prácticas o por practicantes ignorantes.

• • •

Tampoco deberíamos negar la importancia y la necesidad de promover a los practicantes de exorcismos sensatos y debidamente autorizados, científicamente instruidos y bien formados. Es demasiado fácil pescar en el barril de las prácticas y creencias religiosas mal concebidas, y nuestro país ha tenido bastantes de ellas. Por supuesto, algunos de los liberadores son ignorantes y extremistas, y también lo son algunos de los «antirreligiosos». Es difícil mantener una perspectiva sensata y equilibrada sobre un tema importante, aunque enrevesado e inquietante, que se ha debatido durante siglos. Mentes brillantes han intentado comprender su complejidad durante milenios, a veces desviándose, a veces mostrando una lucha muy humana ante un gran pero confuso misterio cósmico.

Aunque considero que el estudio de lo paranormal sin una base espiritual es pseudocientífico, la creencia en fenómenos de naturaleza realmente espiritual o incluso supuestamente paranormal no es irracional y no debería tratarse como tal, a pesar de los excesos o limitaciones de algunos de los que escriben sobre el tema. Tampoco es una postura «anticientífica». Las civilizaciones a lo largo de la historia se han construido sobre sólidas bases espirituales; otras se han construido sobre nociones paganas y ocultas. Discriminar entre ambas lo es todo.

Esto no significa que ninguna de estas sociedades se haya opuesto intrínsecamente al pragmatismo o a la investigación científica. Estas culturas simplemente han aceptado los dos pilares de la realidad material y no material. Las culturas sanas se resisten a la preocupación generalizada por las ideas espiritualistas, pero no patologizan todas las experiencias espirituales ni niegan la existencia de un mundo espiritual, una tentación peculiarmente moderna. Yo he escrito este libro para aclarar estos puntos. He defendido a lo largo de sus páginas que no hay nada «no científico» en todo el asunto, que para la mente imparcial la evidencia es convincente.

Hace algunos años, se puso en contacto conmigo un escritor independiente de una revista de divulgación científica que estaba preparando e investigando un artículo sobre la posesión demoníaca. Conocedor de un ensayo que yo había escrito anteriormente, me pidió una entrevista. Se mostró respetuoso y atento. A petición suya, accedí voluntariamente a enviarle una descripción de varios casos contemporáneos que me habían dado permiso para compartir sus detalles. El escritor los leyó y dijo que consideraba fascinantes los relatos. Su editor también quería incluir mis ejemplos de casos en el artículo, que estaba previsto que se publicara en el siguiente número. El editor me dijo que cualquier tratamiento serio de la posesión demoníaca debía incluir los informes científicamente creíbles y la larga experiencia de un psiquiatra profesional como yo.

Después no volví a saber nada de la revista.

La verdad es que no me sorprendió. Creo que el artículo fue rechazado por razones ideológicas y comerciales. Su equipo de edición probablemente temía la reacción de sus lectores, de orientación científica, lo cual imagino que podía influir negativamente en su lista de suscriptores. Demasiado para las personas de mente abierta. Incluso una revista de «ciencia», especialmente una de carácter más divulgativo, no podía hacer sitio para incluir el argumento de que la posesión podía explicarse mejor por *espíritus malignos concretos y verdaderos*. Tenía que haber una causa material. Probablemente, la revista consideraba que la noción de demonios era ignorante o simplemente inaceptable para emitirla. Aunque los editores tal vez imaginaran que ese tipo de material podría «ofender» a sus lectores habituales, por mi experiencia podría haber generado una viva polémica, como ocurrió con mi artículo en *The Washington Post* unos años después.

Sin embargo, algunas personas se sorprenden cuando digo que comprendo esa mentalidad. Reconozco que *hay* un elemento positivo en esa resistencia. *Hay* periódicos y revistas religiosas y filosóficas en campos como la espiritualidad, e incluso en el campo de la «parapsicología», donde un tema así puede divulgarse. Quizás no se piense mucho en algunos de esos medios de comunicación. A menudo, yo no lo hago.

Pero aquí deberíamos ser respetuosos con los límites auténticos. El concepto de lo «espiritual» simplemente va más allá de lo que nuestra concepción moderna y más estrecha de la ciencia puede estudiar de forma legítima. Y por eso, comprensiblemente, la posesión y similares suelen quedar descartados como temas aceptables en las revistas científicas contemporáneas. Es imposible someter las realidades espirituales, como los espíritus y las oraciones, al mismo tipo de examen científico que los metales y las nubes.

Y en muchos sentidos, lo reconozco, el mundo es mejor por atenerse a estas distinciones. Mira los espectaculares avances conseguidos por la ciencia desde la Ilustración. En mi profesión como médico, estos avances nos han traído las vacunas, la antisepsia, el descubrimiento de los microbios, la inmunología y mucho más. Tenemos aviones, hazañas inauditas de la ingeniería, televisores y ordenadores, incluso viajes espaciales. Tenemos mucho que agradecer a nuestros científicos. Mi propio campo de la psiquiatría se ha beneficiado enormemente de los cuidadosos estudios de doble ciego y de los avances neurocientíficos.

Pero tampoco queremos que nuestros científicos pontifiquen sobre temas ajenos a su especialidad. El difunto Stephen Hawking era un astrofísico brillante, pero por las entrevistas que concedió, parecía no saber nada de filosofía, historia de la religión o espiritualidad. Hay una tendencia entre los especialistas extremos, como inevitablemente deben ser los científicos prominentes, a tener dificultades con las perspectivas interdisciplinarias más allá de su campo.

Una verdadera perspectiva científica de las posesiones requiere un enfoque multidisciplinar, que implique una mezcla de conocimientos médicos, históricos y espirituales poco frecuente entre los científicos puros. Con demasiada frecuencia, los genios especializados en su campo creen que su brillantez les capacita para hablar de otros campos con la misma autoridad, como algunos empresarios ricos y exitosos, expertos en su especialidad, que se creen expertos en la vida y, además, dotados de una sabiduría humana poco común. Lo mismo puede –y debe– decirse sobre Sigmund Freud. Nadie acusó a Freud de ser tímido en sus opiniones. Sin embargo, sus ideas fuera de su campo sobre espiritualidad y antropología eran propias de un aficionado y estaban anticuadas. Sus ataques a la religión organizada, por ejemplo, reflejaban los prejuicios del positivismo secular del siglo XIX. Su idea del cristianismo sólo reflejaba meras reiteraciones de las polémicas anticristianas, refutadas a fondo incluso en su propia época.

Como estadounidense, creo en la separación entre la Iglesia y el Estado. También creo, en cierto sentido, en la separación entre la ciencia y la religión. La palabra «ciencia», del latín *scientia*, originariamente sólo significaba «conocimiento». Sin embargo, la ciencia, tal como se entiende en el uso más moderno del término, no espera responder a las preguntas religiosas, como tampoco deberíamos esperar que la Biblia responda a las científicas.

Esto no significa que no pueda haber un diálogo creativo y constructivo entre ambas. La razón y la fe pueden ser campos de investigación complementarios y no deben contradecirse la una a la otra. Las legítimas controversias históricas y otras religiosas, como la fenomenología y la historia de la religión, están sujetas a un discurso matizado y razonado. De lo contrario, reducimos la fe a un mundo ajeno a la razón y permitimos que la ciencia, en su sentido más restringido, dicte todas las respuestas, incluso sobre cuestiones o experiencias espirituales. Esta visión más estrecha se llama «cientifismo», y sus demarcaciones truncadas descartan desde el principio las cuestiones religiosas como de naturaleza incontestable.

Pero las cuestiones religiosas pueden y deben ser objeto de debate y de un examen riguroso. Si no lo son, bien podríamos dejar de estudiarlas por completo, incluso dejar de hablar de ellas como seres humanos racionales.

El riesgo de evitar un estudio riguroso de estos temas es dejar su discusión en manos de los inexpertos o de los extremistas. En ausencia de una erudición adecuada, los hombres y mujeres interesados en estos campos se quedan solos, sin orientación, para dar sentido a estas realidades evidentes pero complejas. En muchas de mis charlas he intentado hacer estas distinciones ante audiencias con mentalidad científica. La mayoría de las personas inteligentes parecen estar abiertas a este argumento cuando se les explica adecuadamente.

La mayoría de ellos son personas sinceras que se plantean preguntas difíciles sobre cuestiones serias, si bien es cierto que a veces dan respuestas poco convencionales. Aunque es fácil burlarse de ellos, se encuentran entre nuestros ciudadanos más sensibles y reflexivos. Algunos están simple y conmovedoramente desesperados. Las personas de mediana edad que buscan alguna prueba de la existencia de su cónyuge u otro pariente fallecido recurren tristemente a médiums que supuestamente canalizan los espíritus de sus familiares. A menudo surgen como recuerdo cosas triviales. A veces también aparecen temas más oscuros.

Los jóvenes que no tienen una dirección adecuada en asuntos espirituales pueden recurrir a jugar con la brujería, lanzar hechizos y cosas similares. Algunos son almas perdidas que buscan emoción o un poco de consuelo espiritual en los lugares equivocados. Pero al menos están buscando.

Hay mucha gente así, y a su favor tenemos que ya no aceptan el mensaje de los materialistas (si alguna vez lo hicieron) de que «nada» está sucediendo «ahí fuera». Puede que busquen algo en lo que creer que no sea un universo muerto y sin sentido. Los sistemas de creencia que elaboran pueden ser muy defectuosos; pero, ¿quién puede culparles, cuando hay disponibles tan pocos guías sensatos y reflexivos?

• • •

Como médico y creyente en la realidad de la posesión, llegué a ver que tenía la responsabilidad de estar dispuesto a hablar y a encontrar un equilibrio sensato entre el escepticismo extremo y la credulidad ingenua, como se destaca a lo largo de este libro. Al servicio de esos objetivos me encontré, de forma un tanto sorprendente, con que los distintos medios de comunicación –prensa, radio, Internet, *podcasts* y televisión– estaban deseando investigar sobre mis hallazgos y puntos de vista. En sus reportajes, algunos son profesionales y precisos; otros distorsionan las realidades de este tema.[37] Pero, en general, los medios me han tratado aceptablemente.

Las reacciones de los usuarios de los medios de comunicación siempre son muy variadas: desde escépticos acérrimos hasta firmes creyentes. Al leer las respuestas de los lectores a mi artículo en *The Washington Post*, reconocí una vez más que ninguna prueba convencerá a un escéptico radical de que la posesión existe y que los exorcismos son necesarios. Aun así, me alegré del debate, en su mayor parte respetuoso.

La mayoría de la gente entra dentro de la categoría de «intrigado, pero escéptico». Y ésas son las personas que imaginé que podrían considerar este libro revelador y útil. Supone una cierta comprensión de los límites de una visión demasiado limitada de lo que implica la ciencia real, así como una cierta apertura a la noción de un reino espiritual más allá de nuestra conciencia. Según mi experiencia, las personas reflexivas consideran válidos ambos supuestos –un impulso muy humano–, aunque a menudo no tengan a nadie que les ayude a navegar por esas aguas turbulentas.

---

37. PAZDER, Lawrence y SMITH, Michelle, *Michelle Remembers* (Nueva York: Simon & Schuster, 1980).

# EPÍLOGO

# LA REALIDAD SUBYACENTE A ESTOS FENÓMENOS

### *Por qué atacan los demonios*

*Escribo para que el conocimiento de estos asuntos tan importantes no se esfume como los fugaces recuerdos de un sueño pasajero.*

—THOMAS HOOKER, FUNDADOR PURITANO,
COLONIA DE CONNECTICUT

Daniel Patrick Moynihan, profesor de Harvard y senador estadounidense durante muchos años, dijo que todos tienen derecho a expresar su opinión, pero no a realizar sus actos. Los hechos son claros y están bien documentados en este libro. Podría haber analizado muchos más casos, pero multiplicar los ejemplos, como se ha señalado, es poco probable que influya en aquellos que son impermeables a un punto de vista abierto.

Para mí, la cuestión más interesante ha sido siempre: ¿Cómo podemos entender a un nivel más profundo estos fenómenos?

Concluyo el libro destacando el punto de vista más tradicional, que me parece, con mucho, el más coherente. Me he resistido a una inclinación demasiado dogmática o confesional, porque el concepto de posesión y de un reino espiritual es aceptado y discutido por todas las grandes religiones del mundo. Pero, al fin y al cabo, uno también debe enarbolar su propia bandera dando a conocer sus propias conclusiones.

Es cierto que aquí entramos en el terreno del misterio humano y divino, y que las respuestas definitivas sólo las conoce Dios. Para terminar, me limito a sugerir parte de una respuesta.

Mi propia experiencia y la sabiduría colectiva de siglos indica que los demonios se dedican sin duda a destruir a los seres humanos, preferiblemente de forma espiritual, pero también física. Todo este asunto parece bastante extraño. Aunque reconozcamos su carácter inescrutable, ¿podemos suponer algo de racionalidad en todo ello? ¿Por qué –me preguntan a menudo– los espíritus malignos deciden asaltar e incluso apoderarse del cuerpo de una persona?

Estoy seguro de que el sadismo y «la desdicha ama la compañía» son partes de la respuesta. Pero, además, la explicación más profunda y consolidada implica la idea de que desprecian a los humanos por su envidia y odio final a Dios. Si alguien es una criatura tan orgullosa y envidiosa, Dios (y especialmente el Dios-hombre) estimula su odio y su acritud Y, además, parece que su repugnante actividad se dirige a la imagen de lo divino reflejada en todos nosotros, las criaturas humanas. Sí, ellos quieren corrompernos y ganarnos para su «bando»: ciertamente lo parece.

Nosotros, los humanos, conservamos una capacidad de amar, una habilidad que los demonios parecen haber perdido o renunciado en su rechazo a Dios. El mundo demoníaco busca negar nuestra personalidad amorosa, destruirnos espiritualmente y, si puede, incluso causar nuestra muerte física.

Las inevitables especulaciones sobre la razón de ser de estos horribles episodios se remontan a la antigua cuestión, debatida en todas las grandes civilizaciones, de por qué existe el mal. Una cuestión estrechamente relacionada con la anterior es la noción del libre albedrío. Pensadores de todas las tradiciones espirituales han debatido durante mucho tiempo estos enigmas. ¿Por qué deberíamos esperar que los espíritus inteligentes –diablos o ángeles– sean diferentes de los humanos en su capacidad y voluntad de elegir libremente caminos morales muy divergentes? Y, dados sus poderes superiores, los espíritus malignos pueden causar aún más estragos de los que nosotros, los humanos, parecemos capaces de hacer bastante bien por nuestra cuenta.

Los romanos tenían una buena frase para eso: *corruptio optimi pessima*, «la corrupción de lo mejor es lo peor de todo». Como espíritus puros, aunque corrompidos, el poder y la inteligencia de los demonios son mayores que el poder y la inteligencia de los seres humanos; por tanto, tienen una mayor capacidad para crear caos y desdicha.

Esto es así, y de hecho puede ocurrir normalmente, creo, a menos que sean limitados por fuerzas incluso superiores a ellos. Muchos pensadores han enseñado precisamente eso, que sólo los antagonistas divinos y sagrados –Dios, los ángeles, los santos, las figuras sagradas y especialmente los exorcistas eficaces– tienen poder para imponerse a ellos y ayudar a liberar a sus víctimas. Incluso así, las víctimas humanas normalmente deben cooperar en ese esfuerzo.

Un filósofo opinaba que Satanás y los espíritus malignos nos matarían a todos si no se lo impedían. Solía pensar que esta opinión era una especie de hipérbole supersticiosa y medieval, pero ahora creo que es una afirmación de un hecho.

La voluntad permisiva de Dios –aunque sea por un tiempo limitado– nunca debería confundirse con sus deseos activos. La enseñanza tradicional de que Dios puede extraer algo bueno incluso del mal es difícil de aceptar, por supuesto, especialmente si somos las víctimas desafortunadas de los tipos de ataques horribles descritos en este libro, o de cualquier tragedia en realidad.

Si los humanos podemos actuar de formas tan sádicas, ¿por qué dudar que los espíritus malignos actúan de modo similar a veces? En la introducción, llamé a los demonios terroristas «cósmicos», un término que en el pasado par de décadas.

Si los humanos podemos actuar de forma tan sádica, ¿por qué dudar de que los espíritus malignos actúen de igual forma a veces? En la introducción les llamé demonios terroristas «cósmicos», un término que en las últimas dos décadas ha adquirido un significado más plausible y concreto para gran parte del público. Igualmente podríamos elegir guardias nazis, fanáticos del Jemer Rojo, matones comunes o sádicos de todos los tipos como figuras aptas para la comparación.

Teniendo en cuenta los «riesgos», los filósofos desde hace mucho tiempo se han preguntado si la creación de ese tipo de humanos o espíritus –seres de libre voluntad, pero capaces de hacer el mal masivamente– es justa, si ha «valido la pena». Pero para el mundo de los humanos y el mundo de los espíritus, las nociones de amor sin libertad o de bondad sin la posibilidad de que haya maldad, a muchos pensadores profundos les parecen inverosímiles, incluso lógicamente imposibles.

Al haber rechazado la bondad y volverse hacia el mal, los demonios también han rechazado consciente o inconscientemente a Dios y han elegido «su propio lugar». Los filósofos solían hablar del «glamour del mal», por muy repulsivo que sea para las personas de mente decente. Los espíritus crueles, que es lo que son, obtienen su satisfacción donde pueden, supongo. Y han tomado sus decisiones. Aunque sea difícil de entender, por muy cegados que estén, tampoco hay pruebas de que quieran cambiar sus tendencias.

Junto con una inclinación más amplia hacia ese tipo de ideas entre muchos creyentes actuales, se ha especulado durante mucho tiempo – desde la historia de la Iglesia antigua, como una visión minoritaria, hasta el academicismo reciente, con una tendencia acelerada en las últimas décadas– sobre la posibilidad de una salvación universal definitiva, tanto para los espíritus malignos como para (el objetivo principal de la especulación) los humanos. Es un argumento enrevesado, en mi opinión, y puede parecer un poco como una ilusión. La tradición predominante ha subrayado que las elecciones que hacen los individuos –espíritus y humanos por igual– para rechazar la voluntad divina, consciente o inconscientemente, pueden ser fijas e irrevocables de alguna manera casi insondable, de nuevo otro «misterio» en el lenguaje religioso tradicional.

También es insondable la naturaleza precisa de este destino, aunque la mayoría de los pensadores religiosos modernos que creen en estas nociones tienden a reconocer que Dios seguramente no puede ser una especie de torturador sádico. Es la posibilidad de una separación eterna de Dios, la fuente definitiva de amor y felicidad, lo que puede representar en el más allá la consecuencia más dolorosa y trágica de una vida indigna en la tierra.

Los debates sobre esa clase de temas calientes han sido eternos, por supuesto. Pero yo simplemente reto a los lectores a que reflexionen por sí mismos sobre las implicaciones posteriores de estos temas tan complejos.

• • •

Yo no soy un clérigo ni un gurú, ni me propongo ser ningún tipo de modelo. Sólo soy un médico que ha intentado ayudar a las personas que han acudido a mí con un inmenso dolor y confusión. Me vi a mí mismo como vislumbrando al final «a través de un cristal menos oscuro», un privilegio, pero también una responsabilidad. Por eso, finalmente pensé que me correspondía compartir mis hallazgos.

Concluyo con una última anécdota que subraya lo que está en juego, el reto personal que el lector honesto debe contemplar al enfrentarse a estas cuestiones. Los romanos tenían otro dicho, *tua res agitur*, en términos generales, «esto también te concierne a ti».

Algún reino nos está prestando atención a todos nosotros, lo veo con fuerza, después de todas mis experiencias, incluida la siguiente.

En dos ocasiones distintas, separadas por un par de semanas, primero una mujer joven y después una madre con su hijo vinieron a consultarme. Cada uno habló sobre un espíritu demoníaco que los atacaba. La joven se había reunido con un *brujo*, un hechicero. Sólo yo podía dar un significado determinado a su historia. En una ficha de dos caras que él le había dado estaba escrito «Scalias», el nombre exacto del espíritu maligno que acosaba a Catherine, del capítulo 7. Naturalmente, ni ella ni el brujo habían llegado a conocer a Catherine, y vivían a unos 1200 kilómetros de distancia. Nos desconcertó la palabra de la otra cara de la ficha, «Brócoli». Ella dijo que no tenía idea de por qué estaba escrita ahí esa palabra, y que no tenía ninguna asociación especial con la hortaliza ni aversión hacia ella.

Me lo quité de la cabeza.

Luego, unas dos semanas después, por recomendación de un sacerdote comprometido que conozco, una mujer ecuatoriana me trajo a su hijo de doce años para que le ayudara a determinar si un espíritu maligno había comenzado a acosarlo. Les dije que, basándome en ciertos elementos paranormales de su caso, la afirmación parecía creíble. Cuando el chico se levantó para irse, le pregunté si el espíritu maligno había mencionado su nombre. Me miró y dijo: «Sí, me dijo que se llamaba "Brócoli"».

Nadie podía saber el significado de esos nombres aparte de mí. Era un mensaje para mí, evidentemente de nuestros enemigos demoníacos. ¿Que me retirara, tal vez?

Lo más significativo es que la anécdota ilustra que hay un mundo oscuro ahí fuera que parece saber mucho, no sólo de mí, sino de cada uno de nosotros. Nos desprecia a los pobres mortales y se dedica extrañamente a engañarnos y perjudicarnos. De nuevo, aquí no estoy declarando una teoría nueva ni personal.

Espero haber presentado con detalle las pruebas más sólidas de esta opinión tradicional. Sin pruebas sólidas, ¿por qué iba a creerlo una persona racional?

Es cierto que estas pruebas se entremezclan a lo largo de la historia con exageraciones, confusión y reacciones exageradas, incluso con los abusos poco comunes que he descrito. Pero esto no es inesperado, dada la capacidad del ser humano para la ignorancia, la negación o la simple pérdida de perspectiva.

El genio matemático Blaise Pascal llegó a una interesante conclusión sobre los milagros, tanto los auténticos como los imaginarios, un tema igualmente rodeado de confusión y charlatanería. Pascal era un astuto estudiante de la historia de las religiones y de la naturaleza humana. Escribió: «Porque no sería posible que hubiera tantos falsos milagros, si no hubiera ninguno verdadero».

Su opinión sobre los milagros históricos es también análoga al largo registro de debates sobre fenómenos demoníacos. Pascal sabía que los numerosos informes falsos o exagerados sobre los milagros derivan en una legitimidad prestada de los reales; resultan confusos para la gente y estimulan falsas esperanzas y reacciones supersticiosas precisamente por la razón de que estas declaraciones falsas están basadas en sus erróneos paralelismos con los raros pero verdaderos. Las posesiones, verdaderas y falsas, son casi un análogo exacto en ese sentido.

Otra creencia tradicional es que el rechazo o una preocupación excesiva por la fea realidad del mundo demoníaco –en contraposición a la confianza en Dios, su amor y su providencia– es imprudente. Sin embargo, nuestra obligación como humanos debería ser tener en cuenta seriamente todos los aspectos de nuestra situación cósmica, incluso los menos atractivos. La persona sabia no cierra sus ojos a las realidades, por muy repulsivas o difíciles de entender que sean.

Espero haber demostrado que ninguno de estos testimonios contradice a la «ciencia», entendida adecuadamente, tal vez el tema clave de este libro. El objetivo de estas pruebas científicamente creíbles es alertarnos a todos de estas realidades inquietantes.

# AGRADECIMIENTOS

Doy las gracias a mi anterior director académico durante muchos años, el doctor Joseph English, por sus infatigables ánimos relacionados con un proyecto de investigación que ofrece un nuevo significado al término «controvertido».

Aunque escribí yo solo todo el manuscrito completo, doy las gracias a varias personas cuyas útiles sugerencias fueron inestimables: a mis magníficos editores de HarperCollins, Miles Doyle y Sydney Roger; a mi amigo y buen escritor John Ryan; al talentoso lexicógrafo –incluido el latín– John Farren; y a un colega en este enrarecido campo, el investigador independiente europeo de historia y antropología William Gallagher (sin parentesco con el autor).

Extiendo mi agradecimiento póstumo a tres exorcistas muy experimentados y eruditos que permanecen en el anonimato, pero que no sólo me dieron la orientación de su sabiduría, sino también su amistad. Ellos también me animaron a escribir este libro. Les echo de menos a cada uno y este esfuerzo habría sido imposible sin ellos.

Un agradecimiento adicional va dirigido a mi agente de libros Don Fehr y a Stewart Levy, J.D.; *a grazie anche al maestro Sal.*

Por último, una nota especial de gratitud a varios amigos y colegas que leyeron el manuscrito, por sus comentarios siempre alentadores.

# BIBLIOGRAFÍA

GALLAGHER, RICHARD EUGENE; FLYE, BARBARA L.; HURT, STEPHEN WAYNE; STONE, MICHAEL H.; y HULL, JAMES W.: «Retrospective Assessment of Traumatic Experiences (RATE)», *Journal of Personality Disorders* 6, nº 2 (1992): 99-108.

VINCENT ISABEL: «I Was an MS-13 Gang Member—and Got Out Alive», *New York Post*, 10 de junio de 2017, www.nypost.com/2017/06/10/i-was-an-ms-13-gang-member-and-got-out-alive/

PECK, M. SCOTT: *Glimpses of the Devil: A Psychiatrist's Personal Accounts of Possession, Exorcism, and Redemption* (Nueva York: Free Press, 2002).

HAMMOND, FRANK y HAMMOND, IDA MAE: *Pigs in the Parlor: A Practical Guide to Deliverance* (Kirkwood, MO: Impact Christian Books, 1973).

AQUINO, TOMÁS DE: *Suma Teológica*. Biblioteca de Autores Cristianos, Madrid, 2010.

FRIEDKIN, WILLIAM: «The Devil and Father Amorth: Witnessing 'the Vatican Exorcist' at Work», *Vanity Fair*, 31 de octubre de 2016, www.vanityfair.com/hollywood/2016/10/father-amorth-the-vatican-exorcist

PALLILA, BENIGNO: *Rescued from Satan: 14 People Recount Their Journey from Demonic Possession to Liberation* (San Francisco: Ignatius Press, 2018).

BAGLIO, MATT: *The Rite: The Making of a Modern Exorcist* (Nueva York: Random House, 2009).

«In U.S., Decline of Christianity Continues at Rapid Pace», *Pew Research Center*, 17 de octubre de 2019, www.pewforum.org/2019/10/17/in-u-s-decline-of-christianity-continues-at-rapid-pace/

«The Mail», *New Yorker*, 18 de noviembre de 2019, p. 5, en respuesta a Christine Smallwood, «Astrology in the Age of Uncertainty», *New Yorker*, 28 de octubre de 2019.

«Paranormal America 2018: Chapman University Survey of American Fears», Chapman University, Wilkinson College of Arts, Humanities, and Social Sciences, 16 de octubre de 2018, www.blogs.chapman.edu/wilkinson/2018/10/16/paranormal-america-2018/

Laura M. Holson: «Witches Are Having Their Hour», *New York Times*, 11 de octubre de 2019, última actualización 24 de octubre de 2019, www.nytimes.com/2019/10/11/style/pam-grossman-witch-feminism.html

Pazder, Lawrence y Smith, Michelle: *Michelle Remembers* (Nueva York: Simon & Schuster, 1980).

Warnke, Mike: *The Satan Seller* (Alachua, FL: Bridge-Logos, 1973).

Goodman, Gail S.; Qin, Jianjian; Bottoms, Bette L.; y Shaver, Phillip R.: «Characteristics and Sources of Allegations of Ritualistic Child Abuse», Final Report to the National Center on Child Abuse and Neglect, US Department of Justice, 1994, pp. 1-15. Cf. B. L. Bottoms; P. R. Shaver; y G. S. Goodman, «An Analysis of Ritualistic and Religion–Related Child Abuse Allegations», Law and Human Behavior 20, nº 1 (1996): 1-34.

Wright, Lawrence: *Remembering Satan* (Nueva York: Vintage, 1994).

# ÍNDICE